张颂文集

朗读美学

/第三版/

张颂 著

中国传媒大学出版社
·北京·

向张颂老师学习(代序)

我是1986年来北京广播学院(现中国传媒大学)上学的。当时从南方一个小山村跌跌撞撞走来,一开口全是家乡话,普通话说不利索,也不善表达。我偶然看到一本《朗读学》,一翻就上瘾了,把它读了三遍。当时正是求知若渴的年龄,这本书给了我语言表达方面很好的启蒙教育,对我未来的成长起到了很大的帮助作用,我对这本书充满感情。至今我还清晰地记得,这本书是1983年出版的,书的作者,正是我敬仰的张颂老师。我毕业后留校工作,对张颂老师有了进一步了解,了解愈深,敬仰愈隆,早已萌生写写张颂老师的想法。不久前,中国传媒大学出版社为纪念张颂老师逝世十周年,准备修订出版"张颂文集",约我写几句。借此机会,我把欲吐之词尽书之,表敬仰之情,寄缅怀之意。

张颂老师是追求理想、不忘初心的楷模。

张颂老师非常热爱党。习近平总书记说:"一个人也好,一个政党也好,最难得的就是历经沧桑而初心不改、饱经风霜而本色依旧。"张颂老师就是这样一个人。他从小对党充满感情,在北京师范大学读书时就写了入党申请书。之后,无论人生如何跌宕起伏,他信仰不移,信念不改。因历史原因,张颂老师在1984年才得以入党。但是在思想上,他从填写入党申请书之日起,就一直以一个共产党员的标准严格要求自己。他认为,新闻媒体是党的喉舌,而从事播音工作更是直接用喉舌为党服务。尤其是培养广播电视语言传播人才,培养播音员、主持人,更使他感到责任重大,任务艰巨。所以他时时告诫自己,必须政治高标准,业务严要求,才能不辜负党,不辜负播音主持专业教师这一份工作,不辜负"人民教师"这一光荣称号。

张颂老师是献身学术、开拓创新的楷模。

张颂老师非常热爱学术研究工作。他于1963年8月从中央人民广播电台调入我校新闻系播音专业任教,从此开启学术生涯。没有专业教材,参照资料也少,他便长期坚持自编教材。播音学教材《播音基础》的初稿写出来后,他向人征求意见。有人说他把播音写玄了,播音有学吗?他因此陷入苦恼。但他并未止步。播音学与朗读学相交相融,他便从朗读学方面着力,很快,中国第一本《朗读学》横空出世。接下来,张颂老师又琢磨起播音学来了。张颂老师有一股不服输的精神,他执着于学术理想,认为耳得之声、目遇之色皆有学问,播音里面一定是有学问的,他要一点一点把它全部给挖出来!试上高峰窥皓月,偶开天眼觑红尘。张颂老师带领他的同事们悟中华有声之道,得往圣不传之学,终于打破了"播音无学"的说法:他反复修改、完善,推出了播音基础理论研究的奠基之作《播音基础》(后改为《播音创作基础》)等;他主编的《中国播音学》标志着世界范围内绝无仅有的播音学理论体系的建立;他撰写的《播音语言通论》《播音主持艺术论》《语言和谐艺术论》等是对播音学理论体系的充实、深化和拓展;他撰写的《朗读学》《朗读美学》等开创了有声语言艺术精品的创作范式。时至今日,连传媒业非常发达的西方国家也不曾有这样的学科和这样成建制地培养学士、硕士、博士的教育体系,他的理论成果在播音主持艺术界乃至世界有声语言传播界都具有不可替代的重要指导作用!

张颂老师是立德树人、教书育人的楷模。

张颂老师非常热爱教学工作。他以赤诚之心、奉献之心、仁爱之心投身教育事业。他曾说:"接受师范教育,从事教学工作,是我自觉的选择,无怨无悔,乐在其中。"张颂老师认为教师应该先律诸己,"种树者必培其根,种德者必养其心";张颂老师认为教师应该力求进取,有所作为,实现"教学相长、继往开来"的理念,身先士卒,率先垂范;张颂老师认为教师是"红烛",应该"春蚕到死丝不断,蜡炬成灰热犹存"。张颂老师一直坚守"德才兼备,声形俱佳""以播为主,一专多能"和"有稿播音锦上添花,无稿播音出口成章"的专业人才培养理念,一直坚持理论与实践相结合、大课与小课相结合、课堂讲授与大运动量训练相结合的专业人才培养方法。其中,他特别强调语言功力,即观察力、理解力、思辨力、感受力、表现力、鉴赏力、调检力、回馈力。他一直强调:"教师不但要有教学能力、科研能力,还要有示范能力。"他认为,本科是高校的基础和重心,教师必须使学生在本科阶段扩大视野、夯实根基、扬长补短,培养事业心和责任感,养成如饥似渴的学习习惯,提高在话筒前、镜头前"体现时代精神,充满人文关怀"的自觉性。张颂老师亲自带领学生坚持晨练(练声),因此斗牛之下,白杨树旁,中传学子诵明月之诗,歌窈窕之章!张颂老师爱才惜才,只要发现好苗子,便不放过。很多学生在张颂老师鼓励下考上我校,后来成为我国优秀播音员、主持人。《荀子·劝学》有云:"学莫便乎近其人……学之经莫速乎好其人。"张颂老师,学生所好也。张颂老师家里,常常挤满了前来求教、"打牙祭"的学生。在学生心中,张颂老师是严师,更是慈父。而在张颂老师心中,学生是他最大的财富和骄傲。他一直有一个理想,就是希望"播音员、主持人的创造性,能够催生有声语言表达的典范,传承'书同文',成就'语同音',让中华文化响彻寰宇,光耀千秋"。

张颂老师是夫妻恩爱、家风清正的楷模。

积善之家,必有余庆。成就张颂老师的,是时代,更是家庭。他和夫人赵培根老师几十年来相濡以沫,相敬如宾。两人虽是经人介绍相识,老家却在河北易县同一个地方,可以说青梅竹马。燕赵大地的淳朴民风,思想观念的高度契合,成全了这一桩金玉良缘。张颂老师把全部心力用在教学科研上,赵老师独自揽下全部家务,全力支持。工作后,张颂老师一家四口住在厂桥附近12平方米的又破又小的房子里,床边放一把凳子,就是他从事学术研究的桌台,《朗读学》《播音基础》等书,就是在这样的环境下完成的。在厂桥居住的20多年,天热时,张颂老师趴在斗室奋笔疾书,赵老师就在身后摇扇。后来条件改善了,搬进了楼房。张颂老师有腿疾,上楼梯时赵老师跟在身后,下楼梯时赵老师走在身前,以防他摔倒。张颂老师几十年来一直资助贫困学生,先后受资助的学生不下十位。自己的日子也不宽裕,但赵老师从无怨言……他们夫妻和睦,勤俭持家,恩爱偕老。张颂老师品行高致,学问高深,德高望重,为我国广播电视事业做出了不可估量的重大贡献,赢得了人们的普遍尊敬和爱戴。他多次被评为全国优秀新闻工作者,获得国家级"有突出贡献专家"称号并享受国务院特殊津贴,还是第二届国家级教学名师。而他的每一份荣耀,都有夫人赵培根老师的默默奉献与无悔付出!

……

现在全国上下正在弘扬"三牛"精神,张颂老师就是播音学领域的孺子牛、拓荒牛、老黄牛。张颂老师曾把"语同音"作为自己毕生追求的理想。在媒体融合、万物互联的现时代,"语同音"显得多么重要。张颂老师的真知灼见、远见卓识,令人十分钦佩!

大学之大,大在大师,张颂老师就是播音学领域的世界级大师。中国传媒大学已经绘就"十四五"规划蓝图,正迎来高质量发展关键时期。这需要广大中传人踔厉奋发,笃行不息,对接国家战略,贡献中传智慧,向着建设世界一流传媒院校的目标而不懈努力。念兹在兹,我们需要一大批像张颂老师这样的大师,我们无比怀念他。

向张颂老师学习!

〔廖祥忠,中国传媒大学党委书记、校长,教育部新文科建设工作组副组长,
　　教育部高等学校动画、数字媒体专业教学指导委员会主任委员〕

目 录

修订版前言 / 1
前　言 / 1
绪　论 / 1

第一章　有声语言——被冷落的文化 / 13
　　第一节　朗读是一种创作 / 16
　　第二节　朗读是对文字语言的改造 / 18
　　第三节　朗读应有自己的美学价值 / 20

第二章　语言功力——被弱化的根基 / 25
　　第一节　语言交际的满足 / 27
　　第二节　语言交际的异化 / 29
　　第三节　语言功力的失准 / 30
　　第四节　朗读的美学空置 / 31

第三章　朗读美学的民族性特质 / 35
　　第一节　汉民族共同语的庄重美 / 37
　　第二节　汉民族共同语的含蓄美 / 38
　　第三节　汉民族共同语的融通美 / 40
　　第四节　汉民族共同语的质朴美 / 41

第四章　朗读美学的风格化特质 / 45
　　第一节　风格化是文字作品中的蕴藉 / 48
　　第二节　风格化是朗读主体的重构 / 49

　　　　第三节　风格化的多样性及稳定性 / 51
　　　　第四节　风格化的流变性与承继性 / 53

第五章　朗读美学的意境美特质 / 57
　　　　第一节　意境美的时间维度审视 / 59
　　　　第二节　意境美的空间维度审视 / 61
　　　　第三节　意境美的时空运动审视 / 64

第六章　朗读美学的韵律美特质 / 67
　　　　第一节　韵律的一般概念 / 69
　　　　第二节　韵律美的形式化意义 / 71
　　　　第三节　韵律美的可容性空间 / 72
　　　　第四节　韵律美的时代性变迁 / 75

第七章　声非学器者也 / 79
　　　　第一节　凡音者,生人心者也 / 81
　　　　第二节　暖之以日月,而百化兴焉 / 83
　　　　第三节　累累乎端如贯珠 / 85

第八章　朗读语感 / 91
　　　　第一节　对语感的认识 / 93
　　　　第二节　语感中的韵律感 / 96
　　　　第三节　语感的预感 / 98
　　　　第四节　语感的个性特点 / 100

第九章　朗读语气 / 103
　　　　第一节　具体感受与整体感受 / 105
　　　　第二节　形式和内容 / 106
　　　　第三节　语与气 / 109
　　　　第四节　语调与语势 / 111
　　　　第五节　语气中心 / 114

第十章　节奏同检 / 117
　　　　第一节　应律分合节 / 119

第二节　奏者,进也 / 122
　　第三节　节奏,回环往复之谓也 / 125
　　第四节　节奏合以成文 / 127

第十一章　对象交流 / 131
　　第一节　认识"审美的耳朵" / 133
　　第二节　交流的时空变化 / 136
　　第三节　交流的语气联通 / 138
　　第四节　副语言的表情作用 / 141
　　第五节　朗读与朗诵 / 142

第十二章　朗读再创作对文本的审美超越 / 147
　　第一节　权衡真善美 / 149
　　第二节　体验真实 / 151
　　第三节　敏于记善 / 152
　　第四节　至美之境 / 154

第十三章　诗歌、散文的朗读美感 / 157
　　第一节　犹如下一盘棋 / 159
　　第二节　诗歌如中国象棋 / 160
　　第三节　散文类似围棋 / 165
　　第四节　诗歌、散文朗读的美感形态 / 169

第十四章　小说、戏剧的朗读美感 / 173
　　第一节　犹如探一座山 / 175
　　第二节　小说如孤峰 / 177
　　第三节　戏剧如群山 / 181

第十五章　新闻、评论的朗读美感 / 187
　　第一节　犹如过一条河 / 189
　　第二节　新闻是一朵浪花 / 190
　　第三节　评论是一段激流 / 194
　　第四节　新闻、评论的审美样式 / 197

第十六章　文言文的朗读美感 / 201
　　第一节　犹如进一座塔 / 203
　　第二节　总揽大局 / 204
　　第三节　精细处置 / 205
　　第四节　文言文朗读的审美价值 / 207

第十七章　朗读美学的规律性拓展 / 213
　　第一节　整体感受的拓展 / 215
　　第二节　整体和谐的拓展 / 217
　　第三节　时空转换的拓展 / 220
　　第四节　时代节奏的拓展 / 222

第十八章　朗读美学的创造性发展 / 225
　　第一节　朗读美学的人类性 / 227
　　第二节　朗读美学的实践性 / 231
　　第三节　朗读美学的理论性 / 232
　　第四节　朗读美学的感悟性 / 234

主要参考书目 / 239

后记 / 241

修订版后记 / 243

修订版前言

　　自从2002年2月第一版出版以来,又过了八年了。关于美学的研究,深入了许多;关于广播电视语言传播的研究,扩展了不少;而对于有声语言的美学研究,却未见专著和专论。事实上,无论是人际传播还是大众传播,其中存在着的语言上的审美意识、审美能力和审美鉴赏,一直没有中断,更没有减弱!只不过散见于各种言论和节目之中,被湮没在众语喧哗的褒贬之内罢了。

　　从现象上说,仅以广播电视为例,那些"听得清、听不清""长得美、长得丑"的评价,不都是一种审美的认识吗?不论是否意识到,作为人类高级神经活动的审美,总是时时刻刻地伴随着我们的现实生活,当然也伴随着我们的言谈举止。特别是进入广播电视之后,我们的听觉系统、视觉系统不可避免地接受着、观察着、辨别着、审视着视听信息的是非、优劣、善恶、美丑。而这些,又同人们的审美意识、审美能力或隐或显地有着千丝万缕的联系。

　　从特性上说,有声语言的审美,跟绘画、雕塑、舞蹈、书法等,区别非常明显。有声语言(包括副语言)的审美,犹如电光石火、稍纵即逝,难以静态体味,难以反复咀嚼。而且,当产生了某些感受时,又很难用词语表达出来,让别人也产生同样的感受。真是"微乎其难哉,难于像其声"!运用比喻、诉诸形象,也不能完全显示出来!

当下的审美态势,光怪陆离、波诡云谲、高雅缺席、低俗满目。中华民族的语言审美传统几乎拍遍栏杆,寻觅无处!囫囵吞枣、含糊其词、沙嘶劈哑、捏挤压抻,用声吐字都毫无章法,好像是根本没训练、丝毫不讲究的人在旁若无人地高谈阔论。大众传播,是为了广大受众而说话的,目的就是让人们听得懂、看得明。如果只是为了显示自己的存在,表明自己是个活生生的人,而忘记了受众的热切期待,忘记了自己的传播责任,那便是本末倒置、是非混淆了!但是,不要忘记,广大的受众是能够分辨善恶美丑的,而这种分辨能力正在与时俱进、日益提高,任何新奇怪异只能迷惑他们一时,轰动效应也不过如过眼云烟!可那恶果,却如阴魂不散,逐渐隔断民族文化的血脉,陷入殖民文化的囹圄,引诱人们滑向审美理想的破灭!这个不争的事实,已经引起那些主张正义的报章、网络的关注和批评了。

全国兴起的诵读活动,方兴未艾。那动机和目的都是十分正确和清晰的,这个活动的主流和社会效果也是令人兴奋和鼓舞的。但是,对于选材、题材(内容)和表达的把握,却出现了某些偏离主旨的现象,使人担忧。如只求"普通话正确",忽视"真情实感"的问题;着重"语流顺畅",轻视"文化底蕴"的问题;关注"表达灵活",不顾"思想深度"的问题……类似这种情况,很容易导致形式主义的走向。任何诵读活动,实质上都是一种审美能力的认知与展现,离开了审美理想的追求和塑造,就可能走向"无能为力""勉为其难"的境地,给人们造成"嘴上功夫""语言游戏"的印象,甚至远离大众,被欣赏者、爱好者所厌弃。

直到今天,有些人对朗读的看法,仍然停留在20世纪50年代的阶段。那时,很多人把朗读看作简单的念字出声,看成毫无学问的行为,简直是漠视和蔑视了!不知具体从什么年代开始,人们只重视文字功夫,而轻视语言功夫,反正到今天,还是有这样的认识。有人把新闻播音贬斥为"不说人话",好像只有日常生活的随意交谈才是说人话。这个说法竟然还很流行!他们也不想一想,如果社会上没有了朗读,光剩下生活中的说话,那会是什么样子?幼儿园里,没有了念儿歌,小学里没有了读课文,中学生自己的作文自己念却吭吭哧哧,大学生念经典诗文又结结巴巴,所有的新闻稿件不能晓畅地播报,而一味地闲聊乱扯……那会是怎样的一个局面?还有信息准确、语意明确、言简意赅、辞约义丰吗?真正的朗读、播音、朗诵、演讲,当然是非常精彩的"念字出声"。随意改动原文、原句,不算能力强,不算水平高,因为,他们既不能吃透原文、形之于声,又不能体味美感、发自于心,充其量是"能说会道"的巨人,却成为"语言功力"的矮子!生活中的语言交往怎么能排除"念信、读报、吟诗、咏词"呢?那里面的审美享受,比起生活语言来,竟是不可同日而语的！我们的名篇佳句成为有声语言的表达之后，真可谓"悦耳动听、乐而忘返、赏心悦目、美不胜收"哪！当然，生活中交谈或独白肯定会有语言功力非常强的表达，不过，那也是经过刻苦练习之后的成果。不下苦功，"不学而能"，要想进入语言艺术的殿堂，恐怕很难了！

为什么朗读需要"非下苦功不可"呢？因为，语言信息的传播，一是能够"信息共享"，让人听得清清楚楚；二要能够"认知共识"，让人懂得其中的原委；三要能够"愉悦共鸣"，在视听中，得到美感享受。否则，那语言的社会功能就丧失殆尽了！还侈谈什么"说人话"的大道理呢？那些蔑视朗读、无视朗读美学的人，可不可以自己试一试，拿一小段文字，张口读一下，听听是什么样子，看看能不能读得好一些？为什么读不好？是不必读好，还是自己不行？这种看似极其简单的追问，实际上，正是最直接的回答。中央电视台《新闻联播》中"正襟危坐、字正腔圆"的播报犹如黄钟大吕，而那些不屑于此的人常常嗤之以鼻。他们哪里了解个中的甘苦？只要稍有常识的人就知道，维护国家利益的重任、弘扬民族精神的使命，就在那字字句句的准确表达中，展现着生命的活力！深厚文化底蕴的风采、有声语言功力的典范，就在那明明白白的精美传播中，进入了澄明之境！这种美感享受，是日常谈话所不容易得到的，正像那"诗意的栖居"一样，没有诗意表达，就没有审美的家园之乐趣！

有声语言审美，必须遵循"感性—知性—理性—悟性"的提升路径。只有感性，容易陷入感官刺激的泥淖；进入知性，也会被一知半解所束缚；达到理性，可能迷惑于排除非理性的困扰；如果真正走向悟性，便能够到达审美的广远时空，并且乐此不疲。对于有声语言知之甚微，甚或不能把握其精妙者，总会感受不到个中三昧，而望洋兴叹；凡是把有声语言创作和有声语言理论结合起来的人，才更能体味"过程"的愉悦和"收获"的欣喜。"听众""观众"的欣赏，往往带有很多个体的偏好，虽然不可被轻视，但并非都能进入创作主体的主观感受之中，如果能够被作为参照系，就十分珍贵了。这就是为什么"要想知道梨子的滋味，就要亲口尝一尝"的道理！在有声语言的实践中感悟，确实是理论与实践结合的结节点！

有声语言功力的锤炼，应该面对"艰巨性、复杂性、长期性、反复性"的现实，坚持"冬练三九、夏练三伏"的恒心，明确"抓住关键、扬长避短"的耐心，建立"严格要求、科学得法"的信心。为此，就要克服"敷衍应付、一曝十寒"的浮躁心，祛除"一味模仿、不知所措"的卑怯心。当练就一身功夫，不断取得进步的时候，自己的特色以致形成的风格，必然会显现出来。那样，我们的朗读（包括播音主持）便可以在审美层面上创造美,生产出具有"美的尺度"的有声语言典范作品了!我们的美学理想,就在其中;人们的审美期待,也可以从中获得了!到那时,谁还会说"朗读无学""朗读无美""朗读不是说人话"呢?

审美不会疲劳!除非审美转化为审丑,美总是无限的!审丑却会疲劳,如果审丑拒绝转化为审美的话。朗读,在内容和形式常读常新的语境中,更不会让人产生疲劳!社会的变迁、时代的发展,必将营造新鲜的语感深度和审美境界,跟不上历史的步伐,必然会被淘汰。不变的是自然法则和科学规律,而变化,肯定就在各个主观感悟的精神需求领域,这正是我们孜孜以求、上下求索的缘由!

值此书修订之际,又说了些无关紧要的话,权作这次增订的前言吧!

中国传媒大学　张颂
2009 年 7 月 10 日

前 言

　　21世纪,是美学的世纪。

　　从远古时代起,人类就没有舍弃过对美、对美感的追求。"杭育、杭育"就是"诗",图腾就是"画","咿呀、咿呀"就是"曲",转圈就是"舞"……而从出声解释结绳记事就开始了最原始的"朗读"。在衣食住行中,在言谈话语中,人们的潜意识里总是呼唤着美好、美妙,总是想象着快意、惬意。

　　经过文字的记录,经过"书同文"的规范,每当"洛阳纸贵"的时候,必然伴随着"脍炙人口";每当"家书抵万金"的时候,一定是"不厌百回读"。"学而优则仕"引导着人们"十年寒窗"中"熟读经史";"为情而造文"召唤着人们"读书万卷"后"吟咏推敲"。声音裹挟着意义,语言包容着和谐,文字生发着底蕴,朗读造就着美感。

　　似乎还没有听到过前辈先人们轻蔑朗读;好像也没有读书人自惭形秽地揶揄朗读。可是,自从《朗读学》问世以后,渐渐刮起一阵"口语至上"的旋风。凡是朗读,都被贬斥为"念字""念稿",没有创造,不是说话。只有即兴说话,才堪称"有思想""有个性"地说"自己的话"。把朗读看成"启蒙"也没什么不好,谁不经启蒙就成熟呢?但把说话看作成熟却不免偏颇,因为孩提的话往往显出幼稚。在这个问题上,应该对这些人启蒙,否则,他们的"理论"就会对我们"启蒙",让我们远离成熟,而走向幼稚。这时,民族的优秀文化传统便被搁置在昨天,文化的沙漠就会使我们艰于呼吸,窒息到说不出自己的话。不过,这却不是我们《朗读美学》的逻辑起点。

《朗读美学》的逻辑起点,是在《朗读学》的基础上,深入进行审美观念的追问,感受那"言有尽而意无穷"的广远时空。必须承上,而后启下,先有继承,再去求新。

《朗读美学》是对于美的探索,尤其是对于有声语言中,那有文字依据的部分怎样才会美,进行的管窥蠡测。通过《朗读美学》,是想告诉有志于斯的年轻人,朗读绝非无思想、无个性的有声语言行为,它有无边的视阈、丰富的语域,它有无穷的引力、长久的活力。

《朗读美学》试图揭示有声语言的美感生成规律,因此,就必须解决创作主体同文本之间的关系,解决朗读者同听者之间的关系问题。事实上,老子的"大音稀声",孔子的"辞达而已矣",伽达默尔的"两个视阈的融合",哈贝马斯的"语言交往的能力",都为我们提供了相关的思路。

"朗读美学"研究的问题并非玄学,也不可能从书本到书本。语言行为的实践性、语言理论的应用性,把这种研究早就纳入了"感同身受""言为心声""口耳之学""同声相应"的藩篱,不可逾越,不可逃脱。我们怎么能"从心所欲而不逾矩"呢?

传统美学要求我们预设主体、建立规则("可能");现代美学主张多样和偶然("不可能");当代美学不断地进行质疑和对话("误读")。我们却坚持继承传统,观照现实,探求规律,开拓前沿。

我们所谓的前沿在哪里?一言以蔽之:悟性。人们的认识过程、理解过程、思辨过程、感受过程、表现过程、调控过程,既是心理过程,又是交往过程。我们在"感性"——"知性"——"理性"——"悟性"的渐进中、反复中、提升中、回环中,不仅知道了、明白了,而且体会了、澄明了,即以更博大精深的智慧,开始了"连续不断的觉醒"(黑格尔语)。曾经有过多少感性的困惑、知性的迷茫、理性的纷争,却把悟性的升腾看作过眼云烟,"幽眇难知""高深莫测""只可意会,不可言传"。这是多么令人遗憾啊!

难道悟性竟是如此飘忽不定,把握不住吗?不论顺读、倒读、正读、误读,总有可以拆解之处吧!这里,正需要"入之愈深,其进愈难,而见之愈奇"的精神呢。

前 言

于是，我们在传统背景的基础上，在自我反思的内省中，努力寻找悟性的存身之地，立足之地，晋身之阶，开启之门。中华内外、经典宝藏、融入心宅，思接千载，视通万里，随口唾出，声情并茂，及于耳畔，达于心田，双向互动，豁然开朗。这"心宅"，寄托着创作主体的"传统背景""效果历史"，蕴含着创作主体的生命体验、语言功力。其中，那天赋机敏、秉性灵感，也会发生巨大的推力，增添闪光的色彩。由此，便能在倏忽之间、语域之内，获得左右逢源、以一当十的效果。这毫不亚于学富五车、才高八斗的即兴说话，更强似平淡懈怠、松散凌乱的日常交谈。到达悟性阶段，进入悟性层面，绝非易事，根本不同于一般意义上的"念书"。

为什么会把有声语言看作"白开水"呢？主要是因为有声语言的最低水平，成为这些人的标尺，以为天下之言不过如此。要想说得明白，就得为"白开水"添加作料，比如加点儿糖，放点儿酱油、香菜之类，否则，只能说一是一、说二是二。剥离了语言的举一反三，内涵尽失，怎能使人昭昭？言简意赅、辞约义丰的民族文化传统，就这样被割裂了。那些貌似通俗易懂、流畅如水的有声语言里，再也听不出"言外之意""弦外之音"了！这难道是有声语言的过失吗？这难道不是有声语言的使用者对它的轻蔑和空置吗？自己吃不着葡萄，反而说葡萄酸，当别人指出葡萄不酸时，还大言不惭地固执己见，指责葡萄就是酸的，这些人是不是需要启蒙呢？不经过语言启蒙，如何领略语言的精妙呢？启蒙之后，不加深自己的感性、知性、理性、悟性，又怎能建立正确的审美观，理解朗读美学的存在呢？

实践，是一切有声语言活动的根基。没有实践，缺乏实践，就没有共同的语言，说不到一起，无法进行对话。朗读活动作为人类文化生活的最普遍、最基础的语言行为，几乎是古今中外不可或缺的社会现象。否认它的创作性、审美性，自然会把它的可容性空间缩小到一个极其狭窄的天地，无可开掘，无可扩展，甚至无所措手足。于是，只好"顾左右而言他"，到思维、到写作、到采访、到编辑那里去，寻求出路，满足于"行动的巨人，语言的矮子"。即使思维没有深度，写作流于通顺，采访无力应对，编辑陷入朦胧；即使思维只玩花样，写作难免啰唆，采访有形无神，编辑穷于应付，也还是可以自给自足、自得其乐，甚至高视阔步，自封"全能"。在语言上的"先天不足，后天有亏"，是不能用其他办法弥补的，只有踏踏实实地在语言上下功夫，学习朗读，投入朗读创作，便有事半功倍的收获。自然，先要打破"朗读不学而能""朗读失去自我""朗读劳而无功""朗读毫无美感"等"理性"坚冰，让"非理性"的兴味萌生、迸发，走到"渐悟""顿悟"的征途中去。

普希金的诗句是对的:"啊,遵从上帝的意旨吧,不要畏惧侮辱,也不要希求桂冠。赞美和诽谤都平心静气地容忍,也不要和愚妄的人空做争论!"杜甫的诗句也是对的:"尔曹身与名俱灭,不废江河万古流。"《朗读美学》已经开始接受拷问了,但愿它能给人间增添些许愉悦,祛除些许烦恼,在这个"过程"中,生出些什么意义,积极的抑或是消极的,就任人评说吧!

2002年1月于北京

绪 论

朗读是一种再创造的有声语言艺术,它包括两个层面的理论:基础理论和美学理论。

有声语言存在于三个空间:生存空间、规范空间和审美空间。《朗读学》对规范空间的朗读活动给以理论阐释,《朗读美学》对审美空间的朗读活动给以审美观念的论述。

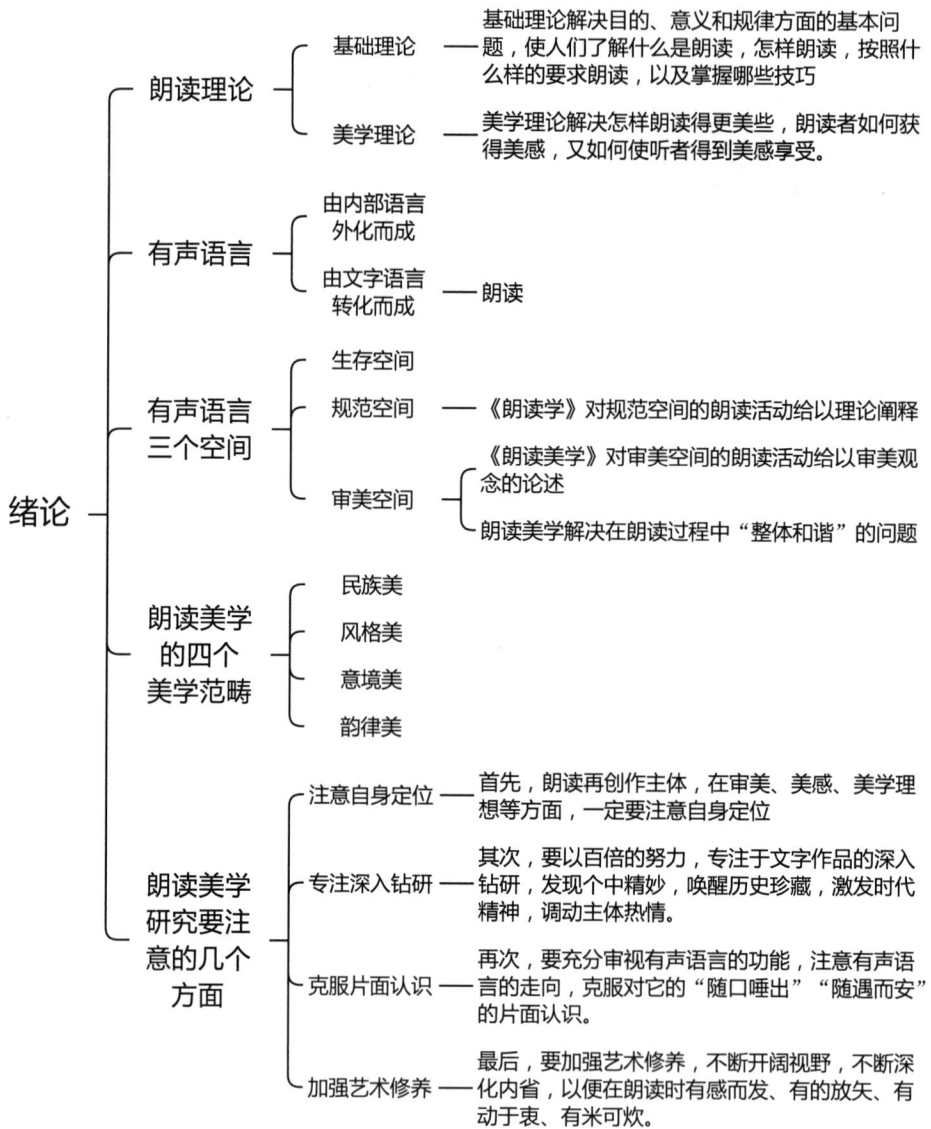

绪　论

在拙著《朗读学》中，我曾经提出建立朗读美学的意向，但是，一直到今天，才初步实现这一心愿。历经17年，虽然杂事缠身，却也说明勉为其难的艰辛。

自从《朗读学》出版以后，很多人都有这样的问题：朗读能有"学"，就已经到头了，为什么还要建立"朗读美学"呢？我想，对此必须首先作出回答，以便进一步了解朗读。

朗读既然是一种再创造的有声语言艺术，它当然包括两个层面的理论：基础理论和美学理论。在基础理论中，它要解决目的、意义和规律方面的基本问题，使人们了解什么是朗读，怎样朗读，按照什么样的要求朗读，以及掌握哪些技巧。而美学理论的层面，要解决怎样朗读得更美些，朗读者如何获得美感，又如何使听者得到美感享受。这其中，还必须解决那些宏观和微观上的问题。可见，朗读美学的建立是十分重要的，它将提升朗读的艺术品格，并在有声语言表达方面进入审美语域。

一

人类的语言，从产生之日起，就是有声的。自古以来关于声音的说法很多。什么"大音稀声""音从心出，声形于外""气者音之帅也"……因此，所谓声音，专指人声，而非天籁，更不是乐器、音响、动物鸣叫等的声响。为了加以区别，我们用"音声"指称。

后来，有了文字，出现了文字语言，才用"有声语言"加以区别。有声语言又分为两种：一种是由内部语言外化而成，一种是由文字语言转化而成。朗读就属于后者：以文字语言为依据，进行再创作，把文字语言转变为有目的、有思想、有感情、有对象的有声语言。

但是，有声语言存在于三个空间之中。首先是生存空间，人们为了求生存，不但要说话，而且要朗读。这大约有两种情况，在书信往来、诗文赠答过程中，不可避免地念出声来；在私塾背诵、经典欣赏的时候，也会不由自主地念出声来。在这个空间里，基本上没有对声音、语言的要求，完全凭个体的心意，自发为之。其次是规范空间，人们为了交往，除了用文字，除了说话，就还有朗读了。这时，朗读者要面对他人，把文字语言的内容、形式,遣词造句、布局谋篇的方方面面,都不加更改、不做增删地朗读给听者。由于这不再是个体行为,已经形成了群体语境,对于群体内的成员便提出了共同的语言要求,即规范性。在这种语境里,必须剔除不规范的语音、词汇、语法,以便让听说双方都能在同一个标准下进行交流。这时,规范性就等同于自由性,语言越规范,取得的自由越大。当然,这对朗读者的要求就更高了。《朗读学》所阐述的内容,基本上在这个空间范围之内。最后是审美空间。只做到规范,并没有充分发挥有声语言的社会功能,还应该向审美层面提升。到了审美空间,对朗读者来说,是进入了艺术创作,他必须具备艺术修养、艺术功力,他的理解力、感受力、表现力等必须超越规范空间的一般要求,达到"不工者,工之极也"的境界。只有如此,那些经典性的文字作品,脍炙人口、历久不衰的名篇佳作,才有可能被朗读得有声有色、声情并茂、感人至深,令人心驰神往。

这三个空间是互相贯通的。生存空间是基础,是源泉,不可或缺;规范空间是具有社会性、普适性的自由空间,人们的语言越规范,越能在更广阔的领域存活;进入审美空间的是少数。但是,在生存空间、规范空间里,也有审美的形态,不过,那是一种自在行为,还没有进入自觉状态,因此,往往带有盲目性,甚至是不为人知的某种胚芽。进入规范空间的,既可以是生存空间中的规范部分,又应该是审美空间里的全部形态。这是因为,生存空间中,肯定有一部分符合规范要求;而如果不符合规范要求,就不会在整体上符合审美要求,至于局部上的美感,如声音、感受、语气、节奏……那是可能存在的,但由于不规范部分的干扰,就使整体受到损害,必然从审美空间跌落下来,进入生存空间,连规范空间里都没有它的立足之地。

如果说《朗读学》是对规范空间中的朗读活动给以理论阐释的话,那么,《朗读美学》就是对审美空间中的朗读活动给以审美观念的论述。

朗读美学,并不企望自己成为空中楼阁,也不会把朗读推上阳春白雪的绝顶。因为,终究朗读还是一种实践活动,是人们社会文化生活中的一部分。它绝不是纯理论的、纯理性的思维过程和研究过程。它饱含着人类活跃的生命律动,充满着有声语言的情感诉求。这种实践性、应用性的品质,不去要求人们厘清诸如"美是什么""美的意义"等抽象的概念,也不去指引人们埋头于故纸堆中,条分缕析地辨别各种观点的来龙去脉,更不去要求人们收集不同观点的分歧与争论。它虽然不可避免地涉及美学上的一些基本问题,但那角度和语域会有明显的自身规定性,以全力解决本体的重点和难点,从而开拓出自己的一片领地。如果我们不小心,踏上了空中楼阁,或者走进了象牙之塔,那是极大的失败,只能作为教训,留给后来者了。

二

朗读活动既然是实践性、应用性的有声语言再创作,这里就存在两个方面的障碍,我们在论述中必须突破或者跨越。

第一,自从有文字记载以来,比较细致地描写、比较准确地叙述朗读活动的论述真是凤毛麟角。这是因为,我国自开科取士以降,极大地推崇文字的功能,极大地贬低语言的作用,形成了"重文轻语"的社会风气,以致人们对写文章和写文章的人钦佩敬仰,而说话和朗读似乎只是雕虫小技,不足挂齿。先秦时期极为丰富的有声语言活动,像讲学、游说、争辩、论证……便烟消云散,只是一种美好的回忆了。历史上的辩才,寥若晨星,屈指可数。那时的技术条件不发达,不能使有声语言流传下来,事出无奈,但主要的原因,恐怕还是观念上对其缺乏应有的重视。否则,在浩如烟海的典籍中,无论如何也会存留下一些对有声语言的描述和记录,供今天的人们参考学习。现在,我们能看到的材料里,有关于写作方法的讲解,有关于诗文妙处的评点,有关于歌唱、乐器演奏的描摹,有关于用笔用剑的精确刻画,还有关于舞蹈的生动写照,却很难发现关于朗读如何动人的只言片语。就是有一些叙述,也难于解释"为什么"会这样,只能了解"是什么",只能得到个别的印象。因此,我们不能不为资料的缺乏而遗憾,也为有声语言的难于描摹而感到棘手。

诚然,秦始皇的"书同文"为后代留下了无穷的便利,使大量的文字语言得以传承。当时,却无力解决"语同音"的难题,使历史上的志士仁人煞费苦心,给我们提供了不少语音方面的珍贵记载和研究成果。如:声韵母、洪细音、声调、唇舌、声律、韵部等,至今还有重要的价值。不过,如何把整篇诗文朗读出来,文献记载却显得明显不足。20世纪以来,陆续出现了不少专著涉及有声语言的内容,从洪深、郭沫若、王力先生等的论述中可以看到。在一般语音学著作里,如罗常培和王均以及岑麒祥、周殿福先生的书中,也有关于语调、重音等方面的论述。这为我们的研究奠定了基础,使我们认识到语言应用中的某些原则和方法。在当代的语言学著述中,还出现了关于中西方语言对比的研究,特别强调了汉语言的非形态化、具象性特点,这也使我们开阔了视野。另外,一些戏曲研究中关于有声语言要求的见解,对我们也有很多启示,如:梅兰芳、斯坦尼斯拉夫斯基、焦菊隐等。

在我国,有声语言的研究是有积累、有成果的,这是不可否认的事实,但是,我们也有不满足的理由。前人披荆斩棘走出了低谷,我们应该继续走下去,哪怕再艰辛。

第二,理论上的论述,会有深浅,会有繁简,总可以写出来,实践上的技能,用文字叙述出来,就困难得多。有声语言表达,诉诸文字演绎尤其不容易。有声语言表达是"口耳之学",听说之间,如电光石火,稍纵即逝,不能定格,不能留驻。它不像文字语言,可以重复,可以反复,可以跳跃,可以流传。今天有了录音设备、录像设备,也不能完全解决这个问题。因为在审听、审看过程中,我们仍然不能截取并存留某一句、某一段,只是保存在脑海里,过一会儿就会消失。就是记忆力极好的人,也只会对重要的词语序列留下印象,而对有声语言的表达态势、声音走向,却会模糊和茫然。这正是视觉和听觉的巨大差异,也正是文字语言和有声语言的明显区别。既然如此,我们在表述朗读的表现方法时显得捉襟见肘、力不从心,就不足为奇了。

在基础理论层面,我们常常使用模糊图形,以便读者体会其中的语言变化。虽然,在思维、心理、感受、感情等领域,先圣前贤留给我们很多精辟的见解,但我们不应走向思维至上、感情至上的道路。目前就有这样的观点,以为只要思维明晰,语言自然清楚;以为有了文字作品,就可以不必动脑子,"照本宣科"而已。这是完全错误的,这就把我们引向"重文轻语"的方向上去了。只有解决了观念上的偏颇,才可能进入美学层面的视野。从美学的角度看,文字作品中的每一个字、每一句话,都必须认真琢磨、仔细推敲,特别要悉心体味、深入把握。否则,就会一字之差,全句为之蹉跎;一句之跛,全篇为之失色。有声语言的表情达意、言志传神,实际上表现在一个音、一个调、一个轻重、一个高低等具体的小单位上。我们要做到宏观与微观的结合,感情与声音的统一,而那变化,又只能通过极细的描述才能说明白。正是这极细的描述,竟使我们找不到非常有力的办法,写下来,讲清楚。

于是,我们便采取了一些特殊的方法,像简要图形、箭头指示、长短直线、字间标点、字下符号等,以使文字说明更直观、更可感。当然,如果配上光盘,能够边看边听,就比较理想了。

以上两点,主要是想说明朗读美学的论述和讲解中的难点,既可供研究者参考,以便在今后的探索中克服此类障碍,又希望得到广大读者的理解,并给以帮助和指正。

三

关于美学的研究,已经很久远了。有的专家力主明确"什么是美",于是流派纷呈,论争不止;有的学者主张不必追问"美是什么",以专注于哲学和艺术的探寻。我们无力介入,随它去吧。

我们终究要研究朗读美学,怎么也不能逃离美的语域。但是,我们又不能陷入纯美学的藩篱,因为,朗读美学属于实践性、应用性学科领域。在这种情况下,只能采取

"为我所用"的原则了。

自我国先秦、西方古希腊始,一直就有美学命题的立论和驳论。至今,还在各抒己见、针锋相对。例如:主观论、客观论、主客统一论、新生事物论、生命论……都在叙述着我是他非,证明着他错我对。我们从朗读美学的角度考察,认为以"美是和谐"的立论为基础比较妥当。不过,我们还要做重要的补充,那就是:美是整体和谐。

所谓和谐,是指相关的两方面,共同存在于一处,或相辅相成,或相反相成,都以对方的存在为依托;而这两方面,无论相合还是相离,总是互相比对、彼此牵挂的。更为重要的是,双方的关系十分紧密,它们相互照应、配合默契。一方的变化,会使另一方趁势变化;一方的走向,会对另一方发生作用。当双方扭结在一起的时候,只要是同步同相,步调一致,位相统一,那就建构了一个美的场景、美的语境,给人以美的愉悦,给人以美的享受。这是第一层意思,属于基本的单一成分的认识范畴。

所谓整体和谐,是指无数个相关的方面,共处一处,形成立体的、多边的、纵向和横向交叉重叠的、静态与动态相结合的整体关系。其中任何相对的两方面都是独立的,在此时此地只表现为自身和谐,而不与别个相对的两方面直接碰撞;但是,这种独立又是相对的,整体中的所有相对双方,不可能互不影响,因此,只有都处于和谐关系、和谐状态的时候,才可使得整体显出多重和谐。

同和谐相对立的,就是不和谐。不和谐是指相关的两方面互相干扰,或一方单独动作,置对方于不顾;或一方在对方需要协同动作时,毫无反应,不予理睬。这时,各行其道,分道扬镳,使相关变成了无关,甚至进行反向运动,产生相反作用。于是我们感到了一种脱轨、离心的征候,感到了和谐被破坏的某种迹象。

朗读美学就是为了解决在朗读过程中"整体和谐"的问题。

正如音乐上的旋律、和弦,绘画上的构图、色彩,建筑上的平衡、对称,诗歌上的音步、韵律,舞蹈上的形体、造型……朗读也讲究气息、声音、语气、语势、轻重、缓急、抑扬、顿挫……朗读过程,只有达到一个多重和谐的整合过程,才可以说进入了美学层面。而这多重和谐的整合过程,面临着诸多矛盾,只能一步一步地、一个一个地解决。例如:朗读者同文字作品;文字作品的内容和形式;朗读者作为创作主体,他的理解同感受、思想感情同表达技巧、文字作品的语体风格同朗读者的表达风格;朗读者同听者……这些矛盾双方的内部还有各自的、稍小单位的、更具体的矛盾双方,其中可以继续分解为更小单位的、更微妙的矛盾双方。因此,多重和谐的整合,要求不断地推进由个别到一般——由一般到个别的反复协调、时时校正,并且,尽可能避免某一单位、某一方面发生偏离、错位、掉板、冒高等情况。

整体和谐必须进入实践过程,才能突出显示、真正体现它的美学价值。它是朗读者在有声语言进入视听交往、形成动态变化的阶段,由大量的相关双方互相作用,由创作主体根据主客观情况统一配置、严密监控、主动干预、积极整合,以正确的审美观、深刻的语言观、扎实的基本功、丰富的表现力,对创作理想、美学理想的坚定追求。这种追求,不是信手拈来的,也不是一蹴而就的。这种追求,因朗读者的不同而产生不同方向、不同品位、不同深度、不同风格的区别。这就是说,朗读活动虽然普遍,朗读实践虽然多样,但真正能够完成多重和谐整合的、达到美学层面的再创作,目前还很少。

多重和谐整合,这是从朗读者的主体视角出发,赋予创作过程的美学任务。如果从听者的视角出发,从朗读中获得的美感又怎样呢?朗读者的创作动机和创作效果之间,创作效果同接受效果之间,还存在着巨大的空间。一定方向、一定品位、一定深度、一定风格的朗读再创作,由于听者的千差万别,竟会产生大相径庭的审美感受。这时,必须从听者的视角,对听者的心理、修养、体验、学识等加以分析,既要找到朗读者的未知领域,又要看到听者的现有境界。不应一味怪罪朗读者的水平,不应把接受美学的"接受至上"论照搬过来。接受美学的贡献,在于它使人们认识到只强调创作方面是不够的,还要充分了解接受方面的强烈关怀,以便使创作更精美,更符合接受者的需要。但是,它在强调接受方面的作用的时候,走向了极端,似乎创作倒成了不甚重要的东西。这就为"听者是上帝"、一切都要以听者的需求为转移的创作被动观提供了子弹,从而为迎合和媚俗打开了大门。事实上,听者是区分为不同层次的,从高雅到低俗,有高下之别;他们也是有各种风格的期待的,从刚柔到庄谐,有文野之异。我们到底满足什么样的需求,创作者保有完全的自主权。这些,对于朗读再创作,也会产生或多或少的影响,我们不能回避。我们不应为了迎合和媚俗,从选材到朗读,一味追求轰动效应,而忘记了自己的最高任务。虽然这时从表面上看也达到了一种"和谐",但那是最低层面的"沆瀣一气",只会使朗读远离审美层面,走上俗不可耐的道路。

四

在朗读美学的研究中,我们从来都坚持以四个美学范畴为核心或重点:民族美、风格美、意境美、韵律美。为什么呢?

第一,在中华民族源远流长、璀璨辉煌的历史文化宝藏中,保存着众多学科的精品,其中最引人注目的,是它们共同发出的民族之光。在任何一种精品中,都有我们的民族之魂,哪怕形体上闪烁着五颜六色的彩霞,缠绕着万紫千红的锦绣,都不能遮盖它、模糊它。我们的民族之魂,是那样的光彩照人、动人心魄,常常召唤我们的灵感,常常振奋我们的精神。我们怎能离它独行?我们怎能背它远去?这里,有我们的美学理想,有我们的语言根基,有我们的生命体验,有我们的自身价值。当我们朗读历代名篇佳作的时候,一种巨大的潜流便油然而生,那民族自尊和自豪感,竟使我们进入了"忘我"以至"无我"的境界。当我们朗读外族传世诗文的时候,在体验不同心态、不同语境的审美过程中,我们又会融入本民族的主流意识,造就了"珠联璧合"的新建构;我们不仅汲取了其他民族的思想营养,还极大地强化了本民族的词语表现力、丰富了朗读的韵律感。因此,我们从来不排斥外来文化,当然也不会对外来文化卑躬屈膝,自惭形秽。我们坚信,五千年沧海桑田、饱经风霜锤炼出来的中华儿女的语言精灵,一定能自立于世界民族之林,毫不动摇地敲响黄钟大吕,生发出它那沁人心脾的魅力。

第二,风格就是成熟稳定的艺术特色,就是独特的艺术个性。这一美学范畴,已经被糟蹋了。有人把它理解为狭隘的个体感觉,自吹自擂;有人把它定格为普泛的个体差异,自说自话;有人把它确立为明显的个体缺陷,面有得色;有人把它标榜为先天的个体优势,自得其乐……必须大力提倡风格的文化积淀性、艺术功力性、长期凝聚性、社会传承性、内部变动性、外部吸纳性。只有如此,才能使风格的理论和实践在正确的轨道上继续前行,使艺术风格呈现百花齐放的局面。朗读美学中的风格,有它复杂的情况,不仅是文字作品的风格,还有朗读者的风格,更有两者的结合、融通。朗读者的任务,不但要揭示文字作品的风格,必然还要展现自己的风格,这样,才会成为艺术再创作,才能达到审美要求。初学者自然不必以此为标准,但不妨以此为目标;成熟的朗读者,就要研究自己的性格爱好、兴趣追求、生命历程、语言优势、美感态势、美学理想,并在朗读过程中认真体味,反复探索,努力正确处理文字作品和有声语言的辩证关系,不断发现、发展已有的风格要素,最终形成自己的风格。

第三,优秀的文字作品,不论是哪一种体裁,都有一个共同的特点,那就是"意境美",意与境合。关于意境,历来众说纷纭,我们没有能力辨其优劣。不过,从朗读的需要来看,情与景合、心与物合、神与形合,是我们所期望的境界。而且,其中应有实境与虚境的区分,使"身临其境"同"设身处地"得到真情实感的关怀。在朗读时,创作主体的类比联想、再造想象完全处于兴奋态势,这会把人生经验、生命活力、人世悲欢、岁月印痕统统聚合起来,落实到文字作品的词语序列之中,体现在有声语言的艺术表达之内。"意境"实际上是一种时空氛围、一种精神居所,它引人入胜,它给人寄托,令人心驰神往,让人流连忘返。不要把它理性化,不要把它虚妄化。

第四,有声语言最为明显的特征,就是"韵律美",包括清浊、平仄、四呼、共鸣、双声、叠韵、语流音变、轻声儿化……还有种种表达技巧的美感。从语意上说,必须清晰、完美;从感情上说,必须真挚、丰满;从声音上说,必须圆润、自如;从语态上说,必须精致、细腻;从表现上说,必须贴切、鲜明。汉语(普通话——国家通用的规范语言)是世界上最优美的语言之一,它那言简意赅、辞约义丰、具象生动、铺排灵通的巨大表现力,主要是因为韵律的作用。可以说,韵律已经成为我们民族语言的突显表征,无论是古今散文、诗词歌赋、小说戏曲、民谣小调、正史稗史,还是名言警句、演讲论辩、学术著述、法律条文,都具有相当强烈的韵律感。在朗读中,尤其要把握韵律的动态走向,驾驭韵律的灵动变化。失去韵律美的朗读,必然是劳而无功的念字出声,肯定会使汉语黯然失色。

以上四个要素,对于我们的研究是十分重要的,它们互补互动,贯穿在整个朗读美学的体系之中,诸多问题的论述都因之而带有自己的特色。

五

朗读美学虽然是实践性、应用性极强的学科,但是,它并不应陷入细枝末节的技术处理中。它只是在论述过程里,以具体的实例作出说明,给以回答。至于具体的实例,当然要比较典型、比较规范。

为什么在论述中不去解决系统的技巧问题呢?因为,朗读的规律和技巧在《朗读学》里已经阐释得相当详细了,那些基本方法是最具应用性的,能够给朗读者基础性的指导。

我们要强调的是,在理论上,必须坚持辩证唯物主义和历史唯物主义。在美学道路上,很容易滑入唯心主义或机械唯物主义,造成美学研究上的先验论、不可知论和庸俗社会学观点的渗入。朗读一旦被这些思想干扰,就会出现混乱和错杂,不但不能进入美学层面,就连基础层面的东西也难以把握了。这不是前功尽弃了吗?对此,我们应该十分警惕。

首先,朗读再创作主体,在审美、美感、美学理想等方面,一定要注意自身的定位。作为个体的人在社会上生存,不是孤立的、静止的,他受社会、时代、家庭、群体等的影响,天赋、环境、经历、教育等都会给他的塑造和成长带来重要的支撑力量。正因为这样,朗读者究竟能否达到此时此地的审美境界,进入美的创造,必须具体分析。有的人,懒于、羞于自我剖析,或自愧不如,或自视甚高,表现在朗读中,或心虚胆怯,或盛气凌人。可见,定位应该非常准确,不要认为"天生我材必有用",便随波逐流。

其次,要以百倍的努力,专注于文字作品的深入钻研,发现个中精妙,唤醒历史珍藏,激发时代精神,调动主体热情。面对文字作品,不应浮光掠影、浅尝辄止,而应力求正确、竭尽所能;不应只凭感觉望文生义,而应强化感受、引发感情;不应无视韵律追求"自然",而应捕捉韵味、讲求波澜;不应忽视听者、自我陶醉,而应由己达人、声情并茂。失去主体的中介感,把文字作品和听者置于脑后,唯我独尊、自我张扬的思路和表现,是唯心主义的幽灵作怪,会破坏朗读的审美价值,反而丧失了创作初衷的积极意义。

再次,要充分审视有声语言的功能,注意有声语言的走向,克服对它的"随口唾出""随遇而安"的片面认识。朗读中的有声语言,是依据主体的驾驭能力获得审美价值的。为了对听者负责,我们绝不能满足于文字作品的浅显而把朗读单纯变成声音的流动。很明显,单纯变成声音的流动,不但意味着主体的缺席,而且会使文字作品的内涵失落众多的信息,甚至造成词语的转向。富于美感的朗读,应该做到"随口唾出""随遇而安",不过,那是说朗读者的储备非常充足、技巧非常老到,可以"从心所欲不逾矩",随便张口就很流畅,跟着词语序列说话显得十分自如,完全不像朗读别人写作的诗文,完全没有挂碍。舍弃前者,只求后者,无异于缘木求鱼。

最后,要加强艺术修养,不断开阔视野,不断深化内省,以便在朗读时有感而发、有的放矢、有动于衷、有米可炊。我们的文化底蕴,特别强调审美的内省方式,很注重含蓄的表达情状。我们必须拒斥轻浮和直白,尤其要抛弃单调和浅露。所谓"厚积薄发",不能理解为只要积累厚重,就会自然表现出来。积累不能缺失,但只有精确、凝练、集中、充实的表现,才算得上是"成于外,而化乎内",才可以位列上乘。

当前,我们要充分认识后现代、后殖民文化对我们的侵蚀。在总体上,它们一方面是力图解构艺术规律、艺术体系,另一方面,又极力主张削平创作特点,淡化创作手法。它们不去追寻高尚的情操、美好的境界,还坚持走世俗、平庸的道路,并宣称这才是平民化、生活化的本来面貌。现在的大众传播、人际交往,都明显地暴露出这一倾向,正给我们的语言涂上阴暗的色彩,给我们的朗读缠上日常的绳索。如果,生活就是这样的乏味,就是这样的平淡,它还能成为艺术的源泉,还能供给艺术营养吗?简单地理解生活,复制生活,把生活中丰富多彩的样态进行浅薄的剪裁,目的是把艺术还原为素材,还是让生活取代艺术?为什么还大言不惭地召唤人们向这样的生活学习,并给以平面照搬呢?的确,艺术的象牙之塔是脱离生活的象征,不应倾心于纯艺术,为艺术而艺术,但是,也不应该走向另一个极端,逃离艺术、取消艺术,以致消弭人们欣赏艺术、进行审美的权利。批判的理性,应该是科学的、超前的,怎能成为某些人的霸权,左右人们的美学追求呢?在研究美学的过程中,我们不能容忍霸权行为,必须同背离美学理想的观点做不懈的斗争。

朗读离不开生活,生活离不开审美。朗读美学的建设,是需要假以时日的,是需要几代人的努力探索的。现在,我们只是做了一些铺路石的工作,我们期待着它的成熟。

我们认识到,历史和时代给了我们丰厚的馈赠,但也不可避免地给我们带来了某些局限。这些,会随着社会的进步,发生新的跃进,获得质的突破。我们会热诚地欢迎,也会继续竭尽绵薄之力。

➡ 知识梳理

　　朗读是一种再创造的有声语言艺术,它包括两个层面的理论:基础理论和美学理论。基础理论解决目的、意义和规律方面的基本问题,使人们了解什么是朗读,怎样朗读,按照什么样的要求朗读,以及掌握哪些技巧。美学理论解决怎样朗读得更美些,朗读者如何获得美感,又如何使听者得到美感享受。

　　人类语言,先出现有声语言,又出现文字语言。有声语言分为两种:一种是由内部语言外化而成,一种是由文字语言转化而成。朗读属于后者。

　　有声语言存在于三个空间:生存空间、规范空间和审美空间。生存空间是基础,是源泉;规范空间具有规范性、自由性、社会性、普适性,人们的语言越规范,取得的自由越大,越能在更广阔的领域存活;审美空间,进入了艺术创作活动,创作主体必须具备艺术修养、艺术功力,他的理解力、感受力、表现力等必须超越规范空间的一般要求。

　　《朗读学》对规范空间的朗读活动给以理论阐释,《朗读美学》对审美空间的朗读活动给以审美观念的论述。

　　朗读美学解决在朗读过程中"整体和谐"的问题。

　　朗读美学的四个美学范畴:民族美、风格美、意境美、韵律美。

　　朗读美学研究要注意的几个方面:首先,朗读再创作主体,在审美、美感、美学理想等方面,一定要注意自身定位。其次,要以百倍的努力,专注于文字作品的深入钻研,发现个中精妙,唤醒历史珍藏,激发时代精神,调动主体热情。再次,要充分审视有声语言的功能,注意有声语言的走向,克服对它的"随口唾出""随遇而安"的片面认识。最后,要加强艺术修养,不断开阔视野,不断深化内省,以便在朗读时有感而发、有的放矢、有动于衷、有米可炊。

第一章

有声语言——被冷落的文化

第一节　朗读是一种创作
第二节　朗读是对文字语言的改造
第三节　朗读应有自己的美学价值

朗读是一种创作。朗读者作为有声语言的创作主体，必须充分发挥自己的主观能动性，调动自己的生活体验、文化积累，以深思熟虑、锲而不舍的创作态度，运用语言功力，彰显语言魅力，才能使这一文字作品转化为有目的、有思想、有感情、有对象的有声语言作品。

第一章 有声语言 被冷落的文化

朗读是一种创作

- 首先，朗读活动是一种有意识、有目的的有声语言表达活动
- 其次，朗读活动是一种厘清思路、调整心路的艰苦劳动
- 再次，朗读活动是一种由文字语言的存在状态向有声语言的存在状态转化的过程，我们称之为"音声化"过程
- 最后，朗读活动是一种有始有终的、独立稳定的、具有一定成果形式的有声语言活动

朗读者的创作

朗读者作为有声语言的创作主体，面对这一成品，必须充分发挥自己的主观能动性，调动自己的生活体验、文化积累，以深思熟虑、锲而不舍的创作态度，运用语言功力，彰显语言魅力，才能使这一文字作品转化为有目的、有思想、有感情、有对象的有声语言作品。

- 文字作品由可视变为可听
- 文字作品由平面变为立体
- 文字作品由作者话语变成既有作者又有朗读者的双重复合话语

朗读者对文字作品的加工、改造

- 首先，有声语言可以改变文字语言的意思和方向
- 其次，有声语言可以增减文字语言的感情色彩
- 最后，有声语言可以伸缩文字语言的美学尺度

朗读应有自己的美学价值

- 汉语普通话的特征是"言简意赅""辞约义丰""寓意深刻""韵律优美"
- 语言是文化，语言是观念形态的音声化，特别是人文精神的音声化
- 语言不完全属于个人，它是全社会的契约
- 语言不完全属于通俗，它是时代进步的标志
- 语言不完全属于实用，它是美学范畴的根基
- 语言确实在我们身边，它那高屋建瓴的气势、高深莫测的积淀、高雅澄明的品格、通达心灵的威力，使它既有居住象牙之塔的灿烂，又有融入平民百姓的善良，我们只有珍惜它的义务，而没有损伤它的权利

第一章 有声语言——被冷落的文化

有声语言本是人们须臾不能离开的,从"牙牙学语"开始,有声语言伴随着人们生命的旅程。人们或"伶牙俐齿",或"木讷寡言",却很少真正关心和重视有声语言。它好像只是一个"不请自来""挥之即去"的玩偶,至于用多用少、用好用坏,都与人们的生存、发展、沟通、相知并无"成败攸关"的联系。有些人研究它,只是从语音、词汇、语法等方面给以当下视阈或自身理解的描摹、观照,至于它的生存状态如何,他们可以毫不犹豫地、振振有词地说:"它只能是这个样子啊!难道还会是别有情趣吗?"由此认定,有声语言没有研究的必要,更没有开发的价值。

为什么把有声语言看成这个样子呢?原因大概有二:一是"熟视无睹"。自从会说话的那一天起,就天天讲、月月讲、年年讲,男女老少讲,街头巷尾讲,领导讲、群众讲、高级知识分子讲、文盲也讲,讲惯了也听惯了,既不奇特,也不新颖。二是"另有所思"。有声语言已经"不学而能",于是把研究的目光投向了有声语言之外,如思维、识见、文化、智慧……以为那才是有声语言之本、有声语言之源,那才是"功夫在诗外";对有声语言进行研究,便成了小儿科,既无高度,又无深度,是有识者所不为。

值得追问的是,越是常见的、大量的,不是越应该研究吗?恐怕"常见"和"大量"绝不意味着人们认识的"深刻"和"透彻"吧!而对于本体的探究,应该是研究本体之外的基石吧?连本体是什么都还处于模糊和糊涂状态,那本体之外同本体是什么关系,又怎能看得明白、说得清楚呢?有声语言的确同思维、识见、文化、智慧密不可分,但是,究竟是在哪些方面存在着联系和融合,又是怎样表现出来的呢?"不入虎穴,焉得虎子",总不能略去结构、功能、价值、方法,而专注于涵盖和包容吧!这种"沙滩建塔"的研究,大概来源于荀子《劝学篇》中对"口耳之学"是"小人之学"的观点。我们也反对道听途说,不过我们认为,口耳之学确是一种学问,而且是很大的学问。

在人类有了语言之后(包括"杭育杭育"之类),使用语言的人们一开始是很重视有声语言的发出及其产生的效果的,于是,喉头和声带发达起来,语音丰富起来,词汇增加起来,人们认识到"言为心声""诗言志"……文字产生以后,文字语言便大受宠爱,倍获青睐。不仅堂而皇之地登上了宫殿,还正儿八经地走进了历史,经史子集叫人们"读书破万卷",诗文传论使人们"才高八斗",《三都赋》可以让"洛阳纸贵",文字狱竟能逼志士"无写处"……

文字语言与有声语言分道扬镳，一方面作为书面语，逐渐离开了实际应用，以开科取士为目的，陷入寻章摘句的泥淖，八股成风，愈演愈烈；一方面作为口语记录，仍能广为流传。这两方面，至今还能大体分辨，是所谓书面语体、口语语体。由于统治阶级的需要，提倡仕途经济，学而优则仕，进入仕途才可以经邦济世，有权就会有钱，有钱就能买官鬻爵，有地位就会载入史册，书表策论成为主流，身价十倍。八股文便成就了尊贵的望族，引导人们去苦思冥想、搜索枯肠。有谁还把口语放在眼里么？谁还会重视有声语言？正是："可怜天下士子心，不重口才重文笔。"只有像《汉乐府》、《古诗十九首》、明清小说等方能入流。因此，我国的语言状况，可概称之为"重文轻语"。"重文轻语"的思想观点，至今仍然颇具影响，不可低估。

漫漫中国历史，关于有声语言的记载凤毛麟角，书面语言即文字语言的文献资料却浩如烟海。而伴随着文字语言诞生的朗读，从来都是备受冷落的附属品，既不能登大雅之堂，又不能传之后世。因为，在人们的思想中，"写"才是学问，"读"不过是照本宣科，没有自己的思想，没有自己的感情，"传声筒"而已，何"学"之有？这恐怕是轻视有声语言、更轻视朗读的社会根源和文化根源吧！

我们坚持有声语言，特别是朗读，应该被看作一种文化，并非夸大其词、盲目推崇。对此，我们将反复说明。

第一节　朗读是一种创作

在一般意义上说，朗读只是把文字语言变为有声语言，不读错，不读乱，不增删改动，也就可以了。至于是不是悦耳动听，有没有感情，能不能读出"言外之意"，大都不作为硬性规定或必然要求，日常生活和学习中的朗读大抵如此。当然。随着朗读的逐渐被重视，随着朗读的逐渐普及，人们对朗读的要求就不断提高了，从朗读中获得美感的期待，也日益强烈起来。每一位有志于朗读的人，都会认真对待，并希望尽自己的一分力量，为朗读注入更多的美感因素，使朗读发挥更大的作用。

作为朗读的本义，根据《说文解字》的解释，大概同"诵""咏""吟"等相类，那所含的属性里，无疑有一定的艺术成分，朗读时，既使自己也使别人产生愉悦，应该是题中应有之义了。

怎么才能产生愉悦呢？泛泛而读、无所用心行吗？见字出声、不假思索行吗？当然不行。于是，就得花费一番心血，进行一番思索。也许那心血没有花在刀刃上，那思索可能有些不着边际,没有关系,能够用心尽力,就是一个好的开始,就可以为进入创作圈打开大门。实际上,这已经是最浅显、最简单的"创作"了。

首先,朗读活动是一种有意识、有目的的有声语言表达活动。历代文字语言作品的名篇佳句,是朗读材料的丰富宝库,是朗读者发现—接受—选择—敲定朗读依据的稳定实体。即使是朗读者自己写出的文字作品,也是一种依据,对朗读创作来说,这同其他依据没有什么原则区别。因为写作和朗读是两个不同的创作过程。朗读依据的选择,是一种"有意为之"的行为,不是"随手拈来",也不是"偶然取之"。有意为之,就是一种目的性。有意为之,就是根据朗读的背景(包括时代、社会大背景、此时此地小背景)、朗读的现实针对性(包括政治、经济、军事、文化等的大范围社会网络和小范围人际关系)具体引发出来的朗读愿望和具体推断出来的预期效果。有意为之的目的性越清晰、越具体,朗读过程就越顺畅、越实在。"纲举目张",便会少干扰、不模糊,避免"信口开河""不知所云"。

其次,朗读活动是一种厘清思路、调整心路的艰苦劳动。朗读者在理解和感受的基础上必须把文字语言完整、准确地化入脑际心头。朗读者不是囿于自己的一知半解,不是限于自己的正中下怀,而是用心钻研、努力体验文字作品中思想感情的运动,深入实质,抓住真谛,融入其思路,贴近其心路,使文字语言几乎化作自己的所思所感,成为自己郁积于胸、欲言而未能言的话语。当我们感受他人之言,领略其深刻之处,体味其精美之点时,确是一种享受,更是一种提升。尤其是感到"可望而不可即"的时候,便会产生一种非解悟其中的奥妙不可的冲动,然后不放过任何一个疑惑之词语,继续开掘,即使"管窥蠡测",也会大开眼界,甚至茅塞顿开。如果是自己写成的文稿,朗读前,同样要重新进行思路的条理化、心路的情感化。写作带来的满足,常常成为人们不愿越雷池一步的羁绊,或者基于熟知而懒于、烦于进一步探究朗读诸要素的落实。这必然导致功亏一篑。不仅能够驾驭自己写作的文字语言转化的有声语言,而且能够把别人写作的文字语言理解透彻、感受深切,"烂熟于胸""形之于声",是一种很强的能力,是初学朗读的人所达不到的境界,是令人赞叹的境界,绝不是"只会照本宣科"所能概括的,更不是"无能"的表现。

再次,朗读活动是一种由文字语言的存在状态向有声语言的存在状态转化的过程,我们称之为"音声化"过程。任何事物由一种存在状态转化为另一种存在状态,都有动因与标志。作家、记者在深入生活、积累素材之后,去粗取精、由表及里,经过加工,写成文字作品、新闻报道,是人、事、物、境由天然的存在状态转化成了文字语言之书面存在状态。剧作家写成的剧本,也属于这种转化,不过,还能进一步转化成栩栩如生的舞台剧、影视剧。当然,任何一种转化都有平庸摹写和上乘精品的巨大差异。音声化的转化,应力求达到锦上添花,而不应使之黯然失色。严格意义上的转化,保有点石成金的妙处、化腐朽为神奇的魅力,关键是"水到渠成"的功力。犹如"冰冻三尺,非一日之寒",水转化为冰,不是指半水半冰状态,也不是指无法着力的薄冰状态。文字语言转化为有声语言,其动因是为满足听者的期待,其标志是比自己看文字作品所得更多。这并非苛求。如果朗读者只是为了满足自己的表现欲,显示声音、玩弄技巧、突出自我、哗众取宠,如果朗读者不具备一定的理解感受能力、分析判断能力、语言驾驭能力,那么朗读就会出现败笔,就会成为赝品。听者能从中获得什么呢?只有通过朗读,听者获得了一定的满足感,认定比自己看文字作品有了更深的理解、更具体的感受、更大的愉悦、更新鲜的启迪,朗读才真正实现了由文字语言向有声语言的转化,朗读才是成功的。

最后,朗读活动是一种有始有终的、独立稳定的、具有一定成果形式的有声语言活动。片言只语、一言半语、断断续续、支离破碎的有声语言活动,尽管有文字语言做依据,也不能被称为朗读创作。有始有终,哪怕是一个片段,也应有较为完整的意思,也应有较为明显的主线,不能让人"丈二和尚,摸不着头脑"。独立稳定,就是有朗读的价值和意义,文字作品的内容和形式完美统一,在历史的长河中有闪光点,在文化的承续中有过人处。一定的成果形式,是指朗读活动的结束,要产生"成品",不能半途而废,不能虎头蛇尾。朗读之前,千百次的体味、练习,不是成品;正式朗读时,不应敷衍了事,不应飘忽不定,不可结结巴巴,不可冷冷冰冰,要全神贯注地坚持到"成品"的完成。舞台上、教室里、录音间里、录像棚里,朗读都要一气呵成。录音录像虽然可以重新录制,也要珍惜,一次要比一次好;舞台上、教室里必须一次成功。

以上四点,是最基本的要求。由此我们看到,朗读活动只要符合这些要素,朗读者便把握了"创作活动"的精义,便进入了"创作圈"。

第二节　朗读是对文字语言的改造

作为朗读的依据,进入朗读创作的文字语言,是处于静态的完成体作品,自有其完整的篇章结构、词语序列、语言内涵、体裁样式、辞采义气、风格特色。朗读者作为有声语言的创作主体,面对这一成品,必须充分发挥自己的主观能动性,调动自己的生活体验、文化积累,以深思熟虑、锲而不舍的创作态度,运用语言功力,彰显语言魅力,才能使这一文字作品转化为有目的、有思想、有感情、有对象的有声语言作品。朗读者不是被动地摹写、复制文字语言,而是主动地加工、改造文字语言。朗读者使文字作品不但由可视变为可听,而且由平面变为立体,特别是由作者话语变成既有作者又有朗读者的双重复合话语。

朗读者对文字作品的加工、改造,是一种开掘、揭示、丰富和深化,其中,包容了文学语言的底色,又增添了有声语言的亮色,显得更为血脉贯通、光彩照人。下面仅就几个主要方面略加陈述。

首先,有声语言可以改变文字语言的意思和方向。

例:"他们说,他们热爱和平。"

任何一个句子,不论任何语境,都可能有多个义项、几个方向,这个句子也不例外。

(1)正面义项:"他们说"的话是真实的,"他们"确实"热爱和平",语气肯定,甚至赞扬。

(2)中性义项:对语句包含的意思既不肯定,也不否定,不偏不倚,不置可否,语气漠然。

(3)反面义项:他们"说"如此,事实上并非如此。使用反义性重音,"和"字沿阳平上行延长,揭示"热爱和平"不过是幌子,显示否定的语气。

我们看到,文字语言的词语序列是固定的、静态的,朗读者却可以根据主体的认知、主体的心路、主体的态度,给以不同的表意,甚至做出完全相反的、对立的表达。每一句话、每一段话、每一篇作品,都可以进行多向处置,从而产生多个义项。这里,文字作品的原意已不再重要,关键是主体如何认识、如何把握。要特别注意这种"转化"的再造性功能,切不可认为文字语言已经给定了语意,朗读者已经无可奈何,便产生依赖心理,放松以致放弃朗读创作的话语权力。

其次,有声语言可以增减文字语言的感情色彩。

例:"唉!我不知何时再能与他相见!"

这是朱自清《背影》的最后一句话,充满了对父亲的思念、感佩、怜爱、痛惜的深情。朗读时,根据创作主体的具体感受和生活体验,可以浓重地表达出"游子思亲"的强烈感情,也可以含蓄地表达出"世事浩茫"的复杂心情,还可以真切地表达出"相见无期"的遗恨慨叹……究竟怎样表达更准确,还要看相关的因素,如时空的氛围、对象的心绪等。但是,凡是抒情性的语句,都应竭力避免"无情无义"的表达。这类表达,无动于衷,冷若冰霜,且以"不做作""不虚假"为由,貌似尊重原作,实则连文字语言最基本的感情色彩都抛却了,不是比做作还做作、比虚假还虚假么?作为朗读依据的文字语言充满了思想感情的运动,为朗读者提供了思想感情驰骋的广阔空间,如果朗读者不去千方百计地填充、丰富,有声语言立见苍白,哪里还有创作的影子?同一篇作品,由于朗读者不同,引发的感情会有差异,也可能仁者见仁、智者见智,但登山情满于山,临海意溢于海,是完全应该的、必然的。正是在这一点上,朗读创作的自由度并没有被文字语言框死,文字语言反而为朗读创作打开了感情的闸门,不论是汩汩而流,还是奔腾澎湃,自可突现多姿多彩的世界。

最后,有声语言可以伸缩文字语言的美学尺度。"美的尺度"因人、因事、因时、因地而产生丰富的变化,文字语言保有其言简意赅的特点,在遣词造句、修辞格调上展现出千变万化来。在转化为有声语言时,平面文字变成了立体的声音,"文采"变成了"语气",审美方式由看变成了听。这时,文字语言所确定的美学尺度便被有声语言进行了多向、多层伸缩,或延展,或节制,"淡妆浓抹总相宜",表现出有声语言的"入于耳、达于心",既在情理之中,又在意料之外的艺术魅力。

例:"一个春天的月牙在天上挂着。"

老舍的《月牙儿》中的这一句,寓意深刻。如果按照叙述的规则,通俗已极,明白已极,不需要什么技巧处理,也可以顺畅表达。但这里有一种意境美,应从实境延伸到虚境,有声语言表达必须延展其美学尺度,造成引人遐想的淡雅、清新的情调。当然不可刻意渲染,显得拖沓。

例:"让暴风雨来得更猛烈些吧!"

高尔基《海燕》中的这一句,具有很强的感召力,却不能像在万人大会上那样高声呐喊。其间的自信与渴望、豪气与魄力,显然不是加快语速和字字用力所能表现得出来的。创作主体应获得代表千万人心愿的"巨人感"与站在历史潮头的"雄伟感",以把握本篇其他语句所无法承受的分量。朗读时,词语推进、上升,以"烈"为制高点,并以"些吧"的速进快收作结。这一句,绝不能柔声细语、气浅声直。

以上两例说明,由于美感成分相当明显,一般意义上的表达已经不能满足其需求。朗读者一定要开拓出各种意境氛围,在延展节制的对比中,给听者造成想象与体味的可能性空间,从而进入柔美、壮美的美感享受之中。

此外,还有不同风格、不同韵律的美学视阈,后文将分别陈述。

第三节 朗读应有自己的美学价值

朗读活动既然是一种创作活动,朗读又是对文字语言的加工改造,那么,朗读所包容的人文内涵、文化价值、艺术价值和美学价值就已经初步显示出来了。这已是不容置疑、不言而喻的事了。

但是，我们还要加以强调。因为，在目前的社会文化认知系统里，朗读仅仅被定位于基本技能和启蒙手段，而这个定位，似乎就意味着没有必要对其美学价值进行研究和论述，甚至它有没有美学价值，都成为很多人的疑问。

这种现象确实难以解释。长期以来，人们过多地指认和利用文字语言，给了文字语言以过重的承载和期待，造成了思维的定势、心理的定势：传宗接代的文字语言远比稍纵即逝的有声语言富有文化艺术内涵。因之，孔子的"辞达而已矣"、苏轼的"言外之意"以及诸如此类的观点，一概用来解释文字语言及其作品，而与有声语言无关，同朗读更是无缘。这种"重文轻语"的现象，仍然是认识和揭示朗读的美学价值的巨大障碍。

文字语言的高级形态是文学语言，经过反复推敲、字斟句酌，落在纸上，可以咀嚼再三、体味再三，可以随时翻阅、祖孙共赏。这些并不排除朗读的优势，反而进一步增强了朗读的魅力。如果以文学语言为依据，朗读时的抑扬顿挫、轻重缓急，仍然能够达到"吟咏性情"和"直抒胸臆"的目的。直感和直觉，在朗读过程里有着不可或缺的作用，所谓"口耳之学，幽眇难知"，有时只能意会而不能言传。这为研究和阐释朗读的美学价值带来了相当大的困难。这也使得某些重文轻语的人，借以否定朗读的美学价值，并极力贬低朗读的存在价值。

朗读的美学价值，正是我们这本书要用大量篇幅论述的内容。这里要说明的，是朗读的、有声语言的当下境遇，为什么会受到如此冷落？

人们生活在社会上，有各种权利和权力。"话语权"也是一个重要的权利。这和社会语境的状况紧密相连。政治黑暗、经济崩溃、文化衰落，人们的话语权就被紧缩、取缔；政治宽松、经济宽裕、文化宽容，人们的话语权就会扩展、加强。当人们的话语权超过了一定的自由度，便会出现畸形的理论和实践。目前的情况是，一方面，人们的交际日益广泛和频繁，多角度、多层次的思维十分活跃，语言的功能"东山再起"；另一方面，处于恢复"失语症"后的狂喜阶段，语言的狂欢带来了语言的庞杂，广播电视、舞台屏幕都在多样化的趋向中融合了"阳春白雪"和"下里巴人"的语汇。于是，文学语言的通俗化、平庸化，引领着人们日常口语的低俗化、平面化，终于造就了"话语权"的泛滥格局。什么高雅、隽永，什么朗读、朗诵，都被看作过时的"传统"、陈旧的"古董"。某些人对之不屑一顾，要与之"彻底决裂"。表面上看，极力推崇生活口语，实际上是在摒弃语言功力和语言艺术。因为生活口语无须刻苦训练，"不学而能""俯拾即是"。如果说"五四"时期提倡"吾手写吾口"是进步，那么今天，夸大日常用语就是倒退。因为，"在场""即兴""瞬时""活跃"，营造了"当下""易碎""浅表""飘忽"的氛围，远离了"不在场""缜密""恒久""凝练"的根基,适应了急功近利的浮躁心态。人们所具有的两种话语权力——转述旁白和率真表白,就只剩下了一种,那就是"说自己的话"——自我表白。于是,朗读也就自然被冷落了。

由于深刻厚重的话语已经难于被人们快速解读,浅显平白的话语易于被人们立即明了,所以对那些不愿下苦功的人们来说是正中下怀,"稀释"便应运而生。一句话能够包含很多意思,我们稍加思索,一听便懂,有些人由于懒得动脑子,就觉得还是稀释的好。一句话能说清楚,也要变成几句话,说的人省心,听的人省力,何乐而不为呢?正如"地上本没有路,走的人多了,也便成了路",一直以"言简意赅""辞约义丰""寓意深刻""韵律优美"为特征的汉语普通话,终于被解构、被发散了;说的人多了,听的人多了,也竟然成了时尚。到现在,词不达意、言不及义、啰里啰唆、不知所云、磕磕巴巴、说不成句,倒是打破了神秘感,强化了平等感,可是,削平了艺术,陷入了生活,只能成就"为生活而生活"的芜蔓语言,哪里有一点"服务"意识呢?接着,只能不管主次、加快语流、无视感受、淡化词采、怠慢受众、亲而不切……停连、重音、语气、节奏等技巧已经毫无用武之地,思想、感情、态度、意境等基石已经如过眼云烟。中华民族的美学理想,如"象外之象……得其环中"至此便可退隐山林了。

语言是文化,语言是观念形态的音声化,特别是人文精神的音声化,这已不再是新鲜的认识了。语言不完全属于个人,它是全社会的契约;语言不完全属于通俗,它是时代进步的标志;语言不完全属于实用,它是美学范畴的根基;语言确实在我们身边。但它那高屋建瓴的气势、高深莫测的积淀、高雅澄明的品格、通达心灵的威力,使它既有居住象牙之塔的灿烂,又有融入平民百姓的善良,我们只有珍惜它的义务,而没有损伤它的权利。

不要再冷落有声语言了。我们需要它!

朗读美学的研究,在这样的情况下,只有等待。论述任何问题,也许都是不合时宜的。有些人视之如敝屣,置若罔闻;有些人望之如云雾,熟视无睹。不过,通过这一课题,发出一些哪怕是十分微弱的声音,呼唤语言艺术的回归,希冀仁人志士的反响,也不是没有意义的吧!

知识梳理

第一节 朗读是一种创作

首先,朗读活动是一种有意识、有目的的有声语言表达活动。其次,朗读活动是一种厘清思路、调整心路的艰苦劳动。再次,朗读活动是一种由文字语言的存在状态向有声语言的存在状态转化的过程,我们称之为"音声化"过程。最后,朗读活动是一种有始有终的、独立稳定的、具有一定成果形式的有声语言活动。

第二节 朗读是对文字语言的改造

朗读者作为有声语言的创作主体,面对这一成品,必须充分发挥自己的主观能动性,调动自己的生活体验、文化积累,以深思熟虑、锲而不舍的创作态度,运用语言功力,彰显语言魅力,才能使这一文字作品转化为有目的、有思想、有感情、有对象的有声语言作品。朗读者不是被动地摹写、复制文字语言,而是主动地加工、改造文字语言。朗读者使文字作品不但由可视变为可听,而且由平面变为立体,特别是由作者话语变成既有作者又有朗读者的双重复合话语。

朗读者对文字作品的加工、改造有几个主要方面:首先,有声语言可以改变文字语言的意思和方向。其次,有声语言可以增减文字语言的感情色彩。最后,有声语言可以伸缩文字语言的美学尺度。

第三节 朗读应有自己的美学价值

汉语普通话的特征是"言简意赅""辞约义丰""寓意深刻""韵律优美"。语言是文化,语言是观念形态的音声化,特别是人文精神的音声化。语言不完全属于个人,它是全社会的契约;语言不完全属于通俗,它是时代进步的标志;语言不完全属于实用,它是美学范畴的根基;语言确实在我们身边,它那高屋建瓴的气势、高深莫测的积淀、高雅澄明的品格、通达心灵的威力,使它既有居住象牙之塔的灿烂,又有融入平民百姓的善良,我们只有珍惜它的义务,而没有损伤它的权利。

第二章

语言功力——被弱化的根基

第一节　语言交际的满足
第二节　语言交际的异化
第三节　语言功力的失准
第四节　朗读的美学空置

语言功力是语言的功底和能力的总和。语言的功底，有先天的资质，包括语言神经中枢及相关的神经系统，包括遗传基因中的某种积淀成分、某些器官肌理建构；也有后天的习得，语言环境、语言示范、语言传承、文化氛围、知识积累、学习态度与进度……语言的能力，包括观察力、捕捉力、理解力、思辨力、感受力、表现力、鉴赏力、调控力、回馈力。其中，最核心的能力当属观察力、思辨力、感受力和表现力，其余均为从属和辅助的能力。

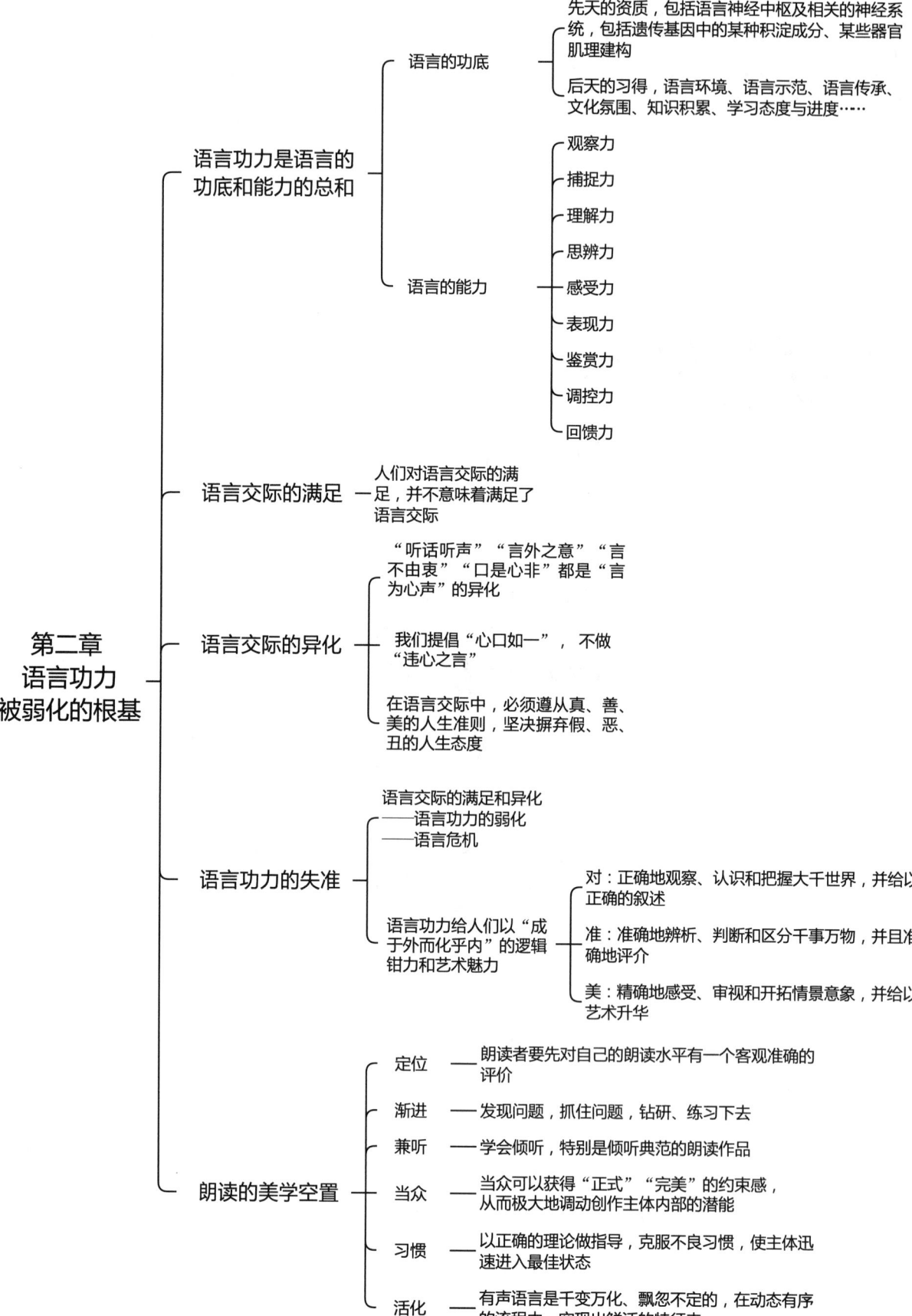

第二章 语言功力——被弱化的根基

有声语言并非不学而能的,而是学然后能的,这才有"语言这东西,不是随便可以学好的,非下苦功不可"(毛泽东语)这样的话。为什么学?怎样学?学到什么程度?那就因人而异了。

从有声语言的一般社会功能上看,人们使用有声语言只是"达意"和"表情",如果加上眼神、脸色、手势、姿态(即副语言)等的变化,完全能够传达一般的信息,这样,对有声语言的要求不是很高,甚至可以听哭笑而知情,见脸色而行事。只有那些复杂的、深邃的内心世界需要抒发、表达的时候,才需要更强的语言组织能力和高超的语言技巧,"言志"和"传神"才成为可能。实际上,表情达意、言志传神,都需要一定的语言功力。

所谓语言功力,并不专指"语言的功力",因为,"语言的功力"语域太狭小,包容不了语言的全部内涵。语言功力是语言的功底和能力的总和。语言的功底,有先天的资质,包括语言神经中枢及相关的神经系统,包括遗传基因中的某种积淀成分、某些器官肌理建构;也有后天的习得,语言环境、语言示范、语言传承、文化氛围、知识积累、学习态度与进度……功底越深广坚实,储备和获得的能力便越强。语言的能力,包括观察力、捕捉力、理解力、思辨力、感受力、表现力、鉴赏力、调控力、回馈力。其中,最核心的能力当属观察力、思辨力、感受力和表现力,其余均为从属和辅助的能力。

第一节 语言交际的满足

语言被简化为"交际和交流思想的工具",不自今日始。"工具论"已经由列宁和斯大林经典化了。影响之大、引用之广,妇孺皆知。语言的发展,在实践上早已冲破了"工具论"的束缚,走向了"文化论"。这方面,国内外语言学的前沿理论,不乏精辟的见解。

人们在日常生活和工作中,"文字语言"的神圣化和神秘感世代相传。对文字、文字作品和文字流变的研究硕果累累,汉字书法名家辈出,已自成一大艺术门类;文字作品卷帙浩繁,"诗"显盛唐气象,"文"起八代之衰。那么,有声语言呢?音书、韵书、辞书汗牛充栋,现代汉语的研究也鲜有语言表达方面的经典。

"书同文"的要求源远流长,功不可没;"语同音"的规范歧异混杂,任重道远。"少小离家老大回,乡音无改鬓毛衰",对乡音情有独钟,规范如何推进?长期以来,错别字是所有写字的人力求避免的,但错别字音却不是所有说话的人都力求减少的。因为,写了错别字,别人会看不明白,甚至错解原意;字音不对,由于"在场"的情景充分丰富,人们很可能容易理解语意,即使一时模糊,也无关大局。这便是"在场"的说话、"当下"的语境,更加使人们满足于有声语言交际的一个原因,也是难于规范的一个原因。

自给自足的小农经济生产方式,极大地制约着人们的思维方式,极大地局限着人们的生存视野,"邻国相望,鸡犬之声相闻,民至老死,不相往来"的社会环境,不会加强人们进行广远交际的迫切需要。尽管在经济发展之后,走到哪里就要学一点那里的话语,由于不去所有的地方、不接触所有的人,而且"书同文"的用处远比"语同音"来得大,书信往来、签订字据、流水账目、婚丧嫁娶……很少有人提出语音规范的要求,而且,"临渴掘井"也能应付眼前的实用,于是,再一次产生了对有声语言交际的满足。

人们也羡慕"精粹的口语",却指责它远离了大众,"大众怎能如此规范和流畅"?于是,要想贴近大众,就得远离精粹。在这方面,广播电视的引导作用不容忽视,不是"添油加醋",就是"推波助澜"。特别是内容的多样化的同时,对有声语言竟产生了自然主义的追求。那些琐细芜杂、没有章法的有声语言,成了传播的时尚,大众传播几乎陷入了人际传播的汪洋大海。更令人奇怪的是,那些歧视和诋毁朗读的人们,在他们或者他们的麾下也不得不朗读的时候,居然大失水准,表现并不出色。最后导致的结论是:越是不像样子,越是精彩绝伦。这样贴近生活、贴近受众,只能为历史留下一笔"贻笑大方"的遗产,而生活中的高雅谈吐、妙语连珠,仍然可以从粗言鄙语、闲言碎语中脱颖而出,主宰大众传播的语言潮流。

由此可见,人们对语言交际的满足,并不意味着满足了语言交际。有声语言的巨大差异与巨大魔力,完全听从创作主体的意志,究竟向哪里去,虽然有一定的"游戏规则",却永远不会形同儿戏!满足啊,满足,不在满足中猛醒,就在满足中沦落!

第二节 语言交际的异化

有声语言作为口耳之学,不仅有表情达意的功能,包括"听话听声""言外之意"在内,而且还有"言不由衷""口是心非"等另一面的作用。这就是"言为心声"的异化。"言语的巨人,行动的矮子",是说言与行不一致;"信誓旦旦"的后面是不予兑现的懒惰,还没有"假话""鬼话"那样严重。

我们必须重视这种异化现象。我们提倡"心口如一",不做"违心之言";另外,要坚决反对"满口仁义道德,一肚子男盗女娼"的骗术。以言行骗不外两个目的:包装自己,蛊惑他人。二者有时合一,有时单一。在语言交际的当时或者日后,听者应能识破、戳穿这骗术。方法是认真用"言必信,行必果"来考察,用"听其言,观其行"来判断,因为实践是检验真理的唯一标准。"曾参杀人"的传说,告诉我们谎言重复三次,也会使人信以为真,于是才有"人言可畏"的惶恐心态,才有"捧杀""棒杀""腹诽之罪"的现实。历史上被砍头的谏官并不少见,连魏徵都因其忠谏得罪了还算开明的唐太宗,死后只有那块被撤掉碑文的无字碑兀自立在那里,什么"言者无罪,闻者足戒",不过是冠冕堂皇的"皇帝诏曰"而已。

语言交际的异化,源于人际关系的"唯利是图",待人处世的"居心叵测",包括"权"之威、"钱"之利。于是,语言在交际中被耍弄了,语言的倾听也被污染了,本应具有的美被丑化了,可能产生的美感,在出离了"迷于一点""惑于一时"之后,终将被反感所替代。君不见历史的耻辱柱上,多少人是因为"口蜜腹剑"被钉上去的吗?

语言交际的异化,古今中外概莫能外。由于语言既有内在美,又有外在美,二者可以相合,还能相离,二者相离,从稍有错位到完全背离,情况比较复杂。如果是内在美而外在不美,那是形式不谐、表现不力,属于无益也无害之列,人皆理解;如果是内在不美而外在唯美,那就是根本扭曲,有害而无益了。正是:越有艺术性,越具迷惑性,"金玉其表,败絮其中",容易使人上当受骗。

在语言交际中,我们必须遵从真、善、美的人生准则,坚决摒弃假、恶、丑的人生态度。只有在消除假冒伪劣、张扬内在美与外在美和谐的前提下,才能进入语言功力的范畴。"语言功力"丝毫不允许语言交际中的异化从中作梗,更不能容忍玷污语言的神圣。语言功力因美的需要而生,为美的创造而设,由美的产品而显,入美的愉悦而存。正因为如此,掌握语言功力的人们却也可以通过对语言的观察思辨,识破并戳穿语言交际中的异化现象。人们的语言功力越强,"打假"的力度就越大。

第三节　语言功力的失准

　　语言交际的满足和异化，必然导致语言功力的弱化，使人们对语言功力的认识与期待降低到无足轻重的地步，甚至可以说语言发生了危机。但是，语言的历史和现实都昭示出语言的不甘寂寞。语言的律动犹如地下的岩浆，总有爆发的出口，总有闪光的瞬间，令人惊诧，让人信服。

　　语言这个精灵，有自己生命的规律，并不对所有的主人服服帖帖。语言功力的强弱应该是能否驾驭语言的关键所在。语言功力给人们以"成于外而化乎内"的逻辑钳力和艺术魅力，从而超越"日常语言"层面，上升到"对""准""美"三个逐步提高的级别上来。

　　为了说明这三个级别，首先必须明确语言功力的历时性发展和共时性比对的关系。所谓历时性发展，就是指语言的丰富对语言功力的强化。随着语音、词汇、语法、修辞的日益扩充和变迁，语言功力也逐步得到深化和延伸。今天的语言功力，早已超过了历代的表达范围和程度，不能拿以前的叙述方式衡量了。所谓共时性比对，就是指社会公共话语的水平建构了语言功力的多种层次。语言的三重空间，把生存、规范、审美的功能融入时代的浪潮，任人定位，择善而从。不应以自我居所为绳墨，褒贬他人，甚至落井下石。在语言生存空间的人们，可以自得其乐，雪泥鸿爪，与人何涉？进入语言规范空间的人们，只有各司其职，众目睽睽，不可妄为；达到审美空间的人们，必然游刃有余，锦心绣口，任重道远。

　　这里所说的"对"，要注意下限，拒绝"不对"。只有正确地观察、认识和把握大千世界，并给以正确的叙述，才能克服囫囵吞枣、含糊其词，才能音对、意对、境对、情对……把"明星"说成"民心"，把"三十三"说成"山是山"，均在"不对"之列。

　　这里所说的"准"，要注意上下限，拒绝"不准"。要准确地辨析、判断和区分千事万物，并且准确地评介。模糊笼统、华而不实，都会造成偏颇。把"朗读"混同于"念书"，把"大众传播"降低为"人际传播"，把"新闻"缩减为"纯客观报道"，都在"不准"之列。

　　这里所说的"美"，要注意上限，拒绝"不美"。要精确地感受、审视和开拓情景意象，并给以艺术升华。平庸刻板、亦步亦趋，就会永远徘徊在美的创造之外，进不了美的殿堂。"春风又到江南岸"远不如"春风又绿江南岸"，"先生之德山高水长"也不如

"先生之风山高水长","到"和"德"显得僵直局促,而"绿"和"风"是多么飘逸绵长!

以上三个级别,并无绝对边界,也不必在细微的标准上踟蹰不前。各级别之间,只有整体性、总括性、原则性的划分。重点还是语言功力的具体表现。"对不对"是一个广大的范围,凡是会说话的人们基本上处于这一级别。"准不准"的范围就小多了,广播电视的播音人员、影视演员、教师都属于这一级别。"美不美"是更高、更小的级别,达到这一级别的人虽然不多,却是语言功力的示范者、领先者,是当代出色的语言艺术家,形成风格的语言大师。范围的缩小、级别的攀升,虽然复杂,只要一落实到有声语言上,便立竿见影、活灵活现。至于理论上的剖析,却是要花费一番功夫的,不可能去炒冷饭,又没有万应灵药。

表面看起来,语言功力是创作主体的事,实际上,接受主体也不是无所作为的,他们为此而反应强烈,还是反应冷淡,直接关系着创作主体积极性、创造性、主动性的发挥。因此,我们不无忧虑地认识到:语言功力的弱化并不可怕,可怕的是,谁都不去强化!或知难而退,或冷眼旁观,或自叹弗如,或怨天尤人。另有一种理由,就是"大众需要如此!"把无须强化语言功力的责任推给对方,自己只是无奈地等待,甚至是怡然自得。大众是需要美的,只是缺少美,他们才不得已退而求其次!

第四节 朗读的美学空置

人们在语言的期待上,虽然出现了各种文化的美学语境,却还没有对朗读发生震撼性的企盼。因为交际和交流只专注于自身大厦的建构,不惜遮蔽、无意湮没了美学殿堂的辉煌。朗读美学被无人问津的阶梯阻隔,以致被空置,那虚妄的期待中缺少了美学的追问,日益强烈的理性需求便茫然若失了。

进入朗读美学的殿堂,是不可能一蹴而就的,不但像其他学科一样,花心血、费气力,而且要在后天的习得上,遵循一定的规律。

一、定位

朗读者要先对自己的朗读水平有一个客观准确的评价。认识自身的理解力、感受力之外,特别要重视分析自己的语言表达状况。从用气发声、吐字归音,到词语组织、语流推进,再到精神集中、筋肉感觉,朗读状态、成品水平,反复推敲,潜心琢磨。不必自满,路正长;不必自卑,意未尽。重要的是找到加强语言功力的起点,解决存在问题的难点。"自我感觉良好"是一种屏蔽,看不到"山外有山",觉不出"时不再来",定位肯定会偏。

二、渐进

发现问题,必须抓住问题,而且不能放松。要"一发而不可收"地钻研、练习下去,不达目的决不罢休。要坚持不懈、循序渐进。基础越坚实,进步越快。基础的核心是"情声和谐",由不和谐到十分和谐,是一条艰苦、复杂、周期长、常反复的路,切忌"眉毛胡子一把抓"。急于求成,往往事倍功半。

三、兼听

语言功力的两端,一是"倾听",一是"运用"。首先要学会倾听,特别是倾听典范的朗读作品,强化自己的听辨力,精化自己的听觉阈限,从语句、段落到全篇,尽可能地听出门道。一开始,可能相当模糊,甚至分不出优劣;慢慢地,能够听出"好""不太好""比过去好""比某某人好"……这样听下去,就能越来越清晰地分辨了。除了"我"与"他人"、"过去"与"现在"、"好"与"不好"等之外,还有"内容"和"形式"等一系列的"兼听"。"兼听"将极大地拉动朗读水平的提高,并能解决朗读过程中的疑惑。

四、当众

卡耐基在《语言的突破》一书中,十分强调当众说话的必要性和重要性,是很有道理的。朗读,包括自读自听,却会不郑重、不严格;当众就不同了,必须获得"正式""完美"的自我约束感,从而极大地调动创作主体内部的潜能,殚精竭虑,全力以赴。同时,还可以得到"众目睽睽"的集体审视和监听,或争取支持和鼓励,或反馈批评和建议。

五、习惯

俗话说"习惯成自然"。人们在实践中,会形成各种"定势",包括心理定势、思维定势、语言定势、副语言定势、道德定势、情感定势、技能定势、行为定势……这些定势不但可以逐步成型，而且可以通过实践加以调整，改变原有的定势，"改弦易辙"，形成新的定势。任何一种定势中，必然有优有劣，只是主次不同罢了。朗读，也会发生这类情况。从朗读过程所涉及的主体语言习惯看，以正确的理论做指导，克服不良习惯，使主体迅速进入最佳状态，至关重要。随着不良习惯的克服，朗读愿望便会油然而生，思想感情就能有动于衷，气息声音即可自如运动，口鼻唇舌自能灵活运用……值得注意的是，有声语言的习惯，较难移易。有时，那习惯势力真成了一种可怕的势力。这就需要创作主体具有充分的自觉和敏锐的感悟。只要用美学的价值取向去衡量，就可以捕捉到那明显的差距，无论是克服不良习惯，还是养成良好习惯，便可"见微知著""事半功倍"了。

六、活化

有声语言本身具有强大的生命力。朗读又从来都是因文而异、因人而异、因时而异、因境而异，不会像文字语言那样，把动态的东西静态化、定型化。这便是"只可意会，不可言传"的重要原因之一。同一篇文字作品，不同的人朗读，会有不同的表达；不同的文字作品，由一个人去朗读，更会有不同的表达。道理非常简单，因为有声语言是千变万化、飘忽不定的，在动态有序的流程中，突现出鲜活的特征来。不管如何学习、训练，不管怎样磨砺、锤炼，都不应把有声语言变成僵化的格式、刻板的样式。即使具备良好的习惯，也必须时刻注意语言的活化。也许对很多问题都要进行静态的分析，以便深入思索、精细观察、悉心体味、准确认知，但那只是一个过程，一个初始阶段，绝对不能就此停滞，不应就此满足。朗读者一定要使有声语言这个"精灵"鲜活跳脱起来，这才是我们研究、实践的本意。

朗读绝不是简单地照字念音，绝不是机械地照本宣科。朗读，在语言功力所及的层面上，向美学理想逼近，才会实现其真正的社会文化价值。而那拾级而上的阶梯，是需要有志者奋力攀登的。有志于朗读的人们已经集合起来了，攀登正在进行。朗读的美学空置，不过是历史的暂时现象。那披荆斩棘者，将把自己的智慧升华，创作出传世精品，成为陈列在朗读美学殿堂中的珍宝。

人们在日常的说话中，并不会意识到语言功力的作用。那是因为，日常交际的主体在场性、专注性，交流的急迫性、瞬时性，使得主体无暇顾及语言功力的现有水平，无力分辨语言功力的优劣。只有当词不达意时、过分失态时，才迅即改口、更正。其实，在主体的内心、潜意识里，已经产生了修订的要求，主体具有的语言功力不会容忍违背蓄势待发的语言趋向。空置语言功力，既不符合朗读的审美要素，也不符合日常的交际需求。那些蔑视语言功力的人们,还是冷静一些,不要急于否定连自己也离不开的语言功力吧!

➡ 知识梳理

　　所谓语言功力,并不专指"语言的功力",因为,"语言的功力"语域太狭小,包容不了语言的全部内涵。语言功力是语言的功底和能力的总和。语言的功底,有先天的资质,包括语言神经中枢及相关的神经系统,包括遗传基因中的某种积淀成分、某些器官肌理建构;也有后天的习得,语言环境、语言示范、语言传承、文化氛围、知识积累、学习态度与进度……功底越深广坚实,储备和获得的能力便越强。语言的能力,包括观察力、捕捉力、理解力、思辨力、感受力、表现力、鉴赏力、调控力、回馈力。其中,最核心的能力当属观察力、思辨力、感受力和表现力,其余均为从属和辅助的能力。

第一节　语言交际的满足

人们对语言交际的满足,并不意味着满足了语言交际。

第二节　语言交际的异化

"听话听声""言外之意""言不由衷""口是心非"都是"言为心声"的异化。我们提倡"心口如一",不做"违心之言"。在语言交际中,必须遵从真、善、美的人生准则,坚决摒弃假、恶、丑的人生态度。

第三节　语言功力的失准

语言交际的满足和异化,必然导致语言功力的弱化,使人们对语言功力的认识与期待降低到无足轻重的地步,甚至可以说语言发生了危机。

语言功力给人们以"成于外而化乎内"的逻辑钳力和艺术魅力,从而超越"日常语言"层面,上升到"对""准""美"三个逐步提高的级别上来。对:正确地观察、认识和把握大千世界,并给以正确的叙述。准:准确地辨析、判断和区分千事万物,并且准确地评介。美:精确地感受、审视和开拓情景意象,并给以艺术升华。

第四节　朗读的美学空置

如何进入朗读的美学殿堂?一是定位,朗读者要先对自己的朗读水平有一个客观准确的评价。二是渐进,发现问题,抓住问题,钻研、练习下去。三是兼听,学会倾听,特别是倾听典范的朗读作品。四是当众,当众可以获得"正式""完美"的约束感,从而极大地调动创作主体内部的潜能。五是习惯,以正确的理论做指导,克服不良习惯,使主体迅速进入最佳状态。六是活化,有声语言是千变万化、飘忽不定的,在动态有序的流程中,突现出鲜活的特征来。

第三章

朗读美学的民族性特质

第一节　汉民族共同语的庄重美
第二节　汉民族共同语的含蓄美
第三节　汉民族共同语的融通美
第四节　汉民族共同语的质朴美

汉民族共同语的庄重美、含蓄美、融通美、质朴美，基本上涵盖了汉民族共同语的特质，显示了汉民族共同语的美学特征，为研究和把握朗读美学的民族化方向提供了一个可容性空间。

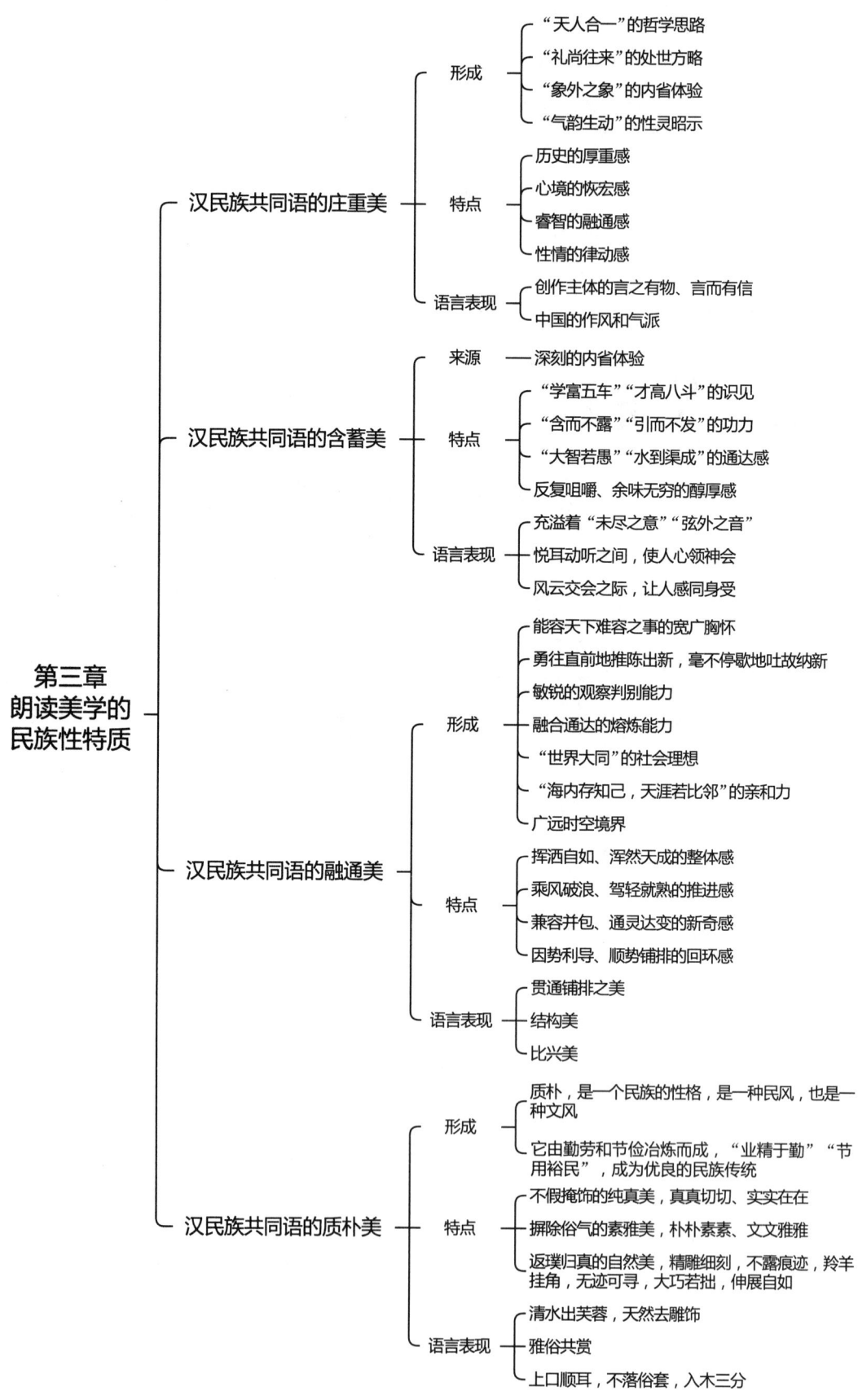

朗读作为由文字语言转化为有声语言的创作,因为语言本身的民族性,必然决定着朗读的民族性特质。

由历史文化、地理环境、社会生活的共同创造、共同享有而聚集起来的民族,自有其民族语言流变的发展轨迹。就是在这种语言的流变中,反射和折射出这个民族的主体特征、整体风貌、人文状况、心理定势、意识形态、发明创造、实践过程、认知积淀、成果积累。其中,也渗透着社会生活的变迁对语言的影响,也显示着语言的社会功能发挥的程度。

朗读美学的研究,首先要重视民族性特质,以便从民族的范畴把握美的创造的可容性空间,观照共性,揭示个性。

自"书同文"以后,尽管长期未解决"语同音"的问题,方言歧异,时尚芜杂。有的保存古音,痴心不改;有的吸纳洋腔,矢志不移。这同地域、经济、民心、习俗等不无关系,但"求同存异""语言规范"的走向愈益明显。看不到这一点,就容易模糊民族性特质,朗读美学的理想境界,只能成为"山在虚无缥缈间"的海市蜃楼。

第一节　汉民族共同语的庄重美

中华民族的数千年沧桑,天灾人祸、内忧外患、杀伐征讨、压迫剥削、衣不蔽体、食不果腹,虽然也有休养生息、生活安定的时候,仍然可以说是属于"饱经磨难"之列的。这样的民族,修炼成了坚韧不拔、胸怀宽广的"金刚不坏之身",取得了世人惊叹的历史性丰硕成果。汉民族自强不息、百折不挠,塑造了它刚直伟岸的形象,形成了它"不卑不亢、落落大方"的独特品格。"天人合一"的哲学思路,"礼尚往来"的处世方略,"象外之象"的内省体验,"气韵生动"的性灵昭示,造就了汉民族共同语的庄重美。

以北京语音为标准音,以北方话为基础方言,以典范的现代白话文著作为语法规范的汉民族共同语,即普通话,准确、丰富、精妙、优美,集中了汉语的精华,汲取了方言和其他民族语言合规律的内涵,吸收了外来词语的可用范式,去除了繁杂和模糊,摒弃了枝蔓和怪异。北京语音中,轻声过多、儿化过头、语气词过滥的现象多有舍弃,"京油子"的色彩大为削弱。北方话中,那些俚语俗语,已经被淘汰。典范的现代白话文著作中,佶屈聱牙的部分肯定会随着时代的发展而自生自灭。这一切,都使得普通话的面貌突出呈现了庄重美的民族性特质。这是历史的选择,这是民族的共识。

庄重美具有历史的厚重感,深沉稳健,刚毅高远。一字千钧,音韵铿锵,拒绝油腔滑调、贫嘴薄舌。

庄重美具有心境的恢宏感,黄钟大吕,高山流水。高屋建瓴,气势磅礴,剔除呕哑土气、啁哳小气。

庄重美具有睿智的融通感,镇静从容,胸有成竹。自信自强,豪放洒脱,抛却人云亦云、拘泥局促。

庄重美具有性情的律动感,寓庄于谐,微言大义。真诚热切,活泼自如,摒弃刻板冷漠、故作深沉。

庄重美不但表现出创作主体的言之有物、言而有信,而且凸显出中国的作风和气派,在世界民族语言之林,独树一帜;在各华语地区中,撷英集萃,独占鳌头。

由于庄重,那大家风范、大国气度、东方视角、神州情调,在有声语言中,就越发开阔畅达、收纵自如。

由于庄重,那规范工整、超凡脱俗、文雅精致、清明澄净,在朗读创作中,就能够纵横捭阖、深孚众望。

由于庄重,威武不能屈、富贵不能淫、贫贱不能移、浩然正气、大义凛然、光明磊落,所以,爱憎分明、刚柔相济、无怨无悔、志存高远。

第二节 汉民族共同语的含蓄美

汉民族发祥于黄河流域,生长繁衍,得天独厚,地大物博,水土肥沃,山川秀丽,矿藏丰富。即使遭逢灾疫变故,也可自力更生、自给自足,无须向外人乞讨,不许被他人掠夺。自古以来,日出而作,日入而息,养吾老以及人之老,幼吾幼以及人之幼,大音希声,大道无形,勿以善小而不为,勿以恶小而为之,己所不欲,勿施于人,独善其身,兼济天下,天行健,君子自强不息……在这样的大环境中,生成了一种"怡然自得""知足常乐"的平常心态。就是处于"寄人篱下""仰人鼻息"的窘境,也决不"卖身投靠""卖友求荣";对那些"阿谀奉承"和"趋炎附势"之徒,总是嗤之以鼻,视如粪土。就是身居闹市,也重视"吾日三省吾身""从心所欲不逾矩",尤其鄙视"高傲自大"和"张狂虚妄"之徒。

因此,在汉民族共同语中,显现出"内视反听""内圣外王"的民族性特质,积淀着、强化着"内省"的含蓄美。朗读美学理应在含蓄美的范畴中,不断开掘汉民族共同语这一民族性特质,进一步充实自身,建构更符合美学理想的理论框架。

含蓄美源于深刻的内省体验。朗读者面对创作依据,当然要"反求诸己",而不能只在字句表面推敲。但是,也不能只是单纯追求文字作品的作者的心迹,一定还要引发朗读创作主体的思想感情运动,使二者融为一体,达到和谐统一。

含蓄美要先有"学富五车""才高八斗"的识见,再有"含而不露""引而不发"的功力,如此,有声语言便可汩汩而出,润物无声,羽化无痕。

含蓄美要具有"大智若愚""水到渠成"的通达感,明白晓畅、不阻不隔,令人"得陇望蜀",心旷神怡。

含蓄美必然有反复咀嚼、余味无穷的醇厚感,余音绕梁,韵味绵长,不浅不俗,不瘟不火,如含橄榄,愈嚼愈甘。

含蓄美具有题近旨远的深邃感,词语精练,却毫不隐晦,含义丰富,却不觉深奥,不粗陋、不生涩,如曲径通幽,沁人心脾。

含蓄美是创作主体的深厚内心体验,使得有声语言中充溢着"未尽之意""弦外之音"。含蓄美悦耳动听之间,使人心领神会;风云交会之际,让人感同身受。汉民族共同语在这一点上虽得益于汉字的具象性,更植根于汉民族的生存环境、生存状态、生存旅程,并彰显于各大语系并行于本土文化的独特底蕴之上。温柔敦厚的风骨、虚怀若谷的品格、精益求精的理想、修身济世的追求,孕育和成熟了含蓄美的民族性特质,并且化入了诸种体裁风格的人文关怀中。我们注重语言内涵的具象揭示,而不着意制造语言浅表的外在昭显。在精密的话语中,已经包含了深层的情态,完全可以不再另做解释。诸如自谦之词、敬慕之语、倾心表白、有意贬抑……一般不必形之于言辞,只在字里行间流露出来即可。所谓"公道自在人心""情真何必多言",正是含蓄美的真谛。只要能"画龙点睛",即可活灵活现,何须去"画蛇添足",弄得兴味索然。经典的文字作品,作为朗读的创作依据,那其中的含蓄美,实在令人铭刻肺腑,意蕴无穷。

今天的话语形态,常常为了"亲和力"的增强,不惜冗长、拉杂,乍听起来,也许给人以随意自然之感,让人听多了,就造成拖沓、浅薄,缺少含蓄美,真是费力不讨好。应该通过朗读,深刻体味经典作品的含蓄美这一民族性特质,以提高我们的语言表达能力,否则,信口开河的结果,十个有十个要失败。

第三节　汉民族共同语的融通美

　　子子孙孙无穷匮的汉民族,在它生存、成长、壮大、延续的历程中,涵养了一种能容天下难容之事的宽广胸怀,善于从生存的实际环境中吸收大地之正气,撷取日月之精华,使物质和精神都不断得到满足;筚路蓝缕,披荆斩棘,在开拓创造中前进。同时,又能勇往直前地推陈出新,毫不停歇地吐故纳新,显示了本体的独到眼光、主流的恢宏气势。历史道路的曲折性,造就了汉民族敏锐的观察判别能力、融合通达的熔炼能力。它认定,"他山之石,可以为错",它能够"取人之长,补己之短"。"世界大同"的社会理想,使人们应该同呼吸、共命运,"海内存知己,天涯若比邻"的亲和力,促进了中华民族共享大一统的昌盛。并肩携手跨过了激流险滩,铺路架桥沟通了赤子心灵。汉民族营造的广远时空境界,激发着一代又一代人热诚蓬勃的生命潜力和创造冲动。于是,在千锤百炼、去粗取精的演变中,汉民族共同语日益显露出融通美的民族性特质。

　　融通美有一种挥洒自如、浑然天成的整体感。登山则情满于山,临海则意溢于海,信马由缰,不期而至,思如泉涌,妙笔生花。既不抱残守缺,也不故步自封,写意抒怀如八面来风,随口唾出似左右逢源。

　　融通美有一种乘风破浪、驾轻就熟的推进感。路漫漫其修远兮,千里江陵一日还,顺水推舟,闲庭信步,虽然一波三折,也还藕断丝连。既不牵强附会,又不首鼠两端,文似看山不喜平,语求通顺无阻隔。

　　融通美有一种兼容并包、通灵达变的新奇感。博采众长熔于一炉,特立独行凸现特色,眼观六路,耳听八方,机敏豁达,集思广益。既不闭关自守,也不随波逐流,心底无私引百川以入海,妙手回春化腐朽为神奇。

　　融通美有一种因势利导、顺势铺排的回环感。运筹帷幄之中决胜千里之外,间关莺语花底滑,铁骑突出刀枪鸣;步步为营,层层铺垫,并列排比,顶针续麻,连绵不绝,出没无常,势如破竹,随物宛转。既无绳墨为羁绊,也无不逮之气力。忽如一夜春风来,大珠小珠落玉盘,孤帆远影碧空尽,此时无声胜有声。

　　在文字作品中,既显示了词语序列的主线贯穿、辐辏圆通,那么有声语言便增添了无限生机,飞龙走蛇,起伏跌宕,行所当行,止所当止,得意处泼墨如云,过场时惜墨如金。融通美确有一种贯通铺排之美,那文气的洋洋洒洒,那语流的飘飘荡荡,令人觉得畅快淋漓,一发而不可收,气爽神清,享用不尽。

融通美是汉民族共同语的一种结构美,它汇聚了历史文化的心理积淀,成为创作主体心物相依的语言建构,无须"性""数"的严格界定,也不拘泥"时""态"的微观标识。犹如长江大河,一路汹涌,又像高山峻岭,层峦叠翠,不论是山东大汉高唱"大江东去",还是江南裙钗低吟"晓风残月",都是如此圆融、畅达、延展、拓开,都是如此鲜活、跳脱、凝练、开阔。

融通美是汉民族共同语的一种比兴美,它激活了大千世界的万籁性灵,成为创作主体声色辉映的美感蕴藉,少有器物、模式的静态描摹,也几乎没有思维、感情的机械刻画。大笔如椽,就蓝天写白云,洪钟细磬,击清空奏禅乐。信手拈来,机缘契合,天涯何处无芳草,世间何事有拓本?所以才有"下笔千言倚马可待""语不惊人死不休"的灵感和顿悟。

我们的朗读作品,一旦出现"诗化—诗话"的通达过程,便是融通美的律动生发的活力;而走上"僵化—僵话"的冷漠过程,就是融通美的律动发生了异化,很难起死回生、东山再起了。如今,那些对于朗读不屑一顾的人,在他们不得不朗读的时候,也要装作一副深谙朗读规律的样子,平平淡淡地、不死不活地念字出声,还美其名曰"创新",把汉民族共同语的融通美糟蹋得不成样子,哪里有一点"朗读"的影子?是啊,吃不着葡萄的人,会异口同声地说:"这葡萄是酸的!"

第四节 汉民族共同语的质朴美

质朴,是一个民族的性格,是一种民风,也是一种文风。它由勤劳和节俭冶炼而成,"业精于勤""节用裕民",成为优良的民族传统。无论是饥寒交迫,抑或是丰衣足食,我们的民族一直坚持着艰苦奋斗的生活方式,保有淳朴善良的处世心境。人们歌唱着"洁身自好""质本洁来还洁去",人们向往着"清心寡欲""安得广厦千万间",人们鄙夷"彼君子兮,不素餐兮",又告诫"谁知盘中餐,粒粒皆辛苦"。在慨叹"昨日入城市,归来泪满襟。遍身罗绮者,不是养蚕人"的岁月里,对"糟糠之妻不下堂""君子之交淡若水"仍然传为佳话。

汉民族的共同语有着丰富的宝库,字形、词汇、语法、修辞,各式各样,色彩纷呈,可以造就任何风格形态。但是,质朴之风,笼罩着历代名篇佳作,这是我们的主流文化的一大特色。那些冗言赘语、利口饰辞,终究被挤到角落里去,终归成不了气候。就是在八股文、骈体文盛行的时期,也掩盖不了质朴美的光华。矫揉造作、辞藻堆砌的东西,总会自生自灭。这正是汉民族共同语质朴美的威力和魅力之所在,是中国老百姓喜闻乐见的中国作风和中国气派的又一显现。质朴美成为我们民族共同语的一种民族性特质,是疗救华而不实、浮言虚论的醒世药石,理应继承和发扬。

质朴美,首先是不假掩饰的纯真美,真真切切、实实在在。所思所想、所见所闻流入笔端,融入话语,玲珑剔透,清澈明朗,毫无故弄玄虚之感,也无装腔作势之态。反对为文造情,唯陈言之务去;主张言志传神,以性灵为根本。"清水出芙蓉,天然去雕饰"便是纯真美的形象写照。

质朴美,同时还是摒除俗气的素雅美,朴朴素素、文文雅雅。可以平白如话,也可以旁征博引,但不会以满身脂粉气打情骂俏,也不屑用一口铜臭味插科打诨。而是在两袖清风一身正气的传承中,既能进入通俗而远离庸俗,又能进入高雅而避开艰涩。这样的语言世界便成为"雅俗共赏"的百花园,这样的语言历史就构成了"脍炙人口"的交响乐。

质朴美,又是返璞归真的自然美,精雕细刻,不露痕迹,羚羊挂角,无迹可寻,大巧若拙,伸展自如。看似平常,平常人欲言而未言,觉得无色,各种色欲着而失色。这种自然,超乎"鬼斧神工",近乎"天造地设",出于意料之外,又在情理之中。不要以为那高超的技巧只存在于超凡脱俗的词语序列之内,相反,技巧越是高超和熟练,就越能用最平易的词语给以巧妙的表达。自然美可以让人一眼看透,上口又顺耳,却不落俗套,还入木三分。无新意的通顺,无内涵的晓畅,只是貌似自然,毫无美感,当然不属于自然美的范畴,更与质朴美无缘。

目前存在着追求自然的时尚,把一切生活自然当作至高无上的目标去膜拜、去效仿,而把一切艺术自然看作自惭形秽的传统要抛弃、要打碎。这是曲解了车尔尼雪夫斯基的"美是生活"的本义,割裂了维特根斯坦从"理想语言"向"日常语言"的转向。如果丑化了美学,浅化了哲学,生活还有什么可以演绎和阐释的呢?人类的精神文明还有什么可以继承和发扬的呢?歌德说"艺术之所以是艺术,就因为它不是自然!"世界的发展,人类的进步,应该珍惜"原生态"的样式和样品,但怎能在"归真返璞"的旗号下,取消美学理想,解构艺术规律,进入"刀耕火种、茹毛饮血"的境界,呼唤"结绳记事、以物易物"的语汇呢?

质朴美的内涵日益丰富和深刻,时代正迫切需要它的延展和提升,让它作为我们民族共同语的民族性特质,"光宗耀祖"!

汉民族共同语的庄重美、含蓄美、融通美、质朴美,基本上涵盖了汉民族共同语的特质,显示了汉民族共同语的美学特征,为研究和把握朗读美学的民族化方向提供了一个可容性空间。

朗读美学的逻辑起点，就建立在汉民族共同语的民族性特质基础上，不能离开它另辟蹊径。这是语言的规定性，是它，搭起了可以上演威武雄壮、轻柔甜美的戏曲大舞台。其他民族的语言，都有各自的民族性特质，都能凸现各自的语言美。当然，不可能走同一条路子，不然会失去自身的特色。

汉民族共同语的民族性特质，并不只这四个方面，还有很多，如简洁美、流动美、穿插美、格式美、对称美……不过，其他民族的语言中，也可能存在着与其相近或相通的东西。因此，都不如这四个方面具有概括性、典型性。我们所说的，"庄重美""含蓄美""融通美""质朴美"，不但在历代文论中保存着产生、发展的轨迹，而且，仅就普通话和其他民族语言的比较中，明显地带有演变规律的特殊性。至于在认识的深度上，在概括性词语的选择上，在具体阐释上，还大有文章可做，研究的空间是十分广阔的。

一个国家、一个民族，不能轻易放弃自己祖先的传世珍宝，语言也是如此。"言必称希腊"的人们，还是不要"数典忘祖"的好。

知识梳理

第一节 汉民族共同语的庄重美

"天人合一"的哲学思路，"礼尚往来"的处世方略，"象外之象"的内省体验，"气韵生动"的性灵昭示，造就了汉民族共同语的庄重美。庄重美具有历史的厚重感、心境的恢宏感、睿智的融通感、性情的律动感。庄重美不但表现出创作主体的言之有物、言而有信，而且凸显出中国的作风和气派。

第二节 汉民族共同语的含蓄美

含蓄美源于深刻的内省体验。含蓄美要先有"学富五车""才高八斗"的识见，再有"含而不露""引而不发"的功力。含蓄美要具有"大智若愚""水到渠成"的通达感。含蓄美必然有反复咀嚼、余味无穷的醇厚感。含蓄美具有题近旨远的深邃感。含蓄美是创作主体的深厚内心体验，使得有声语言中充溢着"未尽之意""弦外之音"。含蓄美，悦耳动听之间，使人心领神会；风云交会之际，让人感同身受。

第三节 汉民族共同语的融通美

汉民族融通美的特质来源于汉民族能容天下难容之事的宽广胸怀，勇往直前地推陈出新，毫不停歇地吐故纳新，敏锐的观察判别能力，融合通达的熔炼能力，"世界大同"的社会理想，"海内存知己，天涯若比邻"的亲和力，广远时空境界。融通美有一种挥洒自如、浑然天成的整体感。融通美有一种乘风破浪、驾轻就熟的推进感。融通美有一种兼容并包、通灵达变的新奇感。融通美有一种因势利导、顺势铺排的回环感。融通美有一种贯通铺排之美。融通美是汉民族共同语的一种结构美。融通美是汉民族共同语的一种比兴美。

第四节　汉民族共同语的质朴美

质朴,是一个民族的性格,是一种民风,也是一种文风。它由勤劳和节俭冶炼而成,"业精于勤""节用裕民",成为优良的民族传统。质朴美,首先是不假掩饰的纯真美,真真切切、实实在在。质朴美,同时还是摒除俗气的素雅美,朴朴素素、文文雅雅。质朴美,又是返璞归真的自然美,精雕细刻,不露痕迹,羚羊挂角,无迹可寻,大巧若拙,伸展自如。

第四章

朗读美学的风格化特质

第一节　风格化是文字作品中的蕴藉
第二节　风格化是朗读主体的重构
第三节　风格化的多样性及稳定性
第四节　风格化的流变性与承继性

风格化是朗读主体的重构。这"重构"，是朗读主体同文字作品及其作者在风格化的要求下"合三为一"，共同担负起"涅槃—再生"的责任。

在朗读创作中，朗读主体会因文字作品的不同风格而调整自己的表达样态，但总会带上比较明显的个人的神韵风采。稳定性主要体现在声音特点、语言特点、表达习惯、朗读状态等方面。

庄重热情、高雅晓畅，仍然是我们的主流风格。

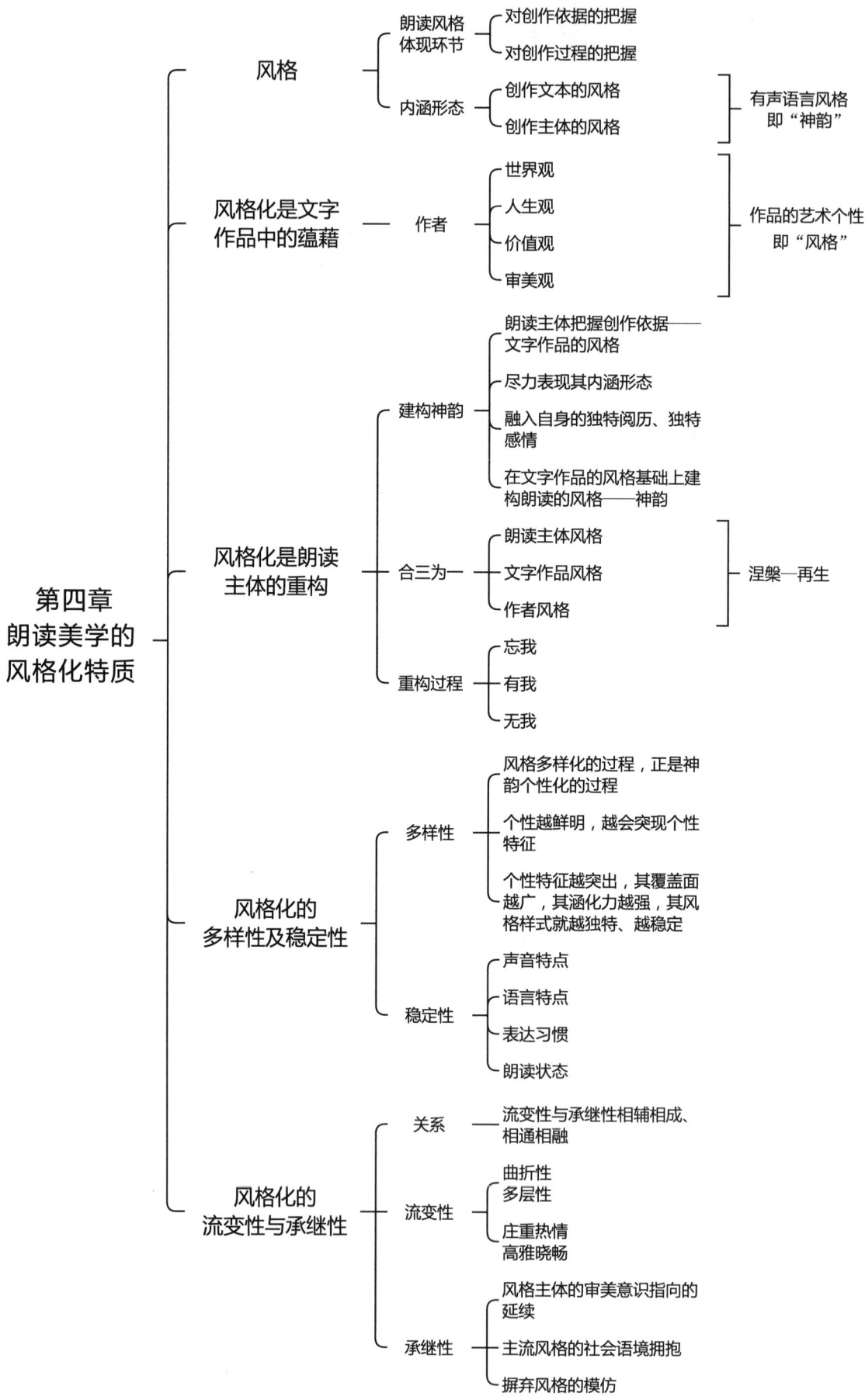

第四章 朗读美学的风格化特质

朗读的再造性,主要表现在两个关键性环节。第一个环节是对创作依据的把握,第二个环节是对创作过程的把握。这两个环节对美的创造,都要求进行"风格化"的探寻。

关于风格,涉及文学艺术的各个门类,有关论著十分丰富,大多见解独到。朗读美学的风格问题,与之有同有异。不同之处不仅在于增加了层次,由一次观照变成了两次观照;同时,又在融合、凝聚方面显出了它的特质。

"风格即人",这话说出了风格主体的居所,却没有突出风格的内涵形态。其实,风格更注重自身成果的社会存在。如建筑风格,不仅仅是某建筑师的风格,也许是建筑师群体的风格,还许是几代建筑师的共同风格,并不完全以"人"定性。在这个意义上,我们也可以说"风格即物"。但是,这话也不周延,很多"物",人们并不承认它们有什么风格,或者,它自身却也真的不成其为什么风格。何况,人们说某物有风格,那视角、视阈、视界又有诸多差异,很可能达不到"英雄所见略同"的地步。比如"平房"建筑,可以看作和高楼大厦相对的"传统风格",也可以看作同豪门巨宅相对的"平民风格",此外,还可以有北方风格、南方风格等。

那么,风格的内涵形态到底是什么呢?如何表述才更准确些呢?

通俗地说,风格是一种稳定的独特性表现。没有独特性表现的人、物,都不能说有什么风格。而这独特性,也不是泛指一切独特性,它应该是达到美学层面的独特性,具有艺术特色的独特性,展现创作个性的独特性。于是,风格就同创作主体的人生阅历、生命感悟、个体经验、社会体验、道德觉悟、文化品格、审美追求、美学理想紧密联系起来了,就同创作主体的独特表达方式、表达习惯深度融合起来了,就同物化的一定社会存在不可分割了,就同接受主体的审美意识、审美能力对应并结合起来了。

在朗读美学的范畴中,风格的内涵形态主要是创作文本的风格和创作主体的风格汇聚而成的有声语言风格,因此,可以概括为"神韵"。神韵,是从我国传统文论中汲取的精华,也考虑到西方典籍中相关的叙述,相当切合朗读美学的民族性特质。简而言之,风格即朗读中呈现的神韵。

第一节　风格化是文字作品中的蕴藉

朗读美学研究达到美学层面的文字作品,而凡是达到美学层面的文字作品都具有深厚的蕴藉,因此,探究其风格化的成因及其表现,实在是不可或缺的步骤。

文字作品的蕴藉,隐约存在于文字作品的字里行间。其中,包容着文字作品的作者的世界观、人生观、价值观、审美观。作者创作这一文字作品,必然表现出他的性格情趣、人生况味,并形成作品的艺术个性,排除与其他作品的同一性,保留其独特性,便是这一作品的风格。

某一文字作品的风格,无疑是这一文字作品的作者整体创作风格的具体体现,当然不一定就是其主体风格的集中展现。这一点是十分重要的,几乎成为把握作品风格的锁钥。我们了解一个作者,了解一件作品,既不要"只见树木,不见森林",更不要"只见森林、不见树木"。

某位作者,也许著作等身,也许只存单篇,但那作品中的蕴藉,绝非等闲。作者的人生感悟和表现方法,必有其独到之处,而风格,肯定是最突出、最明显的表现。"采菊东篱下,悠然见南山。"《饮酒》(其五)是陶渊明的主体风格,但"刑天舞干戚,猛志固常在。"《读山海经》(其十)也是他整体创作风格的一部分;"知否,知否,应是绿肥红瘦。"《如梦令》(昨夜雨疏风骤)是李清照的主体风格,"生当作人杰,死亦为鬼雄。"《夏日绝句》不能不是她整体创作风格的一翼。

文字作品的风格,不能舍弃同作者的人生况味和创作品位的联系,不能割断同作者的具体环境、具体性灵的联系。"于细微处见精神",在探究风格问题上尤为重要。艺术地把握其整体风格和主体风格,细微地把握其风格的具体体现,是朗读者进入有声语言创作的开始,而一个好的开始就是成功的一半。

文字作品的深厚蕴藉,理所当然地要求朗读创作给以准确的再现。既然进入了朗读创作圈,既然以朗读美学的定位来统摄,怎能忽略文字作品的风格呢? 我们强调风格的把握就不是苛求了。了解文字作品的蕴藉,细微地把握其风格,是一个艰苦的发现过程,特别是一个灵动的沉浸过程。一会儿直上峰顶,俯瞰历史的变动、人间的熙攘;一会儿足踏红尘,感受世态的炎凉、心底的忧乐;一会儿魂牵梦绕,惊心动魄;一会儿山南海北,不计西东……这时,文字作品的"能指"和"所指"、"组合"和"聚合"都互相比对、相互融合,感性和理性、分析和综合都毫无挂碍地交结在一起,汇成一股气,拧成一种力,产生了欲罢不能的冲动,并且不断升腾、游走,似"羽化而登仙",定要"一吐为快"。

这种发现,不是作为一般读者的领会;这种沉浸,也不是作为一般读者的体味。作为朗读者,必须更深入、更精确地去"把握"。朗读过程中,把握文字作品的独特性为什么给人以美感?有声语言在哪些词语序列上的表达会令人流连忘返?又在运用哪些表现方法上让人击节赞叹?这些是如何艺术地诠释人生感悟的?怎样独特地创造了美?它们开启了哪一扇人类智慧之门?从中涌流出的奇光异彩,形成了怎样的氛围和境界?拓展了哪一片既古老又新鲜的视阈?在如此独特的情景中,不论是过眼云烟,还是沧海桑田,都被作家熔铸到可感可触的风格化具象之中,成为朗读者举目可见、倾耳可闻的心中物,无时无刻不在享受着"用心若镜,应而不藏"的佳境。

从文字作品中,我们完全能够把握他们的风格化走向。当代作家王蒙在《风格散记》中列举了"潇洒""机智""幽默""激昂""清明""痛苦""含蓄""赤诚""神秘""老辣""闹剧""奔腾""清新""温馨""雄浑""豁达""单纯""空灵""朦胧""自然"等,用多种譬喻,一一解说,像风格,又似意境,像议论,又似抒情。把风格划分成若干类型,古已有之,司空图的《二十四诗品》就列出:雄浑、冲淡、纤秾、沉着、高古、典雅、洗练、劲健、绮丽、自然、含蓄、豪放、精神、缜密、疏野、清奇、委曲、实境、悲慨、形容、超诣、飘逸、旷达、流动共二十四品,每一品都用十二句四言诗给以解释。古今对比,却有异曲同工、妙趣横生之兴味。不管是阳刚之美、阴柔之美,还是豪放之美、婉约之美,正说明文字作品风格的丰富和多样,感悟者的多种视角和体验,审美阈限的精密和粗疏,各有千秋,殊途同归。

第二节 风格化是朗读主体的重构

朗读主体在把握了创作依据——文字作品的风格之后,不但要尽力表现其内涵形态,而且必然地要融入自身的独特阅历、独特感情,从而在文字作品的风格基础上建构朗读的风格——神韵。

朗读主体在文字作品面前不是无奈的奴仆,不应该局限于文字作品风格的展示,囿于文字作品提供的美好天地,而应责无旁贷地走上重构之路,在那别有洞天之中,添砖加瓦、种树栽花。

这"重构",是朗读主体同文字作品及其作者在风格化的要求下"合三为一",共同担负起"涅槃—再生"的责任。朗读主体是重构的创造者,他决定重构的成功或失败,决定重构的走向与层次,决定重构的广度与深度,决定"神韵"的美学价值。

在深入把握、具体掌握文字作品的风格过程中,朗读主体不只是作为接受主体在单纯地解读文字作品,他更要作为创作主体去审视文字作品。所以,这就使朗读主体的认识、感受、理性分析、感情投入等已经开始了同文字作品蕴藉的结合,审美意识的闸门也在不经意中启动了。

朗读主体的前理解、前感受,正是冲击和解构"这一篇"文字作品的逻辑起点。当朗读主体积淀了大量风格化文字作品的特质之后,他会很快发现"这一篇"的独特性表现是什么,并从基本层面认定其整体风格和主体风格,再从比较层面沉入"这一篇"的具象风格,然后,生发和突现其不同凡响之处。

正因为朗读主体的美学理想,导引并驱动着冲击和解构的深度、广度,昭示着审视和把握的精细度。尤其是,那美学追求的执着和炽热,就把朗读主体的审美意识、美的尺度,投向了"这一篇"文字作品,从而使"这一篇"文字作品的风格染上了朗读主体美学理想的色彩,打上了朗读主体风格化审美观照的印记。

朗读主体源于他的生活经历和体验、人生感悟和状态、道德精神和素养、审美追求和理想、语言功力和造诣……而形成了区别于他人的个性特质,造就了他的风格化骨骼,并融入了神韵之中。

朗读主体创造的神韵,首先表现在对于文字作品风格的选择与偏爱方面的倾向性。有的人钟情于黄钟大吕、豪放雄浑,有的人喜好那轻管柔丝、绮丽婉约,有的人寄情于浩茫广宇、悠远沉寂,有的人倾心于小桥流水、真切细腻……各有所爱,各有所重。

朗读主体创造的神韵,常常表现在对于文字作品风格的熟悉和切近方面的可感性。有的人熟悉田园风光、披星戴月,有的人熟悉大漠风沙、关山马鸣,有的人切近战乱离散、亲情缱绻,有的人切近亭台楼阁、环佩叮当……各有所精,各有所长。

朗读主体创造的神韵,往往表现在对文字作品风格的心胸和气概方面的可容性。有的人对宽广的心胸、英雄的气概十分崇敬,有的人对豁达的心胸、豪迈的气概十分钦佩,有的人对柔美的心地、娴静的气质尤为推崇,有的人对纯真的心地、诚挚的气质尤为感佩……各有所系,各有所通。

朗读主体创造的神韵,还表现在对于文字作品风格的用字和协韵方面的可读性。有的人专注于用字的精练和协韵的响亮,有的人专注于用字的平白和协韵的简朴,有的人欣赏用字的典雅和协韵的绵长,有的人欣赏用字的奇特和协韵的促狭……各有所求,各有所得。

朗读主体创造出来的神韵与文字作品的风格,既有相和之处,也必然会有相左之处。怎样调整这一关系,应该是朗读主体在解构文字作品中需要解决的主要矛盾。这一矛盾,只有以文字作品的解读为逻辑起点,才能圆满解决。一般情况下,不会产生完全相左的事态,因为这在选材时就避开了。但是,时代的发展、观念的变化会造成相左之处,也可能发生完全相左的情况。这时,又须充分发挥朗读主体的创造性,按照选材的必要性、目的性,认真地、负责地给以表达。这不是对原作的扭曲,而是对原作的提升。

朗读的神韵,是朗读主体创造性地把握文字作品的风格,同自己的审美理想熔为一炉。这一过程,应该是"忘我—有我—无我"的过程。

(1)忘我——设身处地地进入文字作品之中,精神集中地反复体味,开掘其独特的表现;

(2)有我——是"我"在体味,是"我"在开掘,有我的认知,有我的感受,有我的品评;

(3)无我——朗读作品的神韵,既是文字作品风格的体现,又有朗读主体的理解、感受和表达样式,但总的印象中,在听者的感觉上,似乎朗读主体已经退隐,突显的只是文字作品的风格。虽然,朗读主体的神韵俱存,但如果是两位朗读者朗读同一文字作品,尽管神韵有所不同,一般人总会认为这一篇文字作品的风格是一致的,他们的审美观照难以及于朗读主体神韵创造中的差异。这当然与鉴赏水平有关,也与朗读作品神韵的隐显、深浅有关。

《朗读学》阐释过朗读主体的身份问题,却不能不舍弃神韵的层面。朗读者必须保有自己的艺术个性,提高自身的艺术修养,并把它融进朗读过程,显示出创作主体的当下在场性,如此,才会使朗读的人文精神、艺术品格进入人们的审美视阈,呈现出比文字作品更加丰富多彩的美感境界。

第三节 风格化的多样性及稳定性

文字作品的风格,朗读作品的神韵,都是创作主体的独特性表现。事实上,我们已经把文字作品及其作者、朗读作品及其作者,水乳交融地汇聚在一起了。凡具有神韵的朗读作品,都毫无例外地包容着、展现着文字作品的风格,因此我们可以说,由文字作品到朗读作品,就是一个"风格化""神韵化"的过程:把文字作品的创作主体的风格落实到文字作品中,然后把这些又化入朗读过程中,最终成为朗读作品的神韵。从化入到显出、多次反复、逐步融合,不能把这个过程简单化为"内"——"外"的线性突变。

这种化入的反复,有其多方组合、多层积淀的特点。不同的排列组合、不同的层级积淀,就会呈现不同的融合样式,令人感受到不同的神韵。

朗读创作主体与文字作品创作主体,存在着并不完全相同的人生际遇、人生体验、人生感悟。正因为"存在"着相异,才会有风格相异的土壤,而在运筹、酝酿之中,必然会从不同的视角、语域上产生貌合神离的升华、同床异梦的分野。然后,又趋于百川汇于海、殊途竟同归的契合。风格多样化的过程,大多基于这一点。我们可以说,风格多样化的过程,正是神韵个性化的过程。个性越鲜明,越会突现个性特征;个性特征越突出,其覆盖面越广,其涵化力越强,其风格样式就越独特、越稳定。

作为心理特征的总和,个性本就具有自身的独特性,主要表现为自控力、自强力、自立力、自新力。同时,还表现为他适力、他助力、他合力、他驱力。这些,会在自动和互动中闪烁出个性的火花。那些迷信自我的人,经常在朗读创作中使话语权力泛滥;那些丧失自我的人,经常在朗读创作中使话语权力萎缩。二者当然都没有神韵可言,朗读创作主体的自力和他力交织成整体和谐的网络,展现出生命的活力,从而使个性更加鲜明。

个性的独特性主要不是一个宏观概念,应该是一个微观概念。从宏观上去分辨,总是有限的,屈指可数的,"阳刚""阴柔"也好,"豪放""婉约"也好,多少"品",多少"类"也罢,能怎么样去区别那每一位作者、每一篇作品?这时候,就会显得我们的词汇如此贫乏。只有微观地去考察,才有可能追寻到"这一个"的准确定位,以区别于"那一个"。所以,只采取双音节词、四音节词加以概括,往往失之于笼统,还会把"这一个"同"那一个"归为一类。应该放开对于风格样式的表述常规,过细地描绘具体的作家和作品,而不必受文字多少的制约,以便更突出地表明"这一个"的独特性,更准确地概括出风格样式的丰富性。尤其是有声语言的风格样式,如朗读的神韵,极难用一两个词语给以精确的表述。当然,外延越广,内涵越简,具体表述,也要进入较大的风格类别,这里强调的是不要以偏概全,以粗代细。

风格的多样性,并不意味着风格的多变性。风格一定随着作家的成熟、老到而发生变迁,但是,风格的稳定性是主要方面。正如一个人的个性,虽然会产生变异,甚至是质变,但从总体上看,大多数人的个性在其一生中基本上是稳定的。在朗读创作中,朗读主体会因文字作品的不同风格而调整自己的表达样态,但总会带上比较明显的个人的神韵风采。稳定性主要体现在声音特点、语言特点、表达习惯、朗读状态等方面,而不可能朗读这一篇作品和朗读那一篇作品判若两类、大异其趣。文字作品的风格确实只是基础,基础不同会产生风格迥异的面貌,但那意味,却不会因为文字作品的差异而毫无关联,这关联大多源于同一位朗读者自身神韵的统一。

同一位朗读者,在朗读中的神韵也有变化。一般表现为风格化过程和神韵形态的日趋成熟,不断剔除成熟风格中所不需要的那一部分杂质,如飘忽部分、生涩部分。在不断成熟的过程中,也可能走曲折的路,甚至会丢失主体、进入枝蔓,异化为另一种风格。但那并非对风格稳定性的颠覆,反而表明了风格不稳定性的危险征兆,起到了警示作用。

风格的稳定性,完全是风格内部诸元素相互作用达到均衡的结果,完全不是风格主人自我约束、自我恒定的指使。当风格进入成熟阶段并基本定型之后,风格的追求已成历史,"有我之境"逐渐隐退,风格意识已在下潜,几乎到了"下意识"之中。朗读者不用着意地规范,不必刻意地呐喊,在创作过程中便会与风格不期而至。就在落实主旨、揭示情理、精微感受、凝聚心力的必要步骤中,风格要素便油然而生、轰然而至、戛然而止、浑然天成。

只有当创作主体在具体创作过程中,发生了习惯与要求、定势与语境、理想与现实的矛盾,需要创作主体自我调整、风格意识强化起来的时候,才会破坏风格诸要素的平衡。这时,必须在新的情景、新的价值取向上给予新的平衡估量,并采取必要的方式,造成新的平衡态势,才能形成另一番风景。

风格的多样性与稳定性,都在相对的状态中相对存在,并在变与不变的聚散律动中,成就自身的定力与活力。捷径是没有的,这是一条艰苦、崎岖的路。

第四节　风格化的流变性与承继性

我们把创作主体称为风格的主人,那指的是在风格范畴中,风格是由创作主体创造出来的。没有创造,就不会有创作者和作品的风格呈现。朗读创作也是如此。正因为这样,我们才产生了对风格流变性和承继性的研究。

风格是多样的,不仅是共时的多样,而且是历时的多样。风格问题,在社会发展、时代进步的文化语境中,生生不息、日益纷繁,留下了自身的流变足迹。早先,那稚嫩的言说,由于语词的简单而显得平淡。后来,逐渐锐敏的眼睛观察到了宏大和精微,逐渐成熟的肌体感受到了大千世界的复杂和神奇,也在自身的运动中逐渐省悟到了内心世界的奥妙和厚重……于是,词语的日益丰富,表述的日益准确,造就了历时的风格愈益多样而精彩。正是这历时的推演,使每一种风格样式在保有自己的独特性中,显露出其自发轫至今天的、由粗疏到美妙的积淀痕迹。由此可见,任何一种风格,都是历史遗留物的当代新生形态,而不是孤立的、偶然的生成物。其中的流变性与承继性又是相辅相成的、相通相融的。在我们谈到其流变性时,也恰恰在说明其承继性。有声语言创作的风格问题不同于文字作品的风格问题,这当然是极为明显的。后者以文字为依据,"书同文"以降,其风格流变性及承继性,从历代的经典文字作品中,就能够得到大体的了解,并且有诸多的文论进行了相当深入的阐释。有声语言创作的风格流变性及承继性,除了从凤毛麟角的文字记载和转弯抹角的谱系方面有一些零碎片段的踪迹可以参考之外,实在没有"口耳之学"的概貌流传下来,给我们以"凭雪辨踪"的线索。但这对我们研究现今的朗读还不会发生重大的倾向性影响,主要是因为当代的朗读水平,肯定高于塾师的吟唱,也高于"五四"时期的"国语"层次。

有声语言,特别是朗读的风格——神韵,在当代不太长的时期中,那流变也是相当明显的。这流变性并非直线上升,也不是江河日下,而是呈现出曲折性、多层性特点。

新中国成立以后,大、中、小学的语文课上,都有朗读这一环节。社会上喜欢朗读的人也很多。中央人民广播电台的《阅读和欣赏》成为名牌节目,北京图书馆的"星期朗诵会"也是名噪一时。齐越的激情洋溢、气势磅礴,夏青的铿锵有力、庄重严谨,影响了几代广播听众;董行佶的起伏跌宕、神采飞扬,孙道临的珠圆玉润、凝重昂扬,也推动了朗读活动的发展和推广。至今,一大批名家的声音还回响在我们的耳际。"文革"时期,有声语言的传播,被扭曲为"不喊不革命";不过,在声音运用、语气冲腾上,却也生发出某种独特性,并成为那一时期的主流风格,值得深入研究,而不应简单否定。20世纪80年代以后,有声语言的形态趋于平和与自然,作为政治宽松环境中的常态,又有其时代的色彩。至今,仍有一种以平淡为主色的风格,显示出"与世无争"的甚或是"逆反心理"的人生况味。一方面,"存在的就是合理的",社会现实中可以有其立足的一席之地;另一方面,我们应该看到,这是后现代"放逐艺术"的解构现象,不应使其成为主流,扰乱我们中华民族当代语言风格的成熟和承继。庄重热情、高雅晓畅,仍然是我们的主流风格,虽然遭到了自然主义、形式主义、口语至上主义的冲击、侵蚀,却并没有丧失其当下的、长久的审美价值取向。值得警惕的是,由殖民地半殖民地文化积存而沉渣泛起的"调侃"风格、"狂欢"风格以及"无风格论"的虚拟繁荣景观,正以"平民文化"的面貌,"大众文化"的身份,迷惑世人,诱骗良心。这种对庄重的反叛,对热情的误读,会在市场经济的发展中,造成背离原典精神、趋同世俗潮流的浅薄文化形态,并由利己主义、拜金主义的推动,摧毁人民群众的精神家园。在朗读创作中,不去理会读者的听觉阈限,不再尊重作品的推敲过程,名为轻松快捷,实为主观随意,丢失大量文化蕴涵,还用"接受美学"的片面强调客体来吹嘘自己的"创新"风格。

如果连违反表达规律、一味宣泄私情的话语也可被称为风格的话,那么,还不如把婴儿呱呱坠地的啼哭也名之为风格来得朴实、亲切。

像一切文化的传承一样,像一切艺术的遗产一样,文字作品的风格、朗读作品的神韵更有其承继性,不是承继本土的,就是承继外来的,不是以本土的为主,就是以外来的为主,那神韵并非无源之水、无本之木。

风格的承继性,主要指在其独特性之中仍保存着的、对其独特性有生成作用的那一部分印记。这印记是某种"类型",虽然可以归为该类型,却又与其"前类型"相异。而这"前类型",也许是几代、几十代之前的某个类型的影子或某种风格形态的异化。

风格的承继性,首先是风格主体的审美意识指向的延续。风格主体从自身的体验、兴趣出发,钟情于某种风格类型,有意无意地向其靠拢,在似与不似之间徘徊,神交日久,得其精髓,便将其灵魂捕捉到,化入自身的性灵中,重新建构出能够呈现自己个性的风格。其间,不乏中途改向的、半途而废的,虽不成就某种类型,却也摄取了一部分精粹;背道而驰的、彻底背叛的,似无承继关联,却也得益于对自己个性的观照,促成了反其道而行之的风格塑造。

风格的承继性,还在于主流风格的社会语境拥抱。在社会发展的某一阶段,在其主流文化的氛围中,主流风格以其对社会这一阶段的适应而风靡一时。作为风格的主人,接受了前期的社会性积淀,且以主流风格为新异,追逐其当代潮流,找到了自身个性中与之相交的契合点,便也日益化入了主流风格的组合家族,成为承前启后的一员。如果主流风格生成为"前类型"的新层面,便是进步;如果主流风格堕落为"前类型"的东施之颦,便是倒退。

风格的承继性,意味着摒弃风格的模仿。风格的模仿充其量只能达到形似,而失去神似。失去神似,便是所谓风骨不正、性灵不活。风格的模仿是制造赝品的捷径,是阻隔风格承继的深渊,为有志者所唾弃。

文字作品的风格、朗读作品的神韵,常为世人津津乐道,常为张扬个性的人所自诩。其实,谈何容易。没有坚实的语言功力,没有高深的语言造诣,缺少长期的文化积累,缺少艰辛的口耳磨合,却大言不惭地侈谈"自己的"风格和神韵,不是纸上谈兵,就是"画饼充饥"。张扬个性的人,往往急于显示自己的特殊存在,往往忙于自己的形象包装,因此,恨不得把世界上一切美好的名词术语都加在自己和自己的作品上,以便获得急功近利的收成。这是远离风格和神韵的思想和行动,必将使自己"画虎不成反类犬",陷入泥潭而不能自拔。真正具有风格和神韵的大家,是那些甘于寂寞、志存高远的人,由他们共同建造起来的"人类花园",是造福子孙、娱悦万世的"精神殿堂",我们应该为此而不懈努力!

→ 知识梳理

通俗地说,风格是一种稳定的独特性表现。在朗读美学的范畴中,风格的内涵形态主要是创作文本的风格和创作主体的风格汇聚而成的有声语言风格,因此,可以概括为"神韵"。简而言之,风格即朗读中呈现的神韵。

第一节 风格化是文字作品中的蕴藉

文字作品的蕴藉,隐约存在于文字作品的字里行间。其中,包容着文字作品的作者的世界观、人生观、价值观、审美观。作者创作这一文字作品,必然表现出他的性格情趣、人生况味,并形成作品的艺术个性,排除与其他作品的同一性,保留其独特性,便是这一作品的风格。

第二节 风格化是朗读主体的重构

朗读主体在把握了创作依据——文字作品的风格之后,不但要尽力表现其内涵形态,而且必然地要融入自身的独特阅历、独特感情,从而在文字作品的风格基础上建构朗读的风格——神韵。

风格化是朗读主体的重构。这"重构",是朗读主体同文字作品及其作者在风格化的要求下"合三为一",共同担负起"涅槃—再生"的责任。

朗读的神韵,是朗读主体创造性地把握文字作品的风格,同自己的审美理想熔为一炉。这一过程,应该是"忘我—有我—无我"的过程。

第三节 风格化的多样性及稳定性

风格多样化的过程,正是神韵个性化的过程。个性越鲜明,越会突现个性特征;个性特征越突出,其覆盖面越广,其涵化力越强,其风格样式就越独特、越稳定。作为心理特征的总和,个性本就具有自身的独特性,主要表现为自控力、自强力、自立力、自新力。同时,还表现为他适力、他助力、他合力、他驱力。

风格一定随着作家的成熟、老到而发生变迁,但是,风格的稳定性是主要方面。稳定性主要体现在声音特点、语言特点、表达习惯、朗读状态等方面。

第四节 风格化的流变性与承继性

任何一种风格,都是历史遗留物的当代新生形态,而不是孤立的、偶然的生成物。其中的流变性与承继性又是相辅相成的、相同相融的。流变性呈现出曲折性、多层性特点。庄重热情、高雅晓畅,仍然是我们的主流风格。风格的承继性,首先是风格主体的审美意识指向的延续。风格的承继性,还在于主流风格的社会语境拥抱。风格的承继性,意味着摒弃风格的模仿。真正具有风格和神韵的大家,是那些甘于寂寞、志存高远的人。

第五章

朗读美学的意境美特质

第一节　意境美的时间维度审视
第二节　意境美的空间维度审视
第三节　意境美的时空运动审视

朗读在时间上的"美的创造",就不是画线,而是在显现的形态上,赋予比喻的意义,进行审美观照。

朗读创作主体就必须准确把握文字作品的空间态势,还要对这一空间的具体情况加以感受。

时空必须统一。时空必须交汇。时空必须运动。

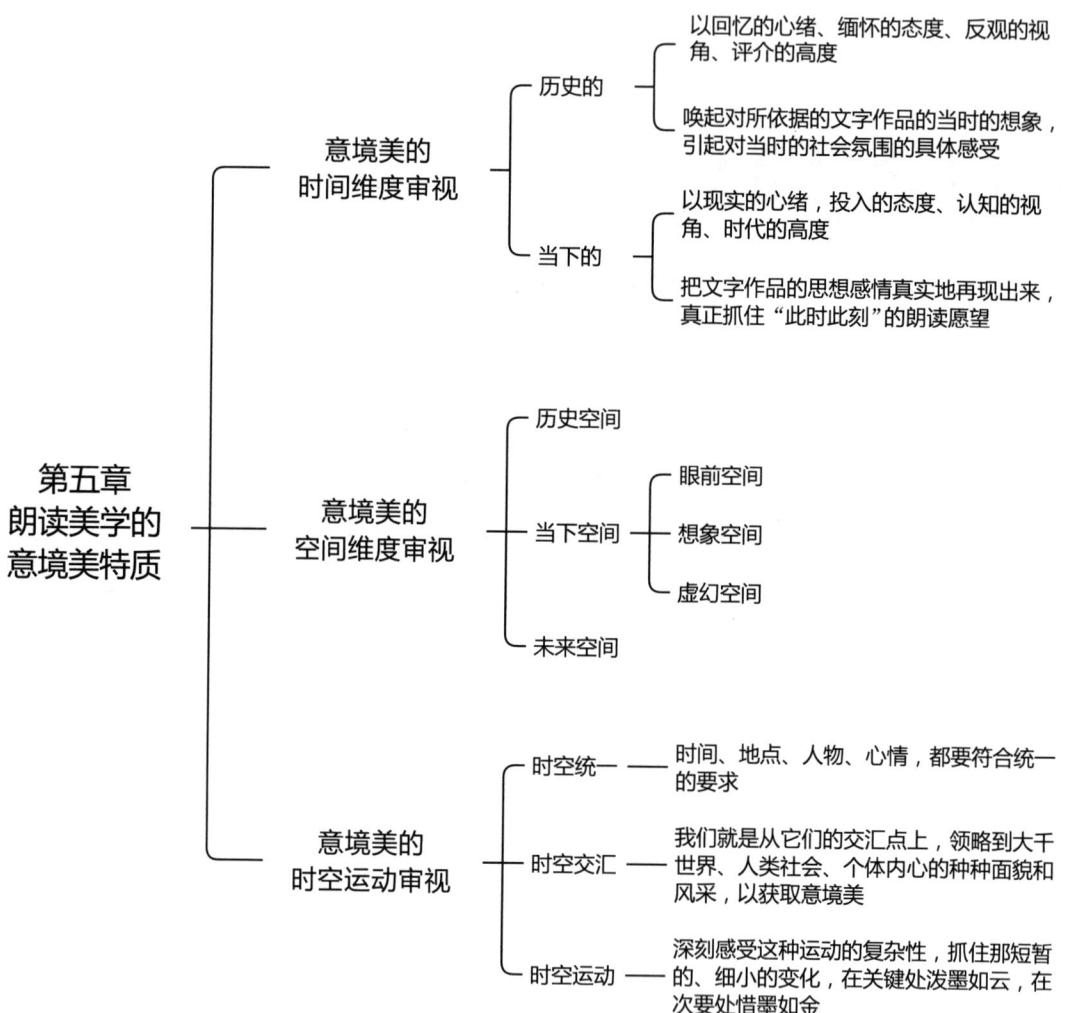

意境，在我们的美学词汇里，的确是一个经常使用的概念。意境问题已经讨论了许多年了，究竟怎样认识和定义，仍然没有完全统一的说法。我们根据朗读美学的研究过程，体会到一些可能只属于朗读的问题，在这里做简单叙述，以便进一步明确：意境美不应该属于客观、自然，它是人类的一种艺术创造。

第一节 意境美的时间维度审视

意境美包含着强烈的时间维度，并因之营造了此时此刻、回忆过去、展望未来、转瞬之间、漫漫长夜、如隔三秋等的氛围，无形的时间，由于作者的捕捉和表现，竟给了我们那么丰富的感受，从而展现了意境美。

为什么时间会创造美感呢？

时间虽然无形，但又无处不在。从古人的惜寸阴、惜分阴，光阴似箭、日月如梭，到度日如年，是对于时间的长短因心境不同而产生的快慢的主观感觉。这种感觉，是一种时间与心态的反向比对造成的。在时间的维度上，以"此时"为坐标基点，以"过去"和"未来"形成两条线，向相反的方向延伸，但又互相观照，时常跨越"此时"达到某种勾连。这样，在时间的长河中，既可逆流而上，又可顺流而下，在流动中，波翻浪涌，无可截断。这正如"子在川上曰：逝者如斯夫，不舍昼夜！"

正是在这样一种主观感觉里，时间造成了人们的生命慨叹，引起了人们的人生感悟。因此，才有"江畔何人初见月？江月何年初照人？"的历史追问，也才有"对酒当歌，人生几何？"的命运感喟。

正是在这样一种主观感觉里，时间激励着人们的生命追求，考验着人们的人生态度。因此，才有"先天下之忧而忧，后天下之乐而乐"的精神境界，也才有"人生自古谁无死，留取丹心照汗青"的坚定信念。

正是在这样一种主观感觉里，时间营造了每一个人的生存氛围，成就了每一个人的生活历程。在这样的生存氛围里。在这样的生活历程中，时间对于每一个人都是平等的,对于任何作为都是期待的。关键是,每一个人的任何作为,是不是充分利用了时间,是不是竭力争取了时间。当一切成为历史的时候,是否为其流逝而惋惜?当理想还未实现的时候,是否为其将至而奋发?这时,最好不要"念天地之悠悠,独怆然而涕下"。

正是在这样一种主观感觉里,时间积淀了远古以来的生存经验,绘制着天降大任的生命蓝图。生存积淀的不断丰厚,生命蓝图的不断精致,为每一个人提供了"此时此刻"的抉择契机,为每一个人铺平了"思前想后"的行为道路。关键是,每一个人的抉择是不是抓住了"此时此刻":继承前贤的"待时而动""机不可失",把握自我的"天赐良机""时不我待"。我们不能面对历代馈赠无动于衷,我们不应坐等契机纷至而无能为力。

虽然,康德说到时间时,说"它只有一个维度"(《纯粹理性批判》),但那是出于某种哲学眼光的考察。从艺术感觉上来说,只看到时间的"线",只认识前后相继,是远远不够的。艺术感觉上的时间,是一个立体的行进"物",它起于某种刺激(客观的、主观的),发于某种想象,成于某种愿望,显于某种形态。所以,恩格斯指出:"向两个方向延伸的无限的线或无限的单位序列在运用于时间的时候,具有某种比喻的意义。"(《反杜林论》)

如此说来,朗读在时间上的"美的创造",就不是画线,而是在显现的形态上,赋予比喻的意义,进行审美观照。至少,应该区分为两层,即历史的、当下的。

历史的,那是以前的、不在的、已知的、流传的。因此,我们必须以回忆的心绪、缅怀的态度、反观的视角、评介的高度,进行朗读。由于朗读者作为创作主体,身处当下,只有唤起对所依据的文字作品的当时的想象,引起对当时的社会氛围的具体感受,才有可能进入文字作品的情境,认识、体味当时的人文况味。我们的目的不是重复"彼时彼刻"的作者心态,而是为了使现在的人们听到历史的回声,叩击当下的心扉,产生呼应"此时此刻"生命活力的启示,得到某种美感享受。朗读"高堂明镜悲白发,朝如青丝暮成雪"的时候,完全不必把自己当成作者,大发感慨。朗读者的艺术感觉,应着力于对作者心境的揭示,并以当下的时代精神融入其间,造成"已知"的从容感、"深知"的稳定感,给人以历史的厚重感、智慧的闪光感。必须达到"已知"和"深知",才会有"此时此刻"的清醒,才会有"彼时彼刻"的内省,而不至于造成对当下的抛掷、主体的缺席。朗读历史名篇,就像杜牧所说"折戟沉沙铁未销,自将磨洗认前朝",创作主体不能完全陷入其中,厚古薄今。那样,便会使听者以古为今,忘记历史的昭示,以他为我,失去回忆的韵味。

当下的,那是目前的、刚到的、未知的、新有的。因此,我们必须以现实的心绪,投入的态度、认知的视角、时代的高度,进行朗读。由于朗读者作为创作主体,就在当下,只要把文字作品的思想感情真实地再现出来,真正抓住"此时此刻"的朗读愿望,传达给当下的听者,就可以揭示作品的精神实质。我们的目的不是扮演"此时此刻"的人物,不是回归作者的内心,而是为了使现在的听者,体会文字作品的当下价值,获得崭新的美感享受。朗读"我如果爱你——绝不像攀缘的凌霄花,借你的高枝炫耀自己"的时候,一定要感到诗人的立意新颖、譬喻贴切以及诗意盎然地表现出的信念坚定、前行无悔的人生理念。我们确应油然而生"未知"的新鲜感、"欲知"的投入感,给人以当下的融合感、共享的进取感。必须获得"未知"和"欲知",才会有"究竟如何"的追寻,才会有"原来如此"的满足。这里,值得警惕的是,朗读者不必寻求作者的身份感,因为,朗读者并不是作者,也不可能变成作者。他只是作者和听者之间传达、转述的中介,他的首要任务在于展现文字作品的现实价值。朗读者越是保持同作者应有的距离,就越能发挥中介的沟通作用,就越具有审美眼光。否则,朗读者就会变成文字作品的附庸,亦步亦趋,毫无作为。同在当下,心态却纷繁复杂。可见,时间并不苛刻,它的宽容,会使我们创造出更多的美学品格。

事实上,时间并不是特立独行的。因为还有"空间"。

第二节　意境美的空间维度审视

空间,应该被看作一种"存在"。正如海德格尔所言:"存在不是物,因此它就不是时间性的东西,然而它还是被时间规定为在场状态。"(《时间与存在》)

研究空间对意境美产生的意义,离不开时间。因此,我们在前面先把时间维度进行了简短的阐释,这样再说空间,就会容易一些。

"在场"这个概念,首先是空间的,然后才是时间的。空间以"我"的存在为轴心,形成四维架构,古人以六合为空间的总括,既有东西南北,又有天地。但这只是三维,还要加上个体心理,便成为实在的空间了。显然,空间比时间更辽阔,真是沧海桑田,斗转星移,浩浩汤汤,横无际涯。因此,空间的立体感更易为人察觉,为人认知。

空间在人类的发展中,是无所不在的、不可或缺的。但是,由于个体的局限性,使我们无法了解空间的无限,只能在有限的空间内生活。就是这有限的空间中,我们也只是沧海一粟。我们可以感知的视界、可以运用的语域大约能分为历史空间、当下空间、未来空间,而当下空间又可以分为眼前空间、想象空间、虚幻空间。不管哪个空间,只要有"我"在其中,那就是"在场"。表演的"在场",以"我就是"为根基,一定要化入角色;朗读的"在场",以"我就在"为根基。二者根本不同,虽然可以互相借鉴。朗读时,朗读者要根据文字作品,眼观六路,耳听八方,心向往之,溢于言表。

文字作品表达了各种空间里的多重意向、多样感受,那是十分具体细腻的。朗读者如果不去认真领悟、努力开掘,就只能进行浅表摹写,无力达到深层揭示,那怎么能称之为创作呢?

空间的多重性,空间的丰满性,使我们"耳得之而为声,目遇之而成色",使我们"不识庐山真面目,只缘身在此山中",可以因我们的感受阈限精密而"视通万里",也可以因我们的感受阈限粗疏而"不知所终"。客观环境的耳不暇听、目不暇接,并不能径情直遂地及于耳目、达于心田,关键是创作主体是否能"感知于外,受之于心",是否能"设身处地,触景生情"。文字作品中,历史的、眼前的、未来的、当下的、想象的、虚幻的种种空间,千头万绪,纷至沓来。这样,朗读创作主体就必须准确把握文字作品的空间态势,而绝不能见字生情、我行我素。

不管进入哪一种空间,首先应该对这一空间的整体情况加以把握。主体空间是什么,还有什么分体空间,它们之间是什么关系?如何统一在整体之中?如《长恨歌》,整体空间是历史的,但其中也有虚幻的,二者必须加以区别。那联系,一是"汉皇"的真情使然,二是"杨家有女"与"太真"的转换。历史的整体空间和虚幻的分体空间共同建构了一个忠贞爱情的宏大叙事。我们看到的,不是帝王的霸权行径、浪荡公子的逢场作戏,不是畏惧权贵的轻薄行径、风尘女子的招欢卖笑。我们看到的,是百折不挠、坚韧不拔的爱情之旅,哪怕生离死别,哪怕上天入地,都毫不动摇、始终如一。这是对帝王、妃子之间关系的超越,是对爱情生活、爱情关系的提升。在这种空间里,人的灵魂被净化了,人的名分、地位、生存状况、生命遭遇都成了或早或晚、或轻或重、或优或劣、或有或无的细节,都成了表象。这就造就了一个"天长地久有时尽,此恨绵绵无绝期"的"在场"情境,叩击人们的心灵,让人们得到情感的共鸣。

然后,我们还要对这一空间的具体情况加以感受。在具体情况的若干个细小空间中,作者提供了什么静态和动态的要素,不变和可变的点、线,使我们感受到了什么样的差异和连接,我们不能漠然视之。如《卖炭翁》,那种"可怜身上衣正单,心忧炭贱愿天寒"的情境,引起我们多少联想,让我们生发出多少感慨!冰天雪地、衣不蔽体、食不果腹、忧心忡忡,炭能取暖、价低利薄,为了多卖,宁盼更冷⋯⋯这是怎样的世界呀!同后面的"半匹红纱一丈绫,系向牛头充炭直"相呼应,那宫市的横行霸道、巧取豪夺,不是昭然若揭了吗?深刻的心理需求、广阔的人间世相,会产生多么强烈的感染力啊!这种空间的摹状,为我们的审美制造了极其高远的意境,静而不淡,动而不繁,萦回于脑际,流传于后世,正是典型的意境美空间建构。

有的文字作品中,空间的变化比较复杂,需要我们仔细分辨,灵活把握。如《黄鹤楼送孟浩然之广陵》,先说"西辞黄鹤楼",再说"烟花三月"和"下扬州",从"孤帆远影碧空尽"再荡开去,以"唯见长江天际流"作结。重点是"江边送友",但黄鹤楼的气势、烟花三月的风光、江上帆影的孤寂、融入天际的离愁,都历历在目、耿耿于怀。这历历在目,有在眼前的,有不在眼前的,有想象的;这耿耿于怀,有写实景的,有写虚景的,有见景生情的,有寄景抒情的。全诗只有一个"辞"字,作为由此地到彼地的空间变化的立足点,其他全是景色的集合、串联,但那种送别的氛围,却是如此地鲜明、生动。又如《雨霖铃》(寒蝉凄切),空间转换自然而多样,正在鸣叫的寒蝉,已经停住的骤雨,长亭、都门、兰舟、泪眼,牵挂着的烟波、暮霭、楚天,清秋时节的杨柳岸边、晓风残月,回忆和未来的良辰美景……真是景色各异、感受多层。在空间的转换中,我们的感受也随之变化。在某一个具体空间里,又总是静态与动态的统一,静中有动,动中有静。在静中,要充分感受其中的情景,以便突出"这一个"的特点。同是离愁别绪,李白心目中的"孤帆远影",同柳永心目中的"兰舟催发",完全是两种意境的空间。在动中,要充分感受其中的走向,以便突出"那一个"的特性。同是别后的惆怅,"唯见长江天际流"与"更那堪冷落清秋节",分别使人进入了由挥手作别到心仍系之,或"辽阔",或"冷寂"的两种意境。只求静态,就会割裂意境空间的必然联系,使空间的转换显得突兀、生硬;只求动态,就会模糊意境空间的个性差异,使空间的转换变得无序、雷同,使得空间的具体鲜明的色彩被冲淡。即使朗读者自己产生了相应的感受,当形之于声的时候,也难于显出它们的区别,听者就更不会有"心随物转"的美感享受了。

在空间的美学把握中,并不是所有的空间都能够造就美感,也不是所有的空间都必须造就美感。因为,设置每一个空间,无论大小,不管静动,都有其必要性,但空间所担负的任务并不一样。有的空间只是过渡,有的空间只是陪衬,有的空间只是闪念,有的空间只是假象……我们没有必要一一加以体验,个个加以展开。否则,肯定要喧宾夺主,轻重不分了。这样,不但会徒然浪费时间,而且还会因小失大,虽然有了"形式"却没有了"意味",简直是舍本逐末,得不偿失。我们要特别注意,空间的外观只是形式,那空间的感念才是意味之所在。"关关雎鸠,在河之洲",到底是个什么样子,谁能细腻地描绘它?但是,那种水波不兴、水鸟游动的景象,我们可以感觉得到,这种景象能够营造一种平和、静谧的氛围。这些刺激,怎样延续呢?于是"窈窕淑女,君子好逑",极为明确、极为简练地突现了作者意向,为我们接受其中的深层联系,制造了一个顺理成章的推进的空间。如果把两个毫不相干的意象硬捏在一起,即使想象力十分丰富的人,也不能产生衔接的感念,无法接受后一个意象空间的真实存在。

在空间的意境创造中,或者在意境的空间拓展中,我们要善于发现文字作品的独特感念。任何独特感念,都会在人们的心目中生发出某种追寻的愿望,使人深入其间,乐此不疲。如白居易的《琵琶行》:"同是天涯沦落人,相逢何必曾相识",以"天涯"的广阔和"相逢"的偶然,强化"司马"之于琵琶女和"江州"间的命运交叉点"沦落",给人以无与伦比的沧桑感。如辛弃疾的《丑奴儿》(书博山道中壁):"少年不识愁滋味,爱上层楼,爱上层楼,为赋新词强说愁。而今识尽愁滋味,欲说还休,欲说还休,却道天凉好个秋。"先是"强说愁"作铺垫,后是"识尽愁"作前提,转而避开"愁"的内涵,以"天凉"的空间感念,造成无以言状的压抑郁闷心态,令人产生"苦不堪言"的共鸣。这比直抒胸臆,更引人遐想,更发人深省。

在我们的经典宝库中,无数撼人心魄的空间意境为我们建构出了极其精美的审美殿堂,我们怎能忘记它们呢?

第三节 意境美的时空运动审视

时间和空间并非各自悬置,互不交叠,有他无我,单独显露的;相反,二者总是你中有我,我中有你,多维互补,协同动作的。特别是我们在审视意境美的时候,只是为了方便,才分别给以阐释。其实,即使分别阐释,也不可能把它们隔开。前面的各项说明,已经明显地告诉我们这一点了。

时间的流逝,空间的形成,都是客观的"在场"运动。时间要在一定的空间中运转,空间要在一定的时间里驻足。"天寒""天凉""孤帆远影""晓风残月"等,哪一种感念不是在特定的时空中生发的呢?离开了时间不行,离开了空间也不行。

但是,时间和空间又是怎样共生共行的呢?

首先,时空必须统一。什么时间,什么地点,什么人物,什么心情,都要符合统一的要求,不能各行其道,纷乱错杂。如果李白在《静夜思》中表达的思乡之切,不在静夜而在正午,不在床前而在闹市,没有月光只有太阳,就在家中不在异乡,那还能产生吗?如果艾青在《大堰河,我的保姆》中表达的爱乡之深,不反复赞美"大堰河,我的保姆!",不从自己的成长过程中,不从叙述一个一个的细节上展现,特别是不在时空转换上进行开掘,我们能得到什么呢?思乡,专写异乡之景;爱乡,专写故乡之魂。这是多么独特又统一的感念呢!

其次,时空必须交汇。时间是无形、无声、无色、无限的,它以一定的实体形态为寄托,显示它的流逝。空间是有形、有声、有色、无限的,它以一定的时间流逝为依托。两者互立互补,相对相交。时间附着于空间之内,空间显示着时间的变化,二者在无穷的运动中交汇于一体。我们就是从它们的交汇点上,领略到大千世界、人类社会、个体内心的种种面貌和风采,并且得到一定的感念,或弃其琐屑,或收其宏大,以获取意境美。时空交汇是文字作品的立足点、出发点、制高点、落脚点。那魅力,正在于创作主体的审美功力得到了超常的发挥,形成了交汇点的异样光彩。如苏轼的《水调歌头》(明月几时有),"人有悲欢离合,月有阴晴圆缺,此事古难全",十分明确的表达,非常准确的点染,把时间和空间的交汇点极概括、极周全地刻画出来了。人情变化、自然迁移、古今比对、内心期待……都得到了提炼和升华。而"但愿人长久,千里共婵娟",同秦观的《鹊桥仙》(纤云弄巧)中的"两情若是久长时,又岂在朝朝暮暮"一样,使时空交汇达到了以人为本的更深层,其独具的情景交融的美感,仿佛引人进入了旷达、悠远的精神世界,排除了嘈杂纷争的世俗琐事。

再次,时空必须运动。时间可以短暂地滞留,空间可以相对地静止,这只是从人类的感觉上、创作主体的意念上所做的夸张。事实上,这是不可能的,否则,我们就会陷入唯心论的泥淖。不过从美学的角度看,这又是可能的,我们不承认这一点,又会走进机械论的斜路。因为,不管是现实还是虚拟,那感觉和意念总是充满活力和智慧的,往往不受具体时空的束缚。所以,有些文字作品中,转瞬之间的事情却做了长篇大论的叙述,眼前狭小的地点却成了无所不包的场所。我们这里要强调的,是时空的运动。时间和空间都是"存在",可是很难具体地指证这存在的形式。如果以"秒"为时间的最小单位,以"点"为空间的最小单位,那么,应该说,每一秒、每一点的时空,都不会完全相同,都只能是它自身的同时又是别的什么,这就是时空运动的绝对性。即使专写时间的,如朱自清的《匆匆》,专写空间的,如杜甫的《闻官军收河南河北》,在时空的各自变化中,必然包含着另一方的变化,否则,绝不可能显出那变化,不能进入时空运动的佳境。朗读创作主体应该在文字作品的时空运动中,深刻感受这种运动的复杂性,抓住那短暂的、细小的变化,在关键处泼墨如云,在次要处惜墨如金。尤其要注意那富于动感的字词,它们生发出点染、勾勒、衬托、比兴的精妙意境。如著名的七言绝句"朝辞白帝彩云间,千里江陵一日还。两岸猿声啼不住,轻舟已过万重山。"那轻松快意之情,溢于言表。而"朝"字、"一日"二字,明确地说出了时间;"不住"和"已过",又有时间的推进感显示其中。"白帝"位于"彩云间","江陵"远在千里之外,"两岸猿声"和"万重山",正在动态中"时过境迁",倏然而去。这是怎样的时空运动啊,这是怎样的意境感念啊!我们已经身临其境了,我们已经心驰神往了。这"一"和"已",显得多么重要,朗读时不能不给以切实地注意,不能不给以充分地表现。当然,"千"和

"万"也不能一带而过,应该发挥它们的辅助作用。

时空的运动感念,会因具体的文字作品不同而有各种差异,但是,朗读创作主体永远也不应忽视那运动中的时空变化,以便展现意境美。

以上,极简略地阐述了意境美在朗读美学中的重要性,分别就时间和空间的关系加以论述,为朗读再创作的美学理想提供一种思路。由于仅从朗读的角度审视,用于朗读的实践,所以,不可能面面俱到。我们认为,紧紧扣住时间和空间,再注入人文精神,意境的问题可能会更容易表述一些,也许,这是对研究意境的某种参考吧。

➡ 知识梳理

第一节 意境美的时间维度审视

意境美包含着强烈的时间维度,并因之营造了此时此刻、回忆过去、展望未来、转瞬之间、漫漫长夜、如隔三秋等的氛围,无形的时间,由于作者的捕捉和表现,竟给了我们那么丰富的感受,从而展现了意境美。

从艺术感觉上来说,只看到时间的"线",只认识前后相继,是远远不够的。艺术感觉上的时间,是一个立体的行进"物",它起于某种刺激(客观的、主观的),发于某种想象,成于某种愿望,显于某种形态。朗读在时间上的"美的创造"分为两层,即历史的、当下的。历史的,那是以前的、不在的、已知的、流传的。当下的,那是目前的、刚到的、未知的、新有的。

第二节 意境美的空间维度审视

历史空间、当下空间、未来空间,而当下空间又可以分为眼前空间、想象空间、虚幻空间。不管哪个空间,只要有"我"在其中,那就是"在场"。表演的"在场",以"我就是"为根基,一定要化入角色;朗读的"在场",以"我就在"为根基。

第三节 意境美的时空运动审视

首先,时空必须统一。什么时间,什么地点,什么人物,什么心情,都要符合统一的要求,不能各行其道,纷乱错杂。

其次,时空必须交汇。我们就是从它们的交汇点上,领略到大千世界、人类社会、个体内心的种种面貌和风采,并且得到一定的感念,或弃其琐屑,或收其宏大,以获取意境美。时空交汇是文字作品的立足点、出发点、制高点、落脚点。那魅力,正在于创作主体的审美功力得到了超常的发挥,形成了交汇点的异样光彩。

再次,时空必须运动。朗读创作主体应该在文字作品的时空运动中,深刻感受这种运动的复杂性,抓住那短暂的、细小的变化,在关键处泼墨如云,在次要处惜墨如金。尤其要注意那富于动感的字词,它们生发出点染、勾勒、衬托、比兴的精妙意境。

第六章

朗读美学的韵律美特质

第一节　韵律的一般概念
第二节　韵律美的形式化意义
第三节　韵律美的可容性空间
第四节　韵律美的时代性变迁

韵律是汉语言文字的"音声化"特质之一。

韵律美，不能脱离词语序列的内容，不能失去思想感情的依据，不能舍弃历史文化的积淀，不能排斥社会时代的涵盖。

要达到韵律美，就要注意和谐，各方向、各力度、各尺寸、各比例的和谐，绝不能方向错乱、力度倾斜、尺寸不当、比例失衡。

韵律美要跟着时代的步伐，相应地进行自身调整。

第六章 朗读美学的韵律美特质

韵律的一般概念
- 韵律是汉语言文字的"音声化"特质之一
- 无论是单音节还是多音节，无论是一个词还是一篇文字作品，普遍存在着声韵调、语流音变、音节疏密、双声叠韵、平仄关联、词语格局、韵脚排序等诸对矛盾趋于整体和谐的规律，这便是韵律
- 从"音声化"的基本要求上说，它还包括吐字归音、运用共鸣、抑扬顿挫、轻重缓急……

韵律美的形式化意义
- 韵律美，不能脱离词语序列的内容，不能失去思想感情的依据，不能舍弃历史文化的积淀，不能排斥社会时代的涵盖。只有在此基础上，韵律美才具有真正的形式美的意义，才能发挥它的作用，显现它的价值
- 韵律美是从语言里面剥离出来的，是把表层的"音声化"加以有序切分，然后进行总结、精简，使之规范，使之成型。这便是一种"形式化"的轨迹，是人类对语言认识的深化，是人类对自身认识的显化
- "内心要求""语言能力""由己达人"便构成了"非说不可"的三个环节。三者内外协调，相互催动，紧密相连，缺一不可。
- 我们用"情足声欠"和"声足情欠"来说明内外不够和谐的状况，并提出"宁可情足声欠，不要声足情欠"的原则。"情欠"固然不好，"声欠"也不对。一方面，声音上的欠缺，必然影响韵律美。感情再饱满，声音形式上不给以宣泄的空间，连感情也会损耗、干瘪的。再从另一面说，强烈的愿望、充沛的感情，只有通过声音、韵律才可能得到恰当的表现

韵律美的可容性空间
- 要达到韵律美，就要注意和谐，各方向、各力度、各尺寸、各比例的和谐，绝不能方向错乱、力度倾斜、尺寸不当、比例失衡
- "语无定势"，朗读者以某种固定的腔调，表达千姿百态的文字作品，那就失去了音声化的韵律美感，味同嚼蜡了

韵律美的时代变迁
- 韵律美要跟着时代的步伐，相应地进行自身调整
- 秦汉时期，韵律美的问题还处于自发状态，只是人们在实践上有所领悟，文字作品中有所表现，却还没有进入理论语域，缺乏理性梳理
- 魏晋时期，出现了李登的《声类》、陆法言的《切韵》等，开始研究"宫商角徵羽"五声"之类的现象
- 以后，音韵学的著作如雨后春笋，纷纷问世，并同音乐、戏曲、诗歌、方言等结合起来，使得韵律美愈益深入人心
- 17—18世纪，韵律美的视野更为宽广，人们的认识更为清晰，这时，应该说，韵律的研究已经进入成熟期，由自发进入自觉
- 从韵律美在文字作品中的反映上看，诗经、汉赋、乐府、唐诗、宋词、元曲、明清小说……那轨迹是十分清楚的

韵律,是有声语言中极为突出的方面,它更明显地表现在朗读美学的特定层面上。自古以来,历代文学作品都无一例外地用其展现文采和风格。历代文论把它作为研究的重点之一。但是,如何理解它,怎样表述它,却没有一个统一的认识,还需要我们进一步探索。我们仅从朗读的角度,稍加分辨。

第一节　韵律的一般概念

从对韵律的各种解说中,我们不难发现,只是把它作为诗歌的特征,就太委屈它了;如果把它看作"合辙押韵",更不应是它本体的意义所在。当然,过分夸大它的作用,认为它是唯一的、独立的"汉语特色",也是不对的。现在,理论的、实践的问题是,轻视它、忽视它,不认为它是一种美,或者说,文字作品的美跟它无关。这还是"重文轻语"现象的反映。

我们的理解是,韵律是汉语言文字的"音声化"特质之一。无论是单音节还是多音节,无论是一个词还是一篇文字作品,普遍存在着声韵调、语流音变、音节疏密、双声叠韵、平仄关联、词语格局、韵脚排序等诸对矛盾趋于整体和谐的规律,这便是韵律。从"音声化"的基本要求上说,它还包括吐字归音、运用共鸣、抑扬顿挫、轻重缓急……文字作品是语言的记录,不能脱离这一要求。

韵律美,这是一条规律,而不是简单的应用法则。理论上,可以得到阐释;实践上,可以有所遵循。正因为如此,我们坚决反对把它浅表化、凝固化。魏晋六朝的某些骈文,墨守成规,为文造情,尽管形式上很有些韵律感,却是毫无生气的文字游戏,这是对韵律的扭曲,应引以为戒。

白话文时兴以来,打破了八股文的禁锢,能够"我手写我口"了,这是语言文字的解放。可惜,在韵律美方面,该继承的东西被削弱了。我们当下的文字作品,有声语言,还有朗读,真正注意韵律的,会有多少呢?音声化的"朗朗上口""悦耳动听",今天犹如"此曲只应天上有,人间能得几回闻"那样稀有、珍贵了。这不应把责任推到白话文身上,而应反省一下我们的观念。老舍先生为代表的作家们,运用白话文,发表了大量作品,在韵律的推敲上下了很大功夫,取得了辉煌的成就,不就是证明吗?如果我们也像他们那样重视韵律,还会出现缺乏韵律美的情况吗?

为什么对韵律美缺乏重视呢?原来,当下只追求生活化、口语化,以为越是生活的、口语的东西,越是美的。生活和口语中只有自然和随意,有谁去注意韵律呢?于是,人们渐渐地形成了一种习惯,"怎样想就怎样说",不再讲求韵律了。久而久之,韵律感就淡薄了,有没有韵律也便无足轻重了。甚至连最明显的押韵,都不晓得怎样做了,更不用说什么叫作韵律美了。一些诗歌作者,甚至提出进行第二次汉语解放运动,"解放被普通话取缔的广大领域",他们的诗歌,近乎是隐喻的堆砌,让人难以解其理,难以通其情,何谈韵律美呢?媒体更是受"西化"的影响,把韵律当作"传统",避之犹恐不及,哪里还去注意韵律!广播电视以有声语言为主进行传播,却一味追求"进入人际传播",而极力推进"口语",把讲求韵律美视为洪水猛兽,还常常对朗读、播报等有韵律感的传播形态加以抨击,说那是过时的陈词滥调,必须改革云云。韵律美的遭遇,大概是多少年来受到的最大的冷落。我们强调韵律美的重要,恢复它的应有地位,吁请人们给以关注,不是正当其时吗?

近年来,"符号学"被介绍到我国。它给汉语言文字研究很重要的参照,对心理语言学研究也有启示。特别是语言现代化、网络化,人机对话,需要符号学的帮助。但是,它不是一服灵丹妙药,放之四海而皆准。罗兰·巴尔特在《符号学原理》中指出:"……符号学正走在漫长的自我寻找之路上。"至今,符号学仍然没有替代语言学,它们各自承担着繁重的任务,携手并肩,却没有融为一体。其实,说语言是符号,并不准确,汉语言文字尤其是这样。从造字始,我们就赋予文字以意义,其象形、会意等给人的指示,远不是某个任意的"符号"所能概括的。符号学只关心符号——意义的互转,以便取得"以简驭繁""以偏概全"的社会效果,供社会群体使用。韵律,在这里毫无用武之地。诸如"编码""解码"之类,同韵律几近无缘。因此,想用符号学的原理解释韵律,大概是缘木求鱼。当然,西方也有韵律的相关研究,不过和我们的研究也许不可同日而语。

我们丝毫没有把韵律美神化的意思,它切切实实孕育在我们的语言中,的的确确存在于我们的朗读中。只是要想全面认识它,也不是一件简单的事,非下一番功夫不可。

第二节　韵律美的形式化意义

一提到形式,往往使人感到空洞乏味,很容易和形式主义联系在一起。如果跟美学挂钩,又会令人想起英国的克莱夫·贝尔的"有意味的形式"的名言。我们这里的形式,只是说明韵律的可视、可听、可感、可知。而且,这形式能够开启内省的大门,让我们深入其中,领略那精神世界的无限风光。

韵律美,并不是"只可意会,不可言传"的,而是可以分辨、可以欣赏的。它指引我们认识和体味文字作品遣词造句、布局谋篇的精美之笔,它吸引我们感知和享受有声语言珠圆玉润、绕梁三日的精妙之音。

韵律美,不能脱离词语序列的内容,不能失去思想感情的依据,不能舍弃历史文化的积淀,不能排斥社会时代的涵盖。只有在此基础上,韵律美才具有真正的形式美的意义,才能发挥它的作用,显现它的价值。我们一再强调,恩格斯在《自然辩证法·劳动在从猿到人转变过程中的作用》一文中指出:"随着手的发展、随着劳动而开始的人对自然的统治,在每一个新的进展中扩大了人的眼界。""劳动的发展必然促使社会成员更紧密地互相结合起来,因为它使互相帮助和共同协作的场合增多了,并且使每个人都清楚地意识到这种共同协作的好处。一句话,这些正在形成中的人,已经到了彼此间有些什么非说不可的地步了。……人离开动物愈远,他们对自然界的作用就愈带有经过思考的、有计划的、向着一定的和事先知道的目标前进的特征。"这些论述,使我们更加明确,语言的进化同人类的提升步调是一致的。没有人类的提升,语言不能发展,"非说不可"四个字,简直把语言的产生和进化概括得异常鲜明。由此,我们可以看出,韵律美是从语言里面剥离出来的,是把表层的"音声化"加以有序切分,然后进行总结、精简,使之规范,使之成型。这便是一种"形式化"的轨迹,是人类对语言认识的深化,是人类对自身认识的显化。我们怎能置若罔闻、弃之不顾呢?

"非说不可",给了我们一把钥匙,不但能拨开语言现象的迷雾,而且能反观我们内心的活动。人类在交往中,完全可以做到"以事醒人""以理服人""以情感人",同时,还可以做到"以声动人""以音悦人""以韵怡人"。说话人先有说话的内心要求、愿望,才会调动自己的说话能力,开始语言行为。而这语言行为主要为了说给别人听,自说自话的情况也有,但那是个别的、偶发的,并非语言的普遍和必然的功能。于是,"内心要求""语言能力""由己达人"便构成了"非说不可"的三个环节。只强调内心要求,就会忽视语言能力;只强调语言能力,就会忽视听者的期待;只强调由己达人,就会忽视内心要求。三者内外协调,相互催动,紧密相连,缺一不可。在由己达人的过程中,语言的外壳抢先进入人们的感觉系统,然后,紧接着语言整体一拥而至。这就产生了一个内外和谐的问题,至今还是语言交往中众说纷纭的热点之一。我们用"情足声欠"和"声足情欠"来说明内外不够和谐的状况,并提出"宁可情足声欠,不要声足情欠"的原则。这作为基础的训练和理论的启蒙,无可厚非,很有针对性;但从语言学,特别是朗读美学的规律层面上考察,应该说还是值得进一步研究的。因为,"情欠"固然不好,"声欠"也不对。一方面,声音上的欠缺,必然影响韵律美。感情再饱满,声音形式上不给以宣泄的空间,连感情也会损耗、干瘪的。另一方面,强烈的愿望、充沛的感情,只有通过声音、韵律才可能得到恰当的表现。声音、韵律犹如扬帆之舟,乘风破浪、控纵自如地前行,既可显示风力强弱,又可表露水流缓急。说话者、朗读者,就要充分驾驭这扬帆之舟,大显身手。那风力和水流,都为它竭尽全力、永做动力。扬帆之舟,就是形式,就是负载着、凝聚着、汇集着、阐释着内容的形式,就是有根基、有依据、有动力、有活力的形式。在实践中,朗读者、说话者自己,或者听者自己,对内容和形式的分辨几乎等于零,只有在那些不够和谐的时候、不够和谐的地方被感觉到了的情况下,才会发现应该是哪里出了问题,是内容的单薄,还是形式的单调?

韵律美,必须在形式化的道路上大步前进,不必犹豫,不必畏惧。不如此,不能极其鲜明地确定韵律美的位置;不如此,不能极其坚定地张扬韵律美的优势。当然,我们也不会让"语言""言语"之类的理论,"能指""所指"之类的概念,弄得晕头转向;也不会陷入琐屑的古音韵的窠臼,忘记时代给予我们的新视野。

第三节　韵律美的可容性空间

韵律美的可容性空间,就汉语言文字来说,那是十分广阔的,几乎没有它不可逾越的地界和鸿沟。尤其是音声化的韵律,在线性运动的通衢大道上,时时向四周发散着各种信息,及于耳,达于心,人们由此得到听觉上的美感享受,并排除噪声和干扰。所谓向四周发散,真正是立体的、无限的,分不开、割不断、掰不碎、折不弯,就像"抽刀断水水更流"那样。

空间对于韵律,永远敞开,绝无阻隔。借用庄子的话:"用心若镜,不将不迎,应而不藏"(《庄子·应帝王》)。韵律的悠远精妙,可以在空间中任意驰骋。朗读者的"心随物转""视通万里"可以因韵律而"上穷碧落下黄泉",给人以"见微知著""以一当十"的收益。这里虽然强调"自然""无为",但那是为了不强求、不做作、不粉饰、不懈怠,以便韵律美达到性灵和气韵的结合,进入豁达自如的境界。这也是需要语言功力的,不会一蹴而就。

从韵律本身来看,它具有这种可能性。每个音节中都至少有一个元音充当韵腹,这就保证了每个音节都可以延长,不必在发音时注意有的音节要"急收藏"。声调,都以声音的高低为势,可以极高,也可以极低,长短也可伸缩。语流的抑扬顿挫、轻重缓急,更是变化无穷、四通八达。要达到韵律美,就要注意和谐,各方向、各力度、各尺寸、各比例的和谐,绝不能方向错乱、力度倾斜、尺寸不当、比例失衡。韵律的无限扩展,只给定了一种坐标,那就是"细雨微风岸""润物细无声"。朗读者的再创作,不应出于无奈,不应强人所难,而应从容不迫,做到潜移默化。一个"细"字,说尽了个中三昧,远离了剑拔弩张。虽然这种可能性空间会带来某种虚假、浮夸的"假语村言",也可能造就出一些"言不由衷、词不达意"的失语症、雄辩症患者,那也不可怕。生活的丰富多彩,正包含着这些情况,他们究竟进入不了主流,更不可能混到美学层面上来。

由于我们的语言是一种具象化、铺排性的非形态语言,其"言为心声"的自由度,"形之于声"的灵活度,都远远超过形态语言,所以,那韵律的可以预感、不可预知,便造成了多样悬念,"语无定势",令人捉摸不定、心绪不宁。一旦开口,或不期而遇,或拍案叫绝,步步追寻,仍如羚羊挂角,只能回味咀嚼。韵律在其中,生发出"幽眇难知,奥妙无穷"的意味。如果,朗读者以某种固定的腔调,表达千姿百态的文字作品,那就失去了音声化的韵律美感,味同嚼蜡了。

韵律也并不是没有规矩的。河水的流动,要以两岸为通道,干涸了,通道形同虚设;泛滥了,通道失去作用。文字作品的"文路"就是河道,思想感情就能推波助澜,韵律就是河水。具体到一个句子,那字斟句酌的功夫,是相当复杂的。如叶绍翁《游园不值》:"应怜屐齿印苍苔,小叩柴扉久不开。满园春色关不住,一枝红杏出墙来。"这"满园春色"四个字令人心旷神怡,"园"字阳平,上行,忽收;"色"字去声,下行,渐弱。显露出总体的感觉——想象中蓬勃的美景。"关不住"的"不"字,变作近似阳平,"住"字去声,形成轻出口、放开声、稍下降、不停留的语势,没有结束感,又为后面的句子进行了铺垫。"红杏"一阳一去,浓烈而鲜艳,惊奇而喜悦,略顿之后,"出墙来",真切而洒脱,轻快而挺拔,在不着意处,突现了切身感受,表达了生命张力。那韵律,竟是如此地活泼,在规则之中毫不拘泥,在收纵之间讲求尺寸,正体现了"语不惊人死不休"的一代诗风和优良传统。

韵律美,在历代诗歌的发展中,日益显示出它巨大的审美价值,日益拓展了它的审美空间。在汉语言文字作品中，诗歌尤其达到了无与伦比的审美高峰。那诗情的奔放、诗意的深邃、诗境的高远、诗风的质朴；那字音的清朗、字形的真切、字义的明晰、字群的融通；那字数的稳定、平仄的交错、音步的默契、韵脚的突出；那具象的丰富、铺排的灵动、积淀的厚重、风格的多样，都是西方形态语言无可比拟的。这是我们中华民族文化宝库中光耀千秋的篇章，承续万代的精华。

韵律美，在各种文字作品中的表现基本相同，只是有文言文和白话文的区别，散文和韵文的差异。朗读美学把韵律美作为一个重点来研究，是以它的普泛性为根据的。所以，我们推崇诗歌的韵律美，并不是说其他文体就没有韵律美了，或者说其他文体就不那么重要了。由于韵律美的可容性空间十分广阔，当然包容着各种文体作品在内。自先秦散文以下，文言文的名篇佳作，汗牛充栋；自"五四"以来，以鲁迅、老舍为代表的白话文作家，创作了大量的、多样的作品。这些文字作品，都有共同的特点，那就是韵律美。除了诗歌以外，文言文的韵律美尤显突出。如脍炙人口的《论语·侍坐》《庄子·秋水》，苏轼的《六国论》，欧阳修的《醉翁亭记》……这些作品中的韵律美特征推动关于声调的研究、诗韵的研究，从理论到实践，认识不断深化，应用不断精纯。

文言文中，我们仅举一例。荀子《劝学篇》中"君子曰：学不可以已。青，取之于蓝，而青于蓝；冰，水为之，而寒于水。"这里，简单说："学"，阳平，稍长，稍顿。"不可以"连读，"不"字，去声，为次重音。"可"字、"以"字，发生音变，变成近似阳平。"已"字（上声），为重音。"青于蓝"中的"青"（阴平），"寒于水"中的"寒"（阳平），均为重音。朗读起来，抑扬顿挫，表现了很强的韵律感。虽然字数、句型并不整齐对称，更无韵脚，但那顺畅、起伏，却是掷地有声，仍然显示出韵律美。

白话文中，也举一例。冰心的《我梦中的小翠鸟》开头："6月15夜，在我两次醒来之后，大约是清晨5时半吧，我又睡着了，而且做了一个使我永不忘怀的梦。"这里，没有华美的辞藻，没有对称的句式，内容也很单一，可是那韵律感却相当强。"两次"中的"两"字，读成前半上——上声的前一半，约为24。"次"为去声。"又睡着了"中的"又睡"二字，都是去声，不过前重后轻，使"着"字更突出。"永不忘怀的梦"中，带有很强的回忆感，"不"字上行，"怀"字接"忘"字，再稍上行，轻带"的"字，着重点出"梦"字，去声，稍长，渐弱。这样朗读，在那淡雅的、平和的叙述中，蕴含着一种舒缓的、意味深长的韵律美。即使如此朴实的文字作品语言，也能产生美感，这说明白话文并不是只有叙事功能而无审美功能的文字语言。这也证明，韵律美的空间多么广阔。

我们并不认为所有的文字作品都有韵律美，因为，它们还是存在着文野之分、高下之分、精粗之分、清浊之分的。那些没有语言功力、没有再三推敲、没有历史厚度、没有时代高度的文字作品，不可能在韵律上有什么造诣。"信笔写来"和"随口唾出"，应该是厚积薄发的结果。"下笔千言,倚马可待""虽只七步,即席赋诗",能够流传后世,绝非一日之功。日常生活中,没有必要也不可能要求大家行文、说话都富于韵律美,但并不等于抛弃韵律美、无视韵律美。有功底的人,就是在日常生活中,也会自然而然地运用韵律美,只是不必特意去精雕细刻罢了。韵律美的可能性空间,不会为忽视韵律美的语言文字留下任何立足之地,也不会为那些低俗的、殖民地化的、远离民族根基的、迷乱杂沓的东西提供立锥之地。韵律美的选择,肯定是严格的、科学的。违背规律的主观意志,在这种选择面前,当然是无能为力的。

第四节 韵律美的时代性变迁

当我们说韵律美的时候,我们所处的时代会提醒我们,韵律美不是一成不变的。它要随着时代的变迁而发展,随着时代的进步而充实、丰富、变更、提升。

任何时代都有属于自己的审美意识、审美理想,而每一个时代的审美观又是处在历史的结节点上,承上启下,固本清源,推陈出新,继往开来。韵律美的内涵和外延,更是在不断丰富和提高、不断深化和扩展的过程中,逐渐明确和清晰起来的。至今仍有诸多问题,需要我们继续研究。韵律美要跟着时代的步伐,相应地进行自身调整,我们必须给以密切关注,使之进入我们的研究视野。

秦汉时期,韵律美的问题还处于自发状态,只是人们在实践上有所领悟,文字作品中有所表现,却还没有进入理论语域,缺乏理性梳理。到了魏晋时期,才出现了李登的《声类》、陆法言的《切韵》等,开始研究"宫商角徵羽""五声"之类的现象。以后,音韵学的著作如雨后春笋,纷纷问世,并同音乐、戏曲、诗歌、方言等结合起来,使得韵律美愈益深入人心。可以说,17—18世纪,韵律美的视野更为宽广,人们的认识更为清晰,这时,应该说,韵律的研究已经进入成熟期,由自发进入自觉。

不过,从韵律美在文字作品中的反映上看,诗经、汉赋、乐府、唐诗、宋词、元曲、明清小说……那轨迹是十分清楚的,不但反映了语言文字的发展,也反映了韵律的明朗化、精美化进程。一个时代有一个时代的语音、词汇、语法、修辞的范畴和格局,一个时代有一个时代的生存状况、日常用语、习惯用语、典故风俗、历史局限、社会规范、词语淘汰、词语增扩等变动。语言的稳定性总以拨乱反正、关怀现实为指归,并非无动于衷、我行我素,因此,语言的演绎性正是它生命活力的具体表征。韵律美遵循着语言的规律,为我们建构着辉煌的大厦,向世人放射着耀眼的光芒。

韵律美的创造，虽然以文字语言为依据，但是，作为朗读者，作为有声语言的创作主体，不应该是无能为力的。我们不但要竭尽全力开掘文字作品中韵律美的点睛之处，更要不遗余力地探幽发微，具体开发韵律美的声音形象，并在其中融入自己的审美体验。要警惕创作主体的无所作为、功亏一篑。朗读创作主体的审美体验，是在生命体验的基础上、对文字作品的领悟中获得的，它有时一闪而过，有时失不复得。因此，一定要不断积累、用心体味，形成心理定势，养成有利态势，以便朗读时左右逢源、水到渠成。

我们所要做的，只能是继承前人的优良传统，发扬时代的人文精神，关注朗读美学的各种命题，给它新鲜的营养，促进它的茁壮成长。

以上，我们分别论述了朗读美学的"民族化""风格化""意境美""韵律美"四个方面的问题。这四个问题，是朗读美学的四根支柱。它们共同为我们进行美学层面的再创作，充分发挥有声语言的美感功能，铺设了一条荆棘丛生的道路。它们为欣赏者进行有声语言的听辨、鉴别、理解、整合，开启了一扇扑朔迷离的窗口。它们的价值，不在我们的论述中，而在问题的提出本身。这一框架，是不是有失偏颇？还要做那些校正？这正是朗读美学稚嫩性、狭隘性之所在。我们认为，朗读固然有其特殊性，但是，它终究不能脱离汉语言文字的总体规律。如果因其特殊而舍弃了不该舍弃的东西，那就会南辕北辙、徒劳往返了。具体问题将在下面论述，能否获得正果，也许是不可预测的呢。

➡ 知识梳理

第一节 韵律的一般概念

韵律是汉语言文字的"音声化"特质之一。无论是单音节还是多音节，无论是一个词还是一篇文字作品，普遍存在着声韵调、语流音变、音节疏密、双声叠韵、平仄关联、词语格局、韵脚排序等诸对矛盾趋于整体和谐的规律，这便是韵律。从"音声化"的基本要求上说，它还包括吐字归音、运用共鸣、抑扬顿挫、轻重缓急……

第二节 韵律美的形式化意义

韵律美，不能脱离词语序列的内容，不能失去思想感情的依据，不能舍弃历史文化的积淀，不能排斥社会时代的涵盖。只有在此基础上，韵律美才具有真正的形式美的意义，才能发挥它的作用，显现它的价值。

韵律美是从语言里面剥离出来的,是把表层的"音声化"加以有序切分,然后进行总结、精简,使之规范,使之成型。这便是一种"形式化"的轨迹,是人类对语言认识的深化,是人类对自身认识的显化。

"内心要求""语言能力""由己达人"便构成了"非说不可"的三个环节。三者内外协调,相互催动,紧密相连,缺一不可。

我们用"情足声欠"和"声足情欠"来说明内外不够和谐的状况,并提出"宁可情足声欠,不要声足情欠"的原则。"情欠"固然不好,"声欠"也不对。一方面,声音上的欠缺,必然影响韵律美。感情再饱满,声音形式上不给以宣泄的空间,连感情也会损耗、干瘪的。再从另一面说,强烈的愿望、充沛的感情,只有通过声音、韵律才可能得到恰当的表现。

第三节　韵律美的可容性空间

韵律美的可容性空间,就汉语言文字来说,那是十分广阔的,几乎没有它不可逾越的地界和鸿沟。

要达到韵律美,就要注意和谐,各方向、各力度、各尺寸、各比例的和谐,绝不能方向错乱、力度倾斜、尺寸不当、比例失衡。

"语无定势",朗读者以某种固定的腔调,表达千姿百态的文字作品,那就失去了音声化的韵律美感,味同嚼蜡了。

韵律也并不是没有规矩的。具体到一个句子,那字斟句酌的功夫,是相当复杂的。

韵律美,在历代诗歌的发展中,日益显示出它巨大的审美价值,日益拓展了它的审美空间。在汉语言文字作品中,诗歌尤其达到了无与伦比的审美高峰。

韵律美,在各种文字作品中的表现基本相同,只是有文言文和白话文的区别,散文和韵文的差异。朗读美学把韵律美作为一个重点来研究,是以它的普泛性为根据的。

第四节　韵律美的时代变迁

任何时代都有属于自己的审美意识、审美理想,而每一个时代的审美观又是处在历史的结节点上,承上启下,固本清源,推陈出新,继往开来。韵律美的内涵和外延,更是在不断丰富和提高、不断深化和扩展的过程中,逐渐明确和清晰起来的。韵律美要跟着时代的步伐,相应地进行自身调整。

秦汉时期,韵律美的问题还处于自发状态,只是人们在实践上有所领悟,文字作品中有所表现,却还没有进入理论语域,缺乏理性梳理。到了魏晋时期,才出现了李登的《声类》、陆法言的《切韵》等,开始研究"宫商角徵羽""五声"之类的现象。以后,音韵学的著作如雨后春笋,纷纷问世,并同音乐、戏曲、诗歌、方言等结合起来,使得韵律美愈益深入人心。可以说,17—18世纪,韵律美的视野更为宽广,人们的认识更为清晰,这时,应该说,韵律的研究已经进入成熟期,由自发进入自觉。

从韵律美在文字作品中的反映上看,诗经、汉赋、乐府、唐诗、宋词、元曲、明清小说……那轨迹是十分清楚的,不但反映了语言文字的发展,也反映了韵律的明朗化、精美化进程。"民族化""风格化""意境美""韵律美"是朗读美学的四根支柱。

第七章

声非学器者也

第一节　凡音者，生人心者也
第二节　暖之以日月，而百化兴焉
第三节　累累乎端如贯珠

在朗读时，气和声要形成互动、相随的关系，在"气随情动"的同时，必须"声随气转"，气托声，声传情，达到情声和谐。

有声语言的声音，应该是"暖"声。有情才有声，才能达到"情声和谐"。

口腔控制，我们经常概括为"颧肌提起、下巴放松、槽牙打开、软腭挺住""前音稍后、后音稍前、开音稍闭、闭音稍开"。

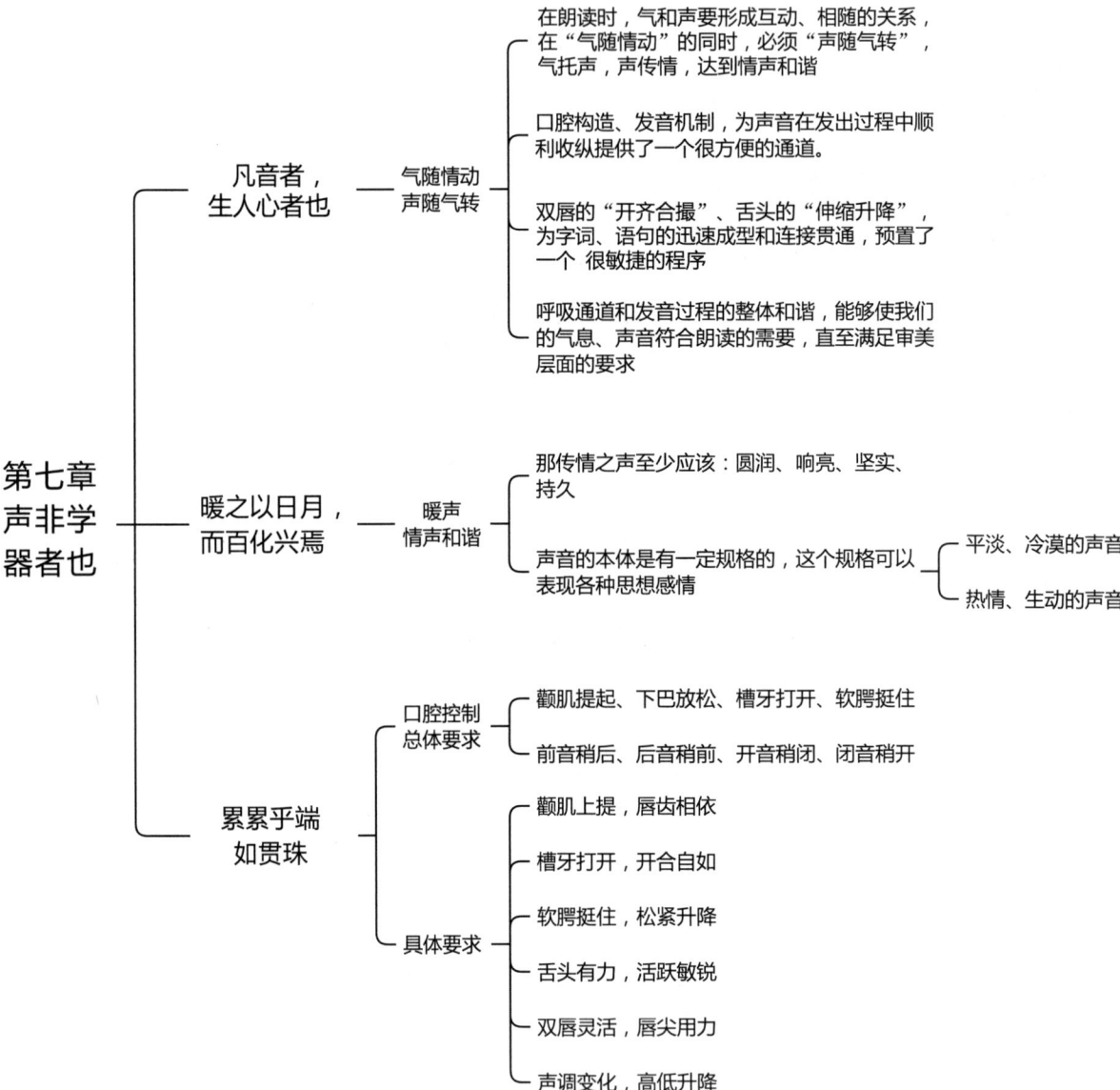

朗读必须使用声音,但声音究竟是什么?历来有不同的看法。就是《礼记·乐记第十九》本篇中,一会儿用"声",一会儿用"音",二者相近之处、不同之处都是什么,也没有论述得十分清晰。从字里间仔细斟酌,再联系其他内容,就当时的文化发展情况看,在"声"与"音"的关系上,倒是可以让人理解的。如开头说"凡音之起,由人心生也。人心之动,物使之然也。感于物而动,故形于声。声相应,故生变。变成方,谓之音。比音而乐之,及干、戚、羽、旄,谓之乐"。后面又说"情动于中,故形于声。声成文,谓之音"。这就是说,"声"很广泛,包括万籁之声、动物之声;而"音"很形象,声应成方、以声成文,才是音的含义。我们现在的用法,基本上也是如此。

由于有了"音",人声才得以同其他"声"相区别,所以,我们特别指出,朗读时的有声语言具有"音声化"的特征。以此为基点,就可以分别加以论述了。

第一节 凡音者,生人心者也

气者,音之帅也。情者,气之根也。人作为高级神经活动的动物,不仅能认识世界、改造世界,而且是一个"很明确是谁的高度知觉的个体"(刘谷园《对美学、人学、价值的实质的综合分析》),能够产生美感并能创造美的个体。人的感情,是相当复杂的、十分活跃的,大约有两个层面:情绪——因事而起的、即兴即来的、不专一、不稳定的感情;情感——素质决定的、修养而成的、较专一、较稳定的感情。二者相辅相成,交互作用,但是,情感是主脉,情绪是支流。生活中,情感往往处于隐性状态,蓄势而发;情绪常常处于显性状态,此伏彼起。

当感情"由心而生"的时候,"气"——我们今天称为"气息",便怦然而动、油然而生了。"气随情动"就是一条规律。朗读者应该学会"见文生情""因情用气"。"气息"不是自然状态下的呼吸,而是要求以"胸腹联合呼吸法"为基础,以"加强肺活量和控制力"为中心,以"通畅、节省、集中、自如"为目的。只有这样,气息才是可以调节的、有支撑力的、有活力的、因情而用的。气息流动中,外力的干扰、内心的强制,都会造成停滞、褊狭、过度、不足等"力不从心"的状态,使我们的设想付诸东流。我们说的"气",不单纯是理论上的概念,也不必去追究它的形成、流变,那不在我们讨论的范围。我们只注意气息的实际运用,这正是实践性学科的特点。

当感情被文字作品引发出来之后,当气息受到感情调动之时,我们就会同时发出声音。这是一种必然的现象,心理学已经给我们阐释得很清楚了。关键是,在朗读时,气和声要形成互动、相随的关系,在"气随情动"的同时,必须"声随气转",气托声,声传情,达到情声和谐。

我们人类的有情之声,是和喉头声带的动作,和口腔唇舌的动作紧密联系在一起的。恩格斯在关于"非说不可"的论述之后,接着说道:"需要产生了自己的器官:猿类不发达的喉头,由于音调的抑扬顿挫的不断加多,缓慢地然而肯定地得到改造,而口部的器官也逐渐学会了发出一个个清晰的音节。"人类的喉头声带、口腔唇舌,都是日益健全、日益成熟的。因此,才可能在气息的支撑下,进行正常的语言交际。人类能够朗读,能够用有声语言把文字作品朗读给别人听,不但需要生理上的发育,而且需要心理上的充实,还需要物理上的功能,三者合而为一,共同完成语言行为、语言创作。

音声化,就是使声音不断美化、艺术化。喉头声带是由气息运动支撑和冲击,被动地发挥作用的;口腔唇舌却是由语言神经支配和调节,主动发挥作用的。气息通过喉头声带,发出声音,到达口腔,产生共鸣,再由唇舌的一系列动作,发出一个一个音节,形成语流。这样,口腔的状态、唇舌的变化,就成了呼气送气、吐字归音的核心。汉语的发音规律是"快吸慢呼",在向外送气的过程之中,同时发出声音。这同任何乐器发出的声音是完全不一样的。乐器可以模仿人声,人声不可模仿乐器。这是一个必须重视的问题。

我们的口腔构造、发音机制,为声音在发出过程中顺利收纵提供了一个很方便的通道。其中,双唇的"开齐合撮"、舌头的"伸缩升降",为字词、语句的迅速成型和连接贯通,预置了一个很敏捷的程序。声音通道虽然是存在的,但从我们的发音过程来看,有一个感觉系统,它包括了气息流动和口腔运动两方面。胸腹联合呼吸法的所谓丹田气,气根在丹田(肚脐下三指处),由两侧的腹斜肌控制。膈肌又以上下运动来节制肺部的气息行止,感觉气息形成了"气柱",然后又感觉气息到达脊背上部,再折至前胸,让胸部支点加以调节,最后到喉头声带,同声音一起,从后咽壁的坚挺处转向口腔,沿上颚向外送出,直达上唇中点(人中)并传出口腔之外。这一过程,有科学的解剖学成果,也有心理感觉系统的自我认知。它们本不用我们去有意支配,也不可能真正指挥得了,如此解释一番,只是为了训练和体会,并在实际运用中不断调整,以取得最佳效果。声音通道的使用,从感觉上说,是由丹田起,一直到双唇止,这一段又分为两部分:

丹田至后咽壁,是感觉部分,几乎不能着力;从后咽壁至双唇,是控制部分,可以调节变化。不过,整个系统都是属于可感的、可练的,虽无强制之力,却有习惯使然,仍属于驾驭能力范围。

呼吸通道和发音过程的整体和谐,能够使我们的气息、声音符合朗读的需要,直至满足审美层面的要求。

以上只是朗读前的准备阶段,必须解决的用气和发音可能性的问题,还不能成为进入朗读状态的现实性问题。为什么呢?因为最主要的感情问题,还没有注入其中、融入其间。一旦感情涌动,气息和声音就成了有源之水、有本之木,用气和发音就得到了真实的动力,就获得了坚实的依据,就可以充分使用呼吸通道和发音机制,形成"声随气转、气随情动"的良好运动状态了。只有这样,我们才不至于停留在一般水平,才可能达到较高的境地。

第二节　暖之以日月,而百化兴焉

发音之初,必有情动。情感和情绪共同形成运动状态,并且连续涌流,起伏跌宕,化入有声语言。有声语言的声音,应该是"暖"声。

"音由心生""非说不可",已经告诉我们,有情才有声,没有感情的声音,不是"音声化"的,而是杂乱之声。因此,我们还要研究"情声和谐"的问题。

首先,那传情之声,应该是什么样子呢?从朗读的实践来说,至少应该:圆润、响亮、坚实、持久。圆润,就是饱满而且润泽,听起来不干瘪、不嘶哑、不尖利、不生涩。响亮,就是洪亮、明亮、透亮,听起来很清楚,很省力,而不是那种纤细、纤弱、暗淡的声音。坚实,就是结实、稳定、坚固,没有忽窄忽宽、忽粗忽细、出叉、发飘等现象。持久,就是从头到尾、自始至终,声音一直是圆润、响亮、坚实的,不会越来越小、越来越细、越来越弱、越来越暗。其实,这样的声音下限,一般朗读者都能达到。只是如果声音过于喑哑、过于刺耳,最好不要去朗读,因为听者是不愿意听这样的声音的,自己也会很吃力、很尴尬。当然,韵律美对声音的要求就要高一些,声音越漂亮,越有利于造成韵律美,越能使朗读产生美感共鸣。广播电视中,有声语言应该是十分优美的,朗读或说话时,那声音只有给人以美感,才会使人们更好地领会传播的内容。但是,现在的情况实在令人担忧,有些人明知自己的声音极差,又哑又涩,听起来非常费劲,毫无美感,却硬是出声露面,而且自我感觉良好。由此可见,在声音的问题上,人们并不是认识得都很清楚，有些人，主管着节目或栏目，竟然在声音上一无所知、茫然不顾，甚至明知不好也不干预。

其次，声音的本体是有一定规格的，这个规格可以表现各种思想感情。但是，为什么有的声音充满了感情，有的声音又缺乏感情呢？关键还是发音之前，思想感情处于什么状态。从总体上说，声音可以大致分为两类：一类是平淡、冷漠的声音；一类是热情、生动的声音。我们朗读时，需要后一类声音，因为，要让别人听得明白、听得高兴。一般情况下，平淡冷漠的声音给人以不关心、不愿意、爱理不理、爱听不听的感觉。朗读者用这样的声音朗读，往往显得懒散，对听者不够尊重。而热情生动的声音，会给人以很关心、很愿意、希望理解、期待共鸣的感觉。朗读者用这样的声音朗读，听者就会感到对自己的尊重，就会觉得真挚、热切，就会被吸引、被感染。怎样才能发出热情生动的声音呢？最重要的是要有一种愿望，一种"非说不可"的愿望。我国古代，有"七情"之说，其中就包括"欲"，也就是斯宾诺莎和笛卡儿都说到的"愿望"。我们今天仍然使用这一概念，因为它的确周延，而且通俗易懂。如果把平淡冷漠的声音叫作"冷"声，那么，把热情生动的声音叫作"暖"声就是十分恰当的了。这是一种"移情"现象，用冷暖来譬喻有无愿望，把本来毫无感觉的声音，变得好像通了人性、有了人的感觉。这实际上是人对声音的一种感觉，却转移到声音自身，看作声音本体的东西。不管怎样，把声音分成"冷"和"暖"，对我们研究和把握朗读的有声语言，是有百利而无一害的。"暖"声，就是满含强烈愿望的声音，我们在朗读之前，必须运用一切手段，使我们处于积极主动的心理状态下，让有声语言在出口之前，就充满了"我要朗读""非说不可"的兴奋和激动。这样，我们的一切发音器官、发声机制，都变得十分锐敏、相当灵动了。犹如一呼百应，各种生理的、物理的、心理的能动部分，就会"八仙过海，各显其能"，全力投入文字作品中，倾情表现于有声语言中。

所谓"暖"声，也不是千篇一律的、整齐雷同的。它必然有多种风情、万般姿态。它有不同的等级：稍暖、较暖、很暖、最暖、极暖……不同的文字作品、不同的段落、不同的词语、不同的音节，必定有区别和差异。虽然都属于"暖"声，由于这些不同，便出现了基调、语气、风格、意境等的个性特征。

所谓"暖"声，从音色来看，可以初步认定：（1）由于气息是集中、通畅、涌流而出的，喉头声带积极活动，声音无阻隔、无压挤；（2）咽壁和上颚处于基本紧张状态，颧肌和双唇没有松软懈怠，声音行进较快、较畅；（3）舌头活跃，共鸣点清晰，通道确切，声音弹送干净、明亮。而"冷"声，便显得气息散乱、口腔懒惰、舌头迟滞、声音塌瘪了。二者的根本区别，就在于积极主动还是消极被动。掌握了这一点，我们就能够在朗读时，努力调动自己的思想感情，使之处于运动状态，发出"暖"声，"暖之以日月，而百化兴焉"。

第三节　累累乎端如贯珠

过去有"吐字如珠"的说法,很有道理。说话要有乐感,不但"字字珠玑",而且,"大珠小珠落玉盘",参差错落,铿锵有力。这就涉及口腔控制了。

气息和声音行进到口腔,唇舌必然要发挥作用。我们经常概括为"颧肌提起、下巴放松、槽牙打开、软腭挺住""前音稍后、后音稍前、开音稍闭、闭音稍开"。这里不再做详细的说明,只提出几个要点。

第一,颧肌。颧肌是指:上唇中部(约三分之一)的两端,向左右颧骨画线,这便是颧肌伸缩的线路。当发音时,颧肌收缩,即上提。注意,并非一直上提,而是有松有紧。上提时,特别要做到"唇齿相依",上唇与上齿之间不可离开,不能出现缝隙。这样声音通过时,没有挂碍,还显得明亮。应该指出,颧肌提起绝不会影响感情色彩,也不会一直呈现微笑状态。在训练时,用微笑状态去体会颧肌提起,是错误的。

第二,槽牙。槽牙是指:口腔内的上下嚼牙。发音时,咬着牙,叫作"牙关不开"。这样发音,气息和声音都不会通畅,也不会圆润。但是,这"打开",不是开到最大,而是要"开合自如",随着语流的具体情况,有开有合。还要注意,这打开,是口腔里面开,不但使上颚平滑、软腭坚实,而且使鼻腔共鸣更为便利。千万不要以为,槽牙打开就是大张嘴。槽牙打开之后,给下巴的松弛和活动,提供了一个条件,不至于"开齐合撮"时上下不灵活。

第三,软腭。所谓挺住软腭,并不要求坚持在一个位置上,而是说不应松软、下塌。软腭如果下塌,就是过于松懈。软腭要处于积极状态,就会比较直挺,既不影响气息、声音的通过,也不会留下很大空隙,产生鼻化声音。软腭在积极状态下,就会因气息、声音的强弱、快慢而不断调节自身的松紧、升降。它还会对通过的气息、声音进行分流:或者完全进入口腔,只给鼻腔通道传入某种振动;或者大部分进入口腔,小部分进入鼻腔;或者全部进入鼻腔。由此而发出的声音就显得语意清晰、色彩缤纷了。如"家""刚""宁"三个字,基本上可以代表三种情况,可以细心体会。

第四,舌头。舌头是口腔中最活跃、最得力、最重要、最敏锐的器官。整个气息、声音的流动,主要靠它来加以调节,才会有各种音节、语句从口腔里清楚地发送出来,使听的人能够清楚地辨别出它们的含义。但是,在发音过程中,舌头的活动并不是整体参与的,主要是前面三分之一,即舌头的中部和前部起作用。同时,还必须有双唇、上齿龈、上颚的紧密配合。这样，按照辅音的发音部位、发音方法，元音的唇形、舌位，在成阻、持阻和除阻的一系列连续动作中，完成了一个一个的音节，完成了一句一句的话语。舌头的活动，要坚持"以'央啊'为中心"，"以'中纵线'为运行规程"，"以'成点成线不成面'为持阻原则"，"以'取其中'为运动规律"，"以'向共鸣点（或称着力点）集中'为活动方向"，以便取得明晰、巧妙的效果。舌头的灵活动作，最忌笨拙、僵直、迟缓、松软、动程长、线路远、耗力多、触点乱。因此，一定要进行舌部的训练。

第五，双唇。在发音过程中，双唇和上唇、下齿的发音要注意准确有力。发音时，双唇不是全部参加动作，而是由中部的三分之一带动，特别是由上唇的唇尖带动。如果双唇全部一起动作，就会显得绵软无力，甚至产生颤动，影响喷弹力度。唇齿音也是如此，不必整个唇部和齿部都参加发音，以免失去准确性，掺入噪声成分。值得指出的是，由于颧肌的能动作用，下巴的放松，上唇变得十分灵活，所以，在发元音或韵母中的主要元音的时候，"自然唇"要稍收些，"圆唇"要稍开些，不应太放松，或者太收束。还要注意，在双唇紧闭时，气息到达口腔，丹田同双唇之间形成了连接和贯通的态势，因此，双唇的开闭、松紧，直接关系到气流和语流的通畅与否，这时，既不能阻碍，也不能放任。

第六，声调。汉语的声调很复杂，不可能一一说明。我们只就普通话的四声做一个简单的解释。古代有"五声"之说，即：阴平、阳平、上声、去声、入声。后来，"入派三声"，就剩现在的阴、阳、上、去四声了。声调在音节里被称作"字神"，很有道理。因为，只有声母和韵母，并不能正确显示读音，必须有声调才能区别是哪一个音节。普通话有400多个可以拼合的声韵母单位，由这些单位加上声调，构成了音节，而每个音节最多有四个声调，这才组成了整个音节表。声调是以高低升降的变化来区分的，一般用"五度标调法"，即用55、35、214、51说明它们的调值，用升降说明它们的调势，把调值相同的音节归为一个调类。声调还可以用来导引胸部支点的运动，支撑气息和声音的变化，减少阻隔和过度。从韵律的角度看，声调又可以强化平仄和起伏的鲜明程度，使语流呈现符合内容和形式的趋向、态势。声调的作用同朗读美学的关系不可轻视。

说到这里，我们不能不了解一下"四呼"和音变。我们常说的开口呼、齐齿呼、合口呼、撮口呼，简称四呼。这对我们的吐字发音，极为重要。我们应该在朗读训练、朗读实践中，认真对待，仔细研究。语流音变是有声语言里相当重要的一种现象，涉及"一""不""啊""轻声""儿化""变调"等各种情况。在语音学里，有"同化""异化""弱化""交替"等，同以上说到的问题大致一样。

以上所述，虽然是基础的东西，但和韵律美有着密切的关系。如"广播"这个词，由两个音节组成。"广"的声母是舌根塞音，韵母包括韵头、韵腹、韵尾三部分。它的声母,不是舌根和软腭成阻,而是舌根前部和硬腭后部成阻。它的韵头,不必收得太小,要快速过渡到韵腹,它的韵尾,属于后鼻韵尾,要迅速归到位。它的韵腹,不能开口太大,要同前后衔接。"播"的声母是双唇塞音,属于爆发音,但不必用力过猛,它的韵母,也不要收得太小。这个词是名词,属于常用语,通俗易懂,发音时,何苦费力不讨好?但是,不用一点气力,就会远离"暖"声的要求,还可能变得含糊不清。用力过猛,就会字字千钧、句句夯实,一个字、一个字往外蹦,一句话、一句话单摆浮搁,听起来咯咯楞楞,很不顺耳。

现在,信息高速公路、网络化、多媒体正向我们走来。今后,会不会用电脑代替人脑呢?电脑的确比人脑更快捷、更便当,但是,它永远不可能代替全部人脑。因为,它是人脑制作出来的。特别在有声语言的运用上,电脑的"音声化"不可能像人脑那样丰富、准确和生动。电脑是帮手、手段、效率、效益,但它不是主宰、不是目的、没有性灵、没有感情。不管我们交给它什么任务,它都可以迅速完成,却不会超越人类的智慧,不会独立用声音表达个性化的情绪,更不会进入情感层面。因为,人类的感情(情绪、情感)有着深厚的历史积淀、丰富的人文精神、高远的时空境界、复杂的家国诉求。有声语言中,以此为内涵,以此为视阈,衍生出无穷的具象整合、无数的词语铺排,无尽的思辨能力、无边的创造领域。即使将来有了人脑与电脑的结合体,电脑也只是人脑的补充。离这一天,还遥遥无期呢,何必急于想象电脑代替人脑呢?强化我们的语言功力,应该是当务之急,还是脚踏实地,发愤图强,提高我们的自觉性、创造性吧!

气息、声音的连贯性,是一个宏观问题,是一个总体整合问题。正因为如此,有些人认为,具体地解决:气息怎样集中,声音怎样通畅,声母注意什么,韵母注意什么,"啊"音如何发好,上声如何变调,这个词怎么读,这句话怎么说……是舍本逐末。我们认为,脱离了具体的问题,忽视细节的要求,宏观和整合就会流于空泛和浮夸,而抓住具体问题、重视细节要求,从点滴入手,才可以为宏观和整合打下坚实的基础。这不是舍本逐末,这是"千里之行,始于足下",这是"九层之台,起于累土"。试想,一个音节、一个字还说不清楚,竟去追求一段话语、一篇文章的完美,恐怕这才是舍本逐末呢!犹如书法,点、撇、捺、钩还不成样子,就去模仿怀素的狂草;犹如踢球,盘、带、传、射都缺乏要领,就想参加世界杯比赛……难道这是正确的么?我们十分重视宏观和整合问题,在朗读文字作品时,不了解作者、背景、主题、结构、体裁、风格,是无法进入朗读创作过程的;不过,那作品中的音节、词语,无一不体现着作者的思想感情,无一不蕴藏着作者的良苦用心。"大江东去,浪淘尽,千古风流人物",如果读成"大奸蹲去,烂淘尽,千古分流人物",它的宏观和整体到哪里去了呢?还有,颧肌不提起、槽牙不打开,"大江"能够颗粒饱满、气势磅礴地读出来么?气息迟滞、唇舌松软,"浪淘尽,千古风流人物"的每一个字,能够放得开、收得拢么？朗读者连字词的驾驭能力都没有,全篇朗读能好到哪里去呢？这不是再明显不过了么？

至于审美意识、韵律美感,就更需要我们增强文化底蕴,深化生命体验,提高综合素质,坚定美学追求了。

我们对大部分词汇是明了的、会用的,在日常说话和朗读时,不可能也没有必要一个一个音素地去研究、运用。我们对文字语言作品的理解和感受,经常处于"前理解"的状态下,我们会运用这些积累,处理文字的音声化,这就要涉及"语感"的问题。以后我们会具体介绍,此处不再赘言。

这一章,主要论述的是气息、声音的基本要求和美化元素。我们不能回避对这些问题的浅薄浮泛之谈,也不应以为这是老生常谈就轻易放过。

当前,忽视基础理论,轻视基本技能,是一个普遍现象。在基础理论和基本技能中,沉积着古圣先贤的原典精义,凝聚着中外学者的研究心血,已经和正在发挥拨乱反正、指点迷津的作用。对此,我们只能深入钻研、充分运用。可是,有些论者总以为这是小儿科,不屑一顾,而把哲学、人学、美学等看作高级学科,潜心研究,梦寐以求。如果我们忘记了这些基础的、基本的东西,那么,高级的东西难道是沙上之塔么？何况任何高级的东西都有自己的生长之根、上溯之源,它们之间也不是互相隔绝的。研究基础的东西,并不就低级,研究高级的东西并不就神圣,关键是那些理论、学科是否扎实,是否新颖。是扎实的,就要打好基础；是新颖的,就要站在巨人的肩膀上。特别是美学研究,只是坐而论道,只是在概念上兜圈子,舍弃基础理论和基本技能,只会走到死胡同里去。朗读美学的研究也是如此,不从基础的东西入手,恐怕是劳而无功的。有些理论,即使旁征博引,即使精深奥妙,也不一定就超越前人。我们并不否认研究高深的学问的必要性,我们只是说要注意"不因善小而不为",不要因为"非下苦功不可"而懒于钻研和积累。

这一章的内容,有很多语音学、音韵学、发声学、心理学、生理学方面的知识,略显枯燥,对有志者本无大碍。只是有些人常常用轻蔑的目光和口吻,把这些东西视如敝屣,定为鸡肋,必欲置之死地而后快。这是不能容忍的,理应批驳。否则,初学者会受到严重误导。后面的章节还有诸多此类问题,还怎么期待认同呢？那些"自我感觉良好"的人,心浮气躁,自以为是,总希望用"宏大叙事"来掩盖功底的不足。我们应该自己走路,不被干扰,"走自己的路,随便别人说什么"！

知识梳理

第一节 凡音者,生人心者也

气者,音之帅也。情者,气之根也。"气随情动"就是一条规律。朗读者应该学会"见文生情""因情用气"。"气息"不是自然状态下的呼吸,而是要求以"胸腹联合呼吸法"为基础,以"加强肺活量和控制力"为中心,以"通畅、节省、集中、自如"为目的。

在朗读时,气和声要形成互动、相随的关系,在"气随情动"的同时,必须"声随气转",气托声,声传情,达到情声和谐。

人类的有情之声,是和喉头声带的动作,和口腔唇舌的动作紧密联系在一起的。

音声化,就是使声音不断美化、艺术化。口腔的状态、唇舌的变化,就成了呼气送气、吐字归音的核心。

口腔构造、发音机制,为声音在发出过程中顺利收纵提供了一个很方便的通道。双唇的"开齐合撮"、舌头的"伸缩升降",为字词、语句的迅速成型和连接贯通,预置了一个很敏捷的程序。呼吸通道和发音过程的整体和谐,能够使我们的气息、声音符合朗读的需要,直至满足审美层面的要求。以上只是朗读前的准备阶段。

一旦感情涌动,气息和声音就成了有源之水、有本之木,用气和发音就得到了真实的动力,就获得了坚实的依据,就可以充分使用呼吸通道和发音机制,形成"声随气转、气随情动"的良好运动状态了。

第二节 暖之以日月,而百化兴焉

有声语言的声音,应该是"暖"声。有情才有声,才能达到"情声和谐"。首先,那传情之声至少应该:圆润、响亮、坚实、持久。圆润,就是饱满而且润泽,听起来不干瘪、不嘶哑、不尖利、不生涩。响亮,就是洪亮、明亮、透亮,听起来很清楚,很省力,而不是那种纤细、纤弱、暗淡的声音。坚实,就是结实、稳定、坚固,没有忽窄忽宽、忽粗忽细、出叉、发飘等现象。持久,就是从头到尾、自始至终,声音一直是圆润、响亮、坚实的,不会越来越小、越来越细、越来越弱、越来越暗。

其次,声音的本体是有一定规格的,这个规格可以表现各种思想感情。从总体上说,可以大致分为两类:一类是平淡、冷漠的声音;一类是热情、生动的声音。热情生动的声音,会给人以很关心、很愿意、希望理解、期待共鸣的感觉。朗读者用这样的声音朗读,听者就会感到对自己的尊重,就会觉得真挚、热切,就会被吸引、被感染。"暖"声,就是满含强烈愿望的声音。我们在朗读之前,必须运用一切手段,使我们处于积极主动的心理状态下,让有声语言在出口之前,就充满了"我要朗读""非说不可"的兴奋和激动。

第三节　累累乎端如贯珠

口腔控制,我们经常概括为"颧肌提起、下巴放松、槽牙打开、软腭挺住""前音稍后、后音稍前、开音稍闭、闭音稍开"。

第一,颧肌。当发音时,颧肌收缩,即上提。颧肌是指:上唇中部(约三分之一)的两端,向左右颧骨画线,这便是颧肌伸缩的线路。注意,并非一直上提,而是有松有紧。上提时,特别要做到"唇齿相依"。

第二,槽牙。槽牙是指:口腔内的上下嚼牙。"开合自如",随着语流的具体情况,有开有合。

第三,软腭。软腭在积极状态下,就会因气息、声音的强弱、快慢而不断调节自身的松紧、升降。

第四,舌头。舌头是口腔中最活跃、最得力、最重要、最敏锐的器官。舌头的活动并不是整体参与的,主要是前面三分之一,即舌头的中部和前部起作用。舌头的活动,要坚持"以'央啊'为中心","以'中纵线'为运行规程","以'成点成线不成面'为持阻原则","以'取其中'为运动规律","以'向共鸣点(或称着力点)集中'为活动方向",以便取得明晰、巧妙的效果。

第五,双唇。发音时,双唇不是全部参加动作,而是由中部的三分之一带动,特别是由上唇的唇尖带动。

第六,声调。声调是以高低升降的变化来区分的,一般用"五度标调法"。声调还可以用来导引胸部支点的运动,支撑气息和声音的变化,减少阻隔和过度。从韵律的角度看,声调又可以强化平仄和起伏的鲜明程度。

"四呼"和音变:开口呼、齐齿呼、合口呼、撮口呼,简称四呼。语流音变涉及"一""不""啊""轻声""儿化""变调"等各种情况。

第八章

朗读语感

第一节　对语感的认识
第二节　语感中的韵律感
第三节　语感的预感
第四节　语感的个性特点

语感是人们受到语言文字刺激的时候,心理上的综合感受。

有声语言的语感,需要有具体的声音形态,需要有稳定的听觉认知,需要有明确的语料分辨,需要有典型的表达模式。

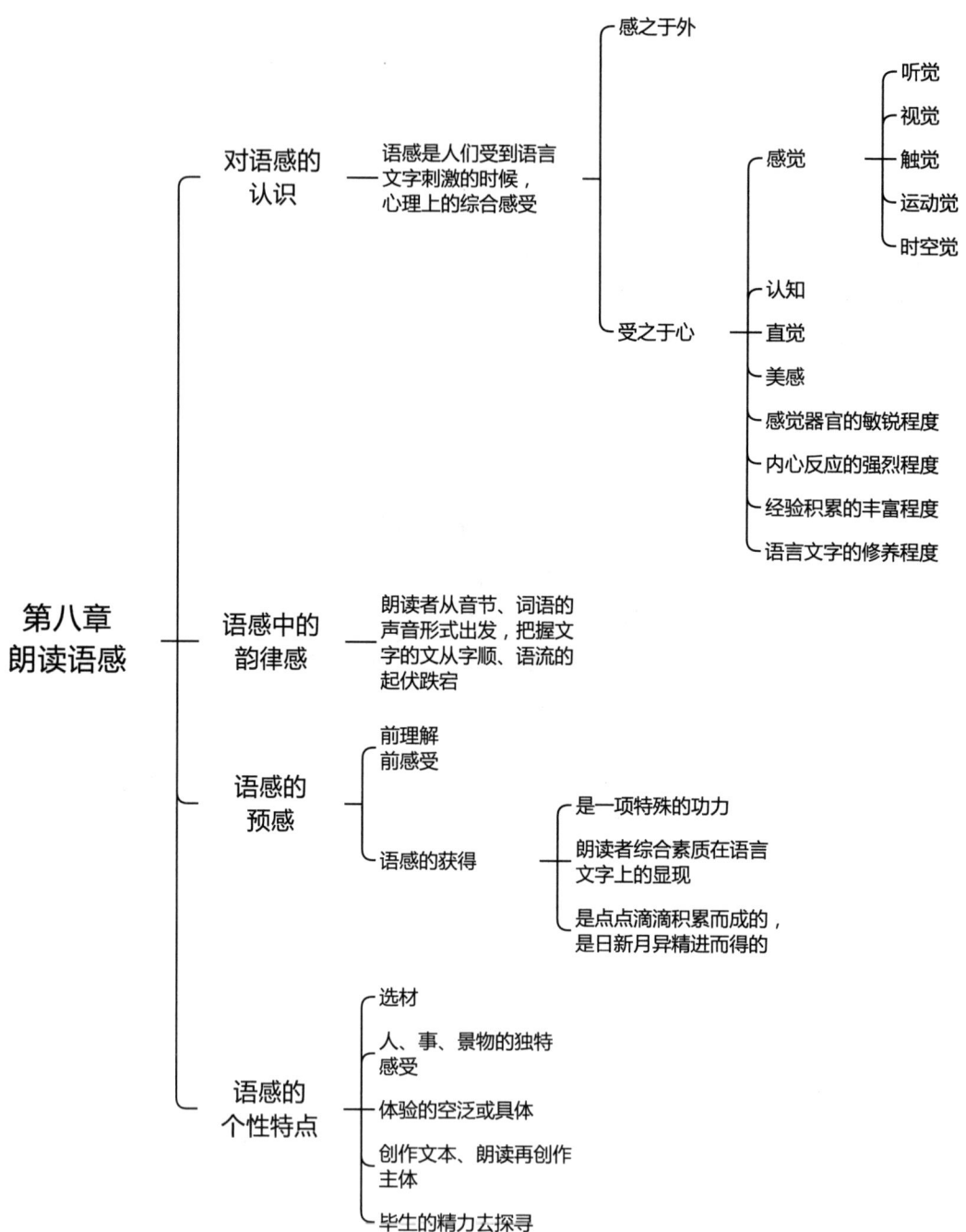

语感的问题,是一个复杂的问题。同文字语言的语感不同,有声语言的语感,需要有具体的声音形态,需要有稳定的听觉认知,需要有明确的语料分辨,需要有典型的表达模式。从朗读的角度论述,虽然比从话语的角度论述要容易些,因为有文字作品作为依据,有语言表达的基本规律,但究竟还是有声语言,难以捕捉、难以固定,论述起来并不轻松。如果你已经看过《朗读学》,可能会比没有接触过要好一点。

第一节 对语感的认识

比较浅显的认识,语感可以这样表述:社会人对语言文字词语的感觉。这个认识在关键词"感觉"上,没有限定,显得空泛。对"感觉"的研究和表述,有广义和狭义的区别,还有许多模糊的说法。诸如"你的感觉怎样?""你有什么感觉?""跟着感觉走"等,好像宽泛得很。又如"我感觉这颜色太浅。""你说我的话生硬,这感觉不对。""感觉到了的东西,我们不能深刻地理解它。"等,好像狭窄得很。

语感是人们受到语言文字刺激的时候,心理上的综合感受。这感受,就是"感之于外,受之于心",而受之于心,既包括感觉、认知、直觉、美感,又包括感觉器官的敏锐程度、内心反应的强烈程度、经验积累的丰富程度、语言文字的修养程度。其中的感觉,不仅是听觉和视觉,还有味觉、触觉、运动觉、时空觉等。

语感的产生,首先必须面对语言文字的刺激。看文章、听说话,是外部刺激;写东西、说事情,是内部刺激。就有声语言来说,语感分为"听"和"说"两个方向,或两个方面。这样,就把语感的概念分了层次,归了类型。我们朗读,先是看文字作品。再把它读出去,外部刺激在前,内部刺激在后。读,又属于说。不是自己跟自己说,而是说给别人听。听的人,就只有外部刺激。因此,说和听都有语感的问题。

朗读者从出生开始,跟一般人一样,先是面对世界"倾听"。尽管听到的是各种声音,听到的话也许是某种方言,他自己还不会说话,但是,这时,毫无疑问,他已经在酝酿语感的雏形了。他学会说话以后,进一步积累说话的经验,于是"听"和"说"的语感,水涨船高,互相促进,他逐渐掌握了"听说读写"的本领。如果他说的是普通话,那就更有利、更方便了。这些积累,对于以后的朗读再创作,不言而喻,会产生巨大的影响。

事实上,朗读再创作离不开"听",不过在"听"的时候,要有"接收""判别""储存"这三个阶段。"接收",就是能够主动听取别人的话,而不管是否需要。听到的这些话,有很多冗余信息、无效信息,当然会有些有用信息,都要接收。这样,就不会"偏听偏信"了。如果有的听见了,有的没有听见,那怎么知道哪个有用,哪个没用呢?"漏听",是我们的一种坏习惯。我们主张"眼观六路,耳听八方",这样可以锻炼我们的"听辨力",以免把应该听到的当成了"耳旁风"。"判别",就是听到别人的话时,边听边想,想一想哪些话是有用的,哪些话是没用的;没用的话就放过去,有用的话才认真思考。对有用的话,要分析一下,为什么是有用的,好在哪里,不足是什么。我们听话,经常只是了解话语的内容,即:说的是什么?几乎很少去追寻话语的内涵,即"言外之意""弦外之音"。明显的,听清楚便罢;隐晦些的,听不出就算。我们应该学会听话,"锣鼓听声,听话听音",这是一种判断辨别的能力。那些一般的话,听过去就完了;那些说得有趣、有味的话,值得回味、值得咀嚼的话,就要继续分辨。那些应该记住、应该学习的话,还要分析:怎么好法,有无缺欠;怎么不好,如何避免。"储存",就是把那些有用的、可吸收的、要避开的、应注意的话,都放进自己的记忆仓库里,分门别类,储存起来,以便今后借鉴、使用。"前事不忘,后事之师",即使不常用,也是一个参照系。储存不是消极的,不是只负责保管,等待取用。储存是积极的,不但负责保管,而且负责按需输送。当一个人使用语言的时候,储存的东西,与当下的事物有关联的,就会聚集起来,进入脑海,供人使用。有的直接进入语流,有的仅做参照。有的可能尘封已久,动用起来会显得不那么灵便,可还是有用的。有的从来没用过,由于进入了参照系,总可以发挥隐性的作用,供比较和陪衬,不会因"怀才不遇"而怠惰,也不会因"知音难遇"而退隐。我们在"听"和"说"的时候,能够"入耳达心",能够"脱口而出",就是储存丰富、厚积薄发所致。从这三个阶段,我们了解到"听"也不易,充分发挥"听"的作用,好处莫大焉!

朗读者的任务是朗读,是"说"。在"说"的时候,也有三个阶段:"发出""深化""驾驭"。"发出"是指有动于衷,使思想感情处于运动状态,产生了强烈的愿望,发出"暖"声,把发音器官和发音机制都调动起来,积极主动地、灵活机动地把一个个音节和词语送出去。这个阶段,取决于朗读的心理准备是否充分,是不是到了"非说不可"的地步。一个好的开始就是成功的一半,一定要开好这个头,精神集中,信心百倍,兴奋从容,由己达人。有的朗读者以为,开头无所谓,等进入内容,感情自然会油然而生。

这是片面的、消极的。齐越教授总是强调"要播好开头",他在播送《县委书记的好榜样——焦裕禄》等作品时,真挚热诚,豪情满怀,一开口就十分吸引人,有力地证明了这一点。在朗读长篇作品时,我们更要注意气息、声音的优化配置,开头就是一个重点。"深化"是指朗读者绝对不应该只是被动地"照本宣科",简单地"念字出声"。他不但要把文字作品原原本本地表达出来,而且要切切实实地、动脑动心地,把自己对文字作品的理解、感受、审美认知、独特体味融入作品之中,通过朗读,使文字作品的内涵显得更丰富、更深刻,让听者获得更多的东西。朗读作为再创作,不可能是轻而易举的。朗读者只有深入开掘、融会贯通、探幽发微、性灵契合,才能进行朗读再创作。那种被动地"照本宣科"、简单地"念字出声",是一种懒汉和懦夫的哲学。朗读者过于看重文本的作用,过于轻视朗读的价值,完全把自己湮没了,就会成为"不在场"的木偶人、会发音的机器人。朗读者完全可以通过词语的本体义、衍生义、转折义、顺延义,来深化特定语境下文本的内涵,既保持原有含义,又赋予新的色彩,显示出朗读者的功底和能力。何苦非得敷衍了事、我行我素呢?"驾驭"是指面对文字作品,朗读者以"主人"的身份,胸有成竹、目的明确、对象清楚、驾轻就熟地进行再创作,包括气息声音、词语序列、感受深浅、主次轻重、抑扬顿挫、韵律显隐、由己达人、听者反馈等,无一不在掌握之中,无一不能运用自如。这是朗读者气质修养、经验体会、性格兴趣、理论水平、道德风范、审美追求、美学理想等的集中体现,综合显露。朗读者的每一句话,都不是走捷径、装样子、玩技巧、弄玄虚所能奏效的。朗读者的创作主体地位,"主人"的身份,意味着他能够把握方向,心无旁骛,高瞻远瞩,预设轨迹,如鱼得水,自如行进。正因为这样,朗读者就能够变被动为主动,不完全受文字铺排的束缚,言所未言,在表现文字作品的意境风格的时候,融入自己的独特感受、个性特征,以自己特有的表达方式,流畅优美地进行朗读。因此,"驾驭"一词包含着易懂不易通的重要能力,不可小觑。

  总之,语感是一个内省化的概念,艰于描述、难以概括。但是,它非常重要,是朗读再创作不可或缺的基本技能之一。有了正确的语感,朗读就能推波助澜、精益求精,并且极大地提高我们的语言文字水平,提高整个民族的文化素养,这是可以肯定的。

  我们这样论述语感,并不全面,不过,可见一斑。随着认识的深化,还会有更科学的阐释。

第二节　语感中的韵律感

　　韵律感,是语感的一个重要组成部分,朗读中的许多问题同韵律感有密切的关系。正确的、整体的语感中,朗读者在语言文字上,必须从音节、词语的声音形式出发,把握文字的文从字顺、语流的起伏跌宕,以此来准确地表达审美感受,以利于人们增强审美意识,体味其中的意蕴,获得语感的升华。

　　语感中有韵律感,人们从儿童时期接触有声语言开始,就在潜移默化中接受它的熏陶了。"妈妈"一词,给人的重叠感;"宝贝"一词,给人的双声感;"精灵"一词,给人的叠韵感;"锄禾日当午,汗滴禾下土。谁知盘中餐,粒粒皆辛苦。"给人的押韵感,这都是韵律感带来的美感。以后,人们便越来越清晰地感到韵律的规律和法则。人们不但能欣赏韵律,而且可以自己创作。随着对文字作品的阅读、朗读日益增多,特别是对诗词曲赋的了解不断深入,人们的语感就会愈加精密、细腻、具体、准确。为什么我们对中国诗歌的思维方式、语言形式非常熟悉而且特别钟爱呢? 为什么我们看到外国的诗文,就觉得缺乏韵律感,句子长而且显得啰唆呢? 尤其是看到那些生硬的翻译作品,简直就无法卒读呢? 因为我们已经积淀了很多汉语诗歌、文章的语言特点、表达样式,它们同我们的历史文化、生活经验、人生阅历、审美趣味有极大的相通之处,非常默契、一拍即合。优秀的翻译作品,能够把两国的文化传统融合在一起。两个国家的人看起来,既有自己的人文内涵,又有另一个国家的人文色彩,就可以相通、相融。如果舍弃了自己国家的人文传统,一味模仿外国的语言样态,那就如同"邯郸学步",原来的东西扔掉了,当下的东西又不熟悉,造成一种尴尬的形态——四不像。自"五四"运动以后,这种形态绵延不断,至今还有乐此不疲的人。遇到这样的事,不必怀疑自身的语感,更没有必要储存这样的语料,这同我们的韵律感毫不相干。

　　我们的语感,对于韵律有着特殊的敏感。什么是顺口溜,什么是格律诗,什么是通顺的文章,什么是拗口的文章,我们几乎可以马上加以辨别。但是,在文字作品中,如何分清具有韵律美和缺少韵律美,就不是那么容易了。当我们不断进行朗读实践、经常体会韵律美感的时候,这也就变得不那么困难了。如句型失重、畸长畸短、重复拖沓、连续平声、连续仄声、缺字少词、搭配不当、隐喻过多……都会造成韵律感的弱化。这种敏感,似乎是下意识的,并未经过深思熟虑。

　　我们的语感,经常表现为对有声语言的苛求:哪里呼吸声大,哪里出现哑音,哪里吐字不清,哪里韵腹不开,哪里归音不到位,哪里重音太生硬,哪里语气分量不足,哪里节奏起伏不当,哪里基调不对头,哪里缺乏对象感……有一处没读好,就令人遗憾。所谓"台上一分钟,台下十年功",不是要求训练时间长,而是必须达到上台水平。在台上,自己还不知道哪里出现了问题,台下已经听出了错误,那是怎样后悔莫及呀!但"悔之晚矣"。这就是"听辨力"和"表现力"的关系,这种关系应该"水涨船高",不应该"水落石出"。就是说,听辨力好,表现力就会强;表现力好,听辨力就会强。不能只注意某一个方面而忽视另一个方面,也不能把互相带动变成互相制约。对有声语言的苛求,应该成为一种自觉追问,不是被迫地、在压力下才不得不进行的语感内省。如"众里寻他",如"层层剥笋",入之愈深,见之愈奇。

我们的语感,永远处于"虚怀若谷"的状态。我们从不满足于已知,经常保有对未知的期待。韵律美感,是一个包容大千世界的开放系统,随时准备接受各式各样的刺激。时代的发展总是赋予它千变万化的韵律精品,供它审视、吸纳。韵律美感,又是一个过滤系统,它有鉴别力,把那些不符合韵律的东西,一一剔除,把那些韵律范围里的,可以称为"合律"的东西储存下来。这中间,主体已有的韵律美感水准,便在不断调整、逐渐提升的过程中,更加精妙了。

我们的语感,从不惧怕"解构"。后现代的批判意识给了它力量。它会在自我检索中,强化固有的、传统的、实践证明是可贵的积淀,主动换一个角度考察那些可以抛弃的、过时的储存,加以割舍。如贺知章的《回乡偶书》:"少小离家老大回,乡音无改鬓毛衰。儿童相见不相识,笑问客从何处来。"这首诗,"回""衰""来",用"哀"韵,应该是"huái""cuāi""lái"但是,现代汉语没有前两个音节的字,特别是"cuāi",我们为什么非要这样读呢?"衰"和"来"按今音不是也同韵么? 即使不同韵,也应该按照今音来读,虽然韵律美上受到一定影响,可是有利于听的人明白意思,不至于"捡了芝麻,丢了西瓜",难道不好么?古音是一个不定数,何时何地何人操何种方言,作品受了哪些影响,很难考证。仅凭推测,又不能十分肯定,坚持读古音还有什么意义呢?当然,如果是自我欣赏,怎么读,读什么音,悉听尊便,别人就不必操心了。不过为了练习,讲求规范,养成习惯,实属必要。要不,"叶公好龙"的"叶",今读"yè",如果习惯于读作"射",到了正式朗读,就改不过来了。韵律。要为我所用,而不是让它牵着鼻子走。否则,只能是一种形式主义的感觉,进入了语感阈限,也会降低语感的应有水准。

韵律随着语言的演变而发生重构,我们只有吸取的责任,而没有拒绝的义务。

第三节 语感的预感

我们的语感,更多的是一种"预感"。那么,什么是"预感"呢?

预感是指在有声语言发出之前,朗读者作为创作主体,应该有一种"前理解",还要有一种"前感受"。在这个基础上,语感处于萌发状态、跃动状态,进而达到"莫愁前路无知己"的状态。这时,出于对内省的反观,出于对语言的激发,朗读者已经觉察到即将发出的、"音声化"的语言趋向和态势,并处于"引而不发"的积极准备状态。这是一种酝酿成熟的、预先知晓的、可以运行的、目的明确的自我感觉,所以被称为预感。

心理学和美学都有"直觉"说。不说克罗齐的观点,仅就我国的美学思想看,对"直觉"有推崇的一面,也有同"意会"相提并论的一面。否定认知,排除理性,就把直觉引向了不可知论。只看认知,无视直觉,等于取消了艺术和美感。我们说的预感,既有理性认知的整合,又有感性直觉的融通,并且更强调意象组合造成的"妙悟"和"神会"。朗读者熟悉文字作品的时候,应该争取达到"妙悟",发前人所未发,见前人所未见;而在朗读文字作品的时候,应该争取达到"神会",驾驭有声语言,发挥预感功能。

苏东坡在《答谢民师书》中说:"所示书教及诗赋杂文,观之熟矣,大略如行云流水,初无定质,但常行于所当行,常止于不可不止,文理自然,姿态横生。"袁宏道在《文漪堂记》中也有类似的譬喻,大概能使我们了解,审美感受和美学理想有着怎样的关系,也使我们体会到,语感和预感存在着多么紧密的联系。我们在熟悉文本以后,文本中的字字句句已经清晰地反映在我们的脑海里。当开始朗读时,那第一句的内容和形式首先进入我们的眼帘,而正是此时,对这一句的预感便产生了。它指引我们运用气息、声音,按照一定的语感,加以表达。这就是认知和意象共同生发出来的"语气"和"节奏",并且如此循环,持续下去。至于认知和意象的具体构成,就要看朗读者的语感阈限,是精密还是粗疏,是开阔还是褊狭了。鲁道夫·阿恩海姆在《艺术心理学新论》里着重指出:"文字的历史已经告诉我们,把形象标准化和简化的要求,促使文字变成了某种具有简单明了的视觉外观和易于书写的样式。但是,即使在千百年之后,文字仍然闪烁着自己的图像意味。"他又说:"所有富有成效的思维都立足于知觉意象的必然性之上。"我们把文字作品的内涵揭示出来,化为自己的语感,在预感的引导下,进行"音声化"的再创造,既不能只见文字,不根据文字展开想象,又不能把想象泛化,不去一步步落实到有声语言的语气、节奏上。为什么会出现只听到一个个字音,听不出一段段词语意味,只听到文字表面的意思,听不出潜藏在文字后面的含义这种情况呢?就是因为缺乏"心领神会""随物宛转"的认知意象,缺乏在预感的提示下,"表情达意""言志传神"的语言功力。

预感,对朗读者来说,是一项特殊的功力。它不同于日常的说话,不同于戏剧的台词。日常说话,现想现说,思维和意象都在自己的头脑中,谈话者即兴拣选词语,直接与听者面对面交流,对方没有听清,还可以再说一遍;戏剧台词,出场后有明确的人物关系,说话时有推敲再三的词语序列,中间可以倾听别人的话。朗读就不一样了,一开口,就得从始至终地读下去,不能歇气,不能应答,必须明晰晓畅、声情并茂地把文字作品的一个一个词语传达给听者。只要一走神,只要一出错,就会破坏朗读的进程,分散听者的注意力。因此,那预感的敏捷、具体、推移适度、分寸恰切,就显得非常重要了。

预感,是朗读者综合素质在语言文字上的显现,绝不是"心血来潮""临阵磨枪"能够获得的。我们要学会反观内省,把那些零碎、散乱、偶发、短暂的内心活动实施"滞留",迅速地进行审视,分辨其价值,决定其取舍,然后加以梳理;对那些闪光、奇特、厚重、精确的内心感念实施"剥离",使它们立即集结,分类归队,储存起来。这样,随着时间的流逝,储存的预感记忆便丰富、充实了。一旦遇到相近或相似的情况,就可以"随手拈来""左右逢源"。联想和类比还可以使虽远却连、虽异却通的预感形成网络,不但能"四通八达""源源不断",还可以"运筹帷幄""指挥若定"。可以说,朗读者预感越强,越能够积极自如地进行朗读再创作,越能够精明老到地驾驭有声语言。

预感,是点点滴滴积累而成的,是日新月异精进而得的。它欢迎真心的加盟者,拒绝虚假的同盟者。它极为重视一丝一毫的收获,并使之驰骋于实践,不会将之"打入冷宫"或"发配边疆";它极为轻蔑自高自大的泡沫,常使之显形于实践,坚决将之"编入另册"或"束之高阁"。成熟的预感,是创作主体的"望远镜",既可由远及近,又可由近及远,为顺利行进提供准确的信息;成熟的预感,是创作主体的"显微镜",既可惊喜于细微的发现,又可遗憾于枝节的偏离。从这一点上看,预感,的确是朗读者难能可贵的"知己"、雪中送炭的"挚友"。

当朗读者停住了自己的前进脚步,满足于自己的一时之功,扬扬自得、自吹自擂的时候,预感便会"敬而远之""退避三舍",不在为"知己"和"挚友"劳神费力了。这怪不得预感,因为,是这样的朗读者自己,完全屏蔽了创作主体的身心,使自己成为"自给自足"的小农经济的一个农夫,只看眼前的食槽,只顾自己发家致富,而忘记了怎样开拓创新,怎样精益求精。

第四节　语感的个性特点

　　语感,是我们每一个朗读者所共有的,它不偏心,不会特意关照哪些人。但是,每一个朗读者的语感又呈现出自身的独特性。独特性是指不同于其他人的、强项与弱项并存的、共性基础上的个性特点。

　　语感的个性特点,一般不是指优劣程度,而是说突出和擅长的那些东西。我们的语言天赋不同,经历经验不同,生存状况不同,语感中的积淀就会有许多差异。这些差异,既会影响语言的接收、辨别、储存,又会影响语言的发出、深化、驾驭,必然成为再储存的向导,再实践的指南。长此以往,个体的语感就愈加朝着自我完善、自我强化的方向发展了。

　　语感的个性特点,首先表现在选材方面。某一篇文字作品,如果可以自由选择,这一位朗读者选了,那一位朗读者不选,很正常。如果这一篇文字作品是指定的,不管你愿意还是不愿意,都要朗读它,那就会十分明显地看出,谁具有适合朗读这一篇文字作品的语感,谁缺乏欣赏这一篇文字作品的语感。所谓适合某一篇文字作品,是说在语感中,有与之相契合的、可"神会"的东西,有相同或近似的感念、感受、感知、感觉。所谓缺乏欣赏的语感,是说在接触中,鲜有相互感应的对接点,几乎产生不了想象联想,也不会有继续深入的愿望。这样,选择的空间就有了一定的范围,每个人的选择范围不一样,无论是大范围还是小范围,都会产生差异。

　　语感的个性特点,也表现在对人、事、景物的独特感受上。司马迁、韩愈对于人,欧阳修、范仲淹对于景,杜甫对于舞剑,白居易对于琵琶,都有自己的独特认知、独特感悟。不同的人,写同样的东西,那"心领神会"的程度,那"有意味的形式",便显露出巨大的差异。原因在于视觉、视阈、视角、视点等方面,各具只眼,独具慧眼;在体察事物、内心律动、形象直觉、生命关怀等方面,发自肺腑,出于性灵。《史记》中的"本纪""列传",柳宗元的《童区寄传》,韩愈的《祭十二郎文》,欧阳修的《秋声赋》,范仲淹的《岳阳楼记》,杜甫的《观公孙大娘弟子舞剑器行》,白居易的《琵琶行》,都带有作者自己的语感。我们在朗读的时候,如果没有相关的认知和感悟,就无法表现其中的"神来之笔""点睛之笔",就只有蜻蜓点水、见字生情了。现代的文字作品,虽然好体会一些,那也不是浅尝辄止、浮光掠影所能应付得了的。朱自清的《荷塘月色》、峻青的《秋色赋》,不但有时代的印记,而且有作者的心迹。朗读者不下苦功,不动感情,朗读出来定会单调乏味。

　　语感的个性特点,还表现在体验的空泛或具体上。作者的思想感情,只要不是硬挤出来的,那就一定是心潮起伏、汹涌澎湃的。我们的语感,就要在细致入微的观察和体验的基础上,找到相近或相似的契合点,引发共鸣,还要深入一点,扩散开去,统括全篇,一个一个单元地、见微知著地给以充分表现。现在,我们听到的朗读,往往十分肤浅,似有似无、似是而非,作者的语感被掩盖、被丢失的地方太多。说"月",只是一般的月亮,既无时间的具体性,又无地域的具体性,更无人文的内涵,哪里还能有语感主体的深切体验呢?那形象思维的活跃、个人悟性的升腾,绝非一个"月"字所能涵盖!不用说李白的"对影成三人",苏轼的"千里共婵娟",就说鲁迅的"月光如水照缁衣",老舍的"月牙儿挂在天上",俞平伯的"静夜与明湖悄然并卧于圆月下",谢冰莹的"浅蓝的云里映出从东方刚射出来的半边新月",每个人眼中的月亮是那样地不同,我们朗读时的感受又怎么可能一样呢?那冷峻、凄怆、哀婉、淳厚,是怎样地深沉和真挚、具体和细腻啊!空泛的体验,使人处于可有可无的状态,进入一种固定的模式,似乎能够"以不变应万变",自己觉得已经很具体了,实际上,听起来却不痛不痒、如同一潭死水,做不到"行流散徙,不主常声"(《庄子·天运》)。作为朗读再创作,是不能够走捷径的。尤其是在语感问题上,稍有怠惰,不仅不利于积累,而且还可能造成语感的散漫、混乱、迟钝、流失,再启用的时候,便会匆忙聚集、穷于应付,甚至欲速不达、得不偿失。

　　语感的个性特点,同创作文本、朗读再创作主体都有关系。文本的风格和写作手法,是作者的语感发挥作用的结果。朗读的艺术特色和神韵,是朗读者的语感具体落实的结果。二者的共同性,融合为朗读作品的有声语言特征。如何把文本和朗读有机地融合在一起,既能阐发文本的独特性,又能实现朗读者的个性显露,这是一个非常困难的"融会贯通"的过程。语感本身是朗读者所拥有的,关键是怎样把文本的内容和形式化为自己的语感内省,产生共鸣,然后凝聚于有声语言中,以整体的理念和感情传达给听者,也唤起听者的共鸣。这需要语感性灵、语言功力,必须花费极大的气力,倾全力而为。否则,要么前功尽弃,要么事倍功半。

　　语感的个性特点,是需要毕生的精力去探寻的,不应知难而退,更不应半途而废。有的人,未能抓住实践中的机会,没有进行点滴的积累,遇到朗读再创作的难度不大的时候,轻易放过,只想遇到有一定难度的时候,再去精心准备、一鸣惊人。有的人,专心于细枝末节,时时处处在枝蔓上用力气,忽略了主体和概貌的把握,以为这样就可以精雕细刻、水到渠成了。这两种情况,都犯了同一种毛病,那就是"以偏概全"。语感是整体与具体的统合感念,是一个系统认知和意会的、全方位的聚集感悟,不可分割,不可隔绝。

总之，朗读者一定要重视语感的个性特点，并且同其他的组成部分联系起来，共同建造有声语言的辉煌大厦，让朗读美学发出更加耀眼的光芒。

知识梳理

第一节 对语感的认识

比较浅显的认识，语感可以这样表述：社会人对语言文字词语的感觉。语感是人们受到语言文字刺激的时候，心理上的综合感受。这感受，就是"感之于外，受之于心"，而受之于心，既包括感觉、认知、直觉、美感，又包括感觉器官的敏锐程度、内心反应的强烈程度、经验积累的丰富程度、语言文字的修养程度。其中的感觉，不仅是听觉和视觉，还有味觉、触觉、运动觉、时空觉等。

第二节 语感中的韵律感

韵律感，是语感的一个重要组成部分，朗读中的许多问题同韵律感有密切的关系。正确的、整体的语感中，朗读者在语言文字上，必须从音节、词语的声音形式出发，把握文字的文从字顺、语流的起伏跌宕，以此来准确地表达审美感受，以利于人们增强审美意识，体味其中的意蕴，获得语感的升华。

第三节 语感的预感

预感是指：在有声语言发出之前，朗读者作为创作主体，应该有一种"前理解"，还要有一种"前感受"。出于对内省的反观，出于对语言的激发，朗读者已经觉察到即将发出的、"音声化"的语言趋向和态势，并处于"引而不发"的积极准备状态。这是一种酝酿成熟的、预先知晓的、可以运行的、目的明确的自我感觉，所以被称为预感。

预感，对朗读者来说，是一项特殊的功力。预感，是朗读者综合素质在语言文字上的显现，绝不是"心血来潮""临阵磨枪"能够获得的。预感，是点点滴滴积累而成的，是日新月异精进而得的。

第四节 语感的个性特点

语感的个性特点，首先表现在选材方面。语感的个性特点，也表现在对人、事、景物的独特感受上。语感的个性特点，还表现在体验的空泛或具体上。语感的个性特点，同创作文本、朗读再创作主体都有关系。语感的个性特点，是需要毕生的精力去探寻的，不应知难而退，更不应半途而废。

第九章

朗读语气

第一节　具体感受与整体感受
第二节　形式和内容
第三节　语与气
第四节　语调与语势
第五节　语气中心

语感中的具体感受，既有逻辑感受，又有形象感受。语感是由逻辑感受和形象感受综合融通为整体感受后形成的。

内容决定形式，形式反作用于内容。

语气在整个语言流动中占据着核心的位置。

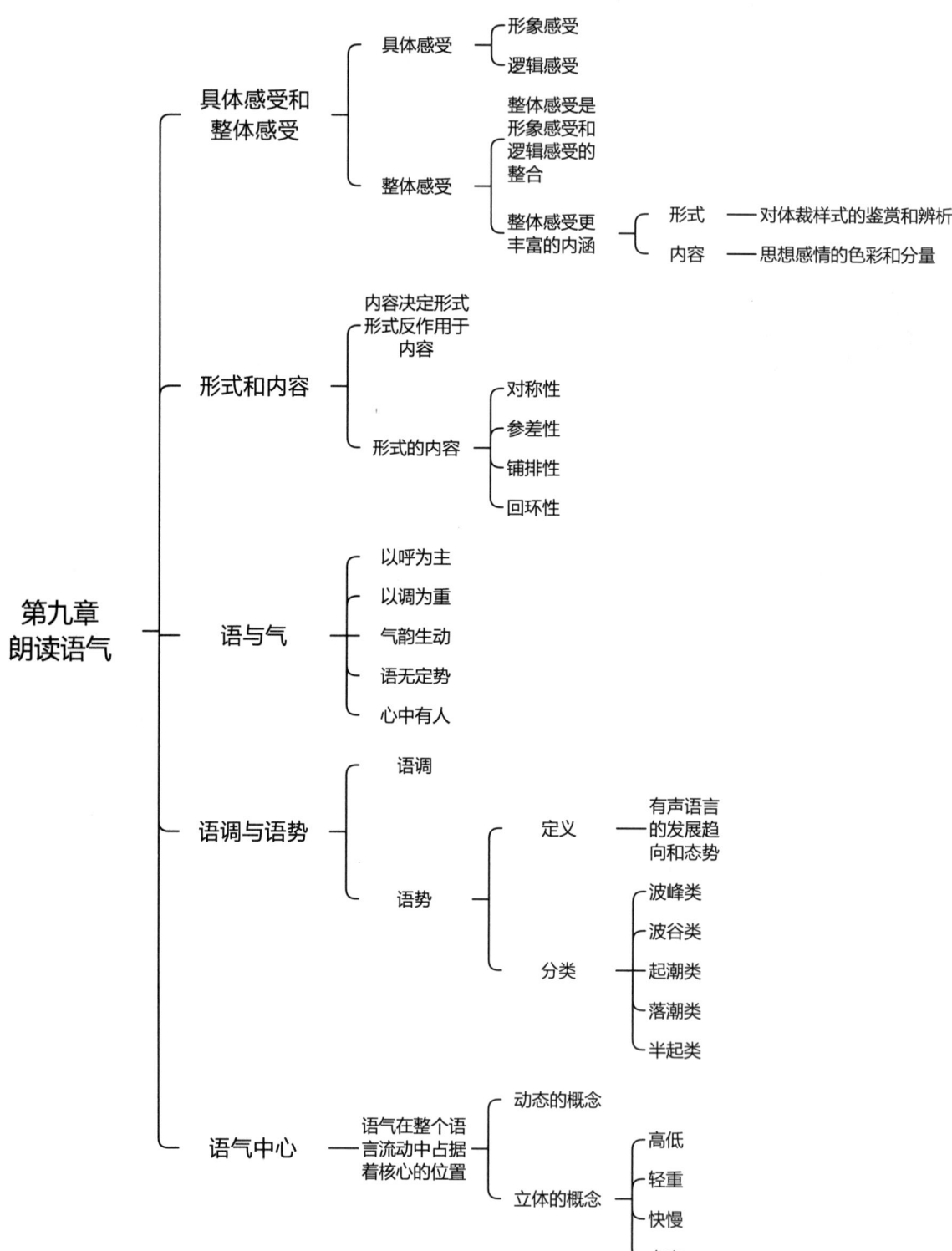

语感中的具体感受,既有逻辑感受,又有形象感受,从而在朗读之前,就聚集了丰富的内心动力,积累了准确的语言外化依据。语感是由逻辑感受和形象感受综合融通为整体感受后形成的。整体感受又是朗读者在对全篇文字作品的艺术把握中,凝结起来,并落实到一个一个语句里,然后溢于言表的。这里,重要的是把"语"和"气"恰当地、和谐地融为一体,以便把文字作品的精神实质和思想感情的色彩、分量充分地表达出来。

为此,本章将涉及诸多相对的概念问题,并讨论诸多辩证的实践问题。

第一节 具体感受与整体感受

在《朗读学》中,当谈到具体感受的时候,我们曾经指出所谓具体感受包括形象感受和逻辑感受。由于是基础性的阐释,在那里并没有强调整体感受,而只分别说明了具体感受的内容。具体感受是十分重要的,缺少具体感受,就不可能深入朗读创作过程中,进行有声语言的再创作。犹如大河之涓流、大厦之钢筋,具体感受的深化和推进意味着整体感受的逐渐完成、愈益完美。

这里,我们要着重论述整体感受的形成过程以及它的形态。

整体感受,虽然主要是形象感受和逻辑感受的整合,但它还有更丰富的内涵。

首先,整体感受是形象感受和逻辑感受的整合。形象感受注重形象的活化,逻辑感受注重逻辑的链条,二者密切相关,不能单独拓展和推进。如茅以升的《中国石拱桥》中的一句话:"这些石刻狮子,有的母子相抱,有的交头接耳,有的像倾听水声,千态万状,惟妙惟肖。"这句话的重点是三个并列形象。第一个,母子情深,亲热爱抚;第二个,调皮嬉戏,活泼风趣;第三个,神情专注,乐此不疲。虽然并列,却有先后、抑扬的差异,共同显示卢沟桥栏杆上石刻狮子的生动和精妙。"母子相抱"的平实,"交头接耳"的跳脱,"倾听水声"的舒缓,既各有特点,又互相衔接;既描绘了形象,又形成了链条,形象引起无限联想,链条贯通广远时空。具体的感受生发出整体的景观,把"千态万状,惟妙惟肖"的宏观气象,融入微观的语句中,给人以和谐的美感享受。

其次，整体感受那更丰富的内涵，实际上包含着形式和内容两个方面。

就内容说，主要是思想感情的色彩和分量。任何感受，必须深化为思想感情、达到"动于衷，形于外"的"喷薄欲出"的状态。在形之于声的过程中，由创作主体内省估量和预感给定色彩的分布、分量的尺寸，逐句落实到词语序列中，并成为全篇的基调。当然，文字作品的基调，要由朗读者悉心确立，一步一步建构朗读基调。作品基调同朗读基调并不是一回事，二者可以相同，也可以不同。不过，那不同仍然以作品基调为依据，适当加以变化，绝不能另起炉灶，与原作大相径庭。如李白《赠汪伦》："李白乘舟将欲行，忽闻岸上踏歌声。桃花潭水深千尺，不及汪伦送我情。"作品的基调是情深意挚、依依惜别。朗读者在细心体味时，应该把握"赠友"和"回叙"这两点。不是自己，不是今天，那色彩当是较朦胧的温馨感，那分量当是较遥远的轻柔感。特别是"忽"和"深"，不应该同今天的作品一样，朗读得那么真切，那么厚重。同样的思想感情，同样的词语序列，由于时间、空间、情景、心境的区别，就会有各种不同的色彩和分量；以精密的感觉阈限、宏大的整体感受，给予切实的表达，再现其整体和谐的美感，才能够准确地把握历代作品基调相近时，那必然存在着的明显差异。

就形式说，主要是对体裁样式的鉴赏和辨析。诗词、散文、寓言、小说、新闻、政论……各种体裁；文言、白话、书面语、口语、郑重宣布、轻松谈话……各种样式。朗读者先以读者身份鉴赏，审视其共性中布局谋篇的个性；然后以评论者的身份辨析，考察其叙写中遣词造句的特征。不要以为形式只是被动地作为内容的附属物，应该看到形式的巨大反作用。形式，既能够给内容以束缚，也能够给内容以拓展。它可以深化内容，也可以模糊内容。它常常显得金玉其表，而掩盖着败絮其中，这时，虽然具有形式美感，却经不住推敲；它往往显得质朴无华，而蕴藏着丰厚底蕴，这时，虽然不够光彩夺目，却让人禁不住动心。优秀的文字作品，几乎无一例外地进入形式和内容完美统一的境地，这样的内容只能用这样的形式，似乎没有别的选择。因此，朗读者很难从形式和内容的结合上找到什么瑕疵，只有深入钻研那形式和内容究竟是如何这样和谐地融合在一起的。形式的问题，远不是一两句话能够说明的，有关论述不胜枚举，但有一点可以肯定，那就是对于形式，切不可小觑。在整体感受中，有时还要特别观照形式的审美作用。

第二节 形式和内容

文字作品的形式，可以说五花八门，千姿百态。我们一贯坚持"内容决定形式，形式反作用于内容"的基本原则,但是,对于形式,应该怎样认识,又怎样鉴赏和辨析呢?

除了前面所列,是"形式的形式",另外就是"形式的内容"了。所谓形式的内容,大体包括以下几种情况。

一是"对称性"。不论是散文还是韵文,都有对称性,或者是词句的对称,或者是节律的对称,或者是理念的对称,或者是感情的对称,都会在相对的部分显出一定的匀称美感。如杜甫的《茅屋为秋风所破歌》中"呜呼！眼前何时/突兀现此屋/,吾庐独破/受冻/死亦足。"如岳飞的《满江红》中"莫等闲/白了/少年头,空/悲切。"不但与全篇的韵律相统一,而且和上下句的节律相对称。这种对称性要求大体一致,而不是完全同一。如杜牧的《寄扬州韩绰判官》中的"二十四桥/明月/夜,玉人/何处/教吹箫。"不能为了对称,完全按一般方法处理成"二十/四桥/明月夜"。对称性,是朗读者在文字语言向有声语言转化过程中,如何驾驭词语序列的前后联系、启承照应,从而达到整体和谐的一个规律。失去对称性,就会显得散乱、倾斜。

二是"参差性"。各种体裁样式,都有历时的变迁,也有共时的差别。就同一种体裁样式,同一篇文字作品看,成功之作总存在着参差不齐、错落有致的形态。毫无变化的、径情直遂的词语序列几乎是没有的。"文似看山不喜平",即使是格律诗,在固有的框架、严格的句式、规范的平仄、一定的韵脚等格局内,那变化也是十分精美的。朗读者给以有声语言的表达,尤其可以高山流水、春风化雨,使其产生无穷魅力。如贾岛的《寻隐者不遇》:"松下问童子,言师采药去。只在此山中,云深不知处。"完全按五言绝句朗读,会给人以刻板的感觉,且不符合诗意和诗境。因此可以这样处理:松下/问童子,言/师/采药去。只/在此/山中,云/深/不知处。如毛泽东的《七律·人民解放军占领南京》中的"宜将剩勇追穷寇,不可沽名学霸王。"可以这样处理:宜将剩勇/追/穷寇,不可/沽名/学霸/王。正像歌德所说"人们不喜欢听刚才听到过的声音"。一定要把"这一句"同上句和下句加以区别,并且又有整体的和谐,务必不能使之产生雷同感。

三是"铺排性"。我们的语言文字,以单音节为主,联绵词也是由一个一个的音节组合而成的。虽然带来了音节的独立感,却也使得音节与音节之间不得不加强连接,以便于语义的贯通。这样,由第一个音节开始,向着后面的音节步步展开、层层递进,逐渐显露出思想感情的脉络,营造出广阔意境的氛围。那些连接词,只是在必要时才使用,而在使用时,也毫无固定的套路,不必进入那种形态语言的模式,为时、数、性、格等所累。因为字词的自选意象、自由组合、自主编排、自觉推展,所以,究竟是怎样的文理、文势、文气、文路,根本不可能"一叶落而知秋之将至",每一句话之后,还要接着说什么,几近"羚羊挂角,无迹可寻"。这种铺排性,使得我们的语言文字获得了自由驰骋的时空,预设了扑朔迷离的前程,不到终篇,便不能完整地了解"这一篇"的独到之处。鲁迅《野草》首篇:"在我的后园,可以看见墙外有两株树,一株是枣树,还有一株也是枣树。"这是变化句式的简明范例。如果改为"在我的后园,可以看见墙外有两株枣树。"不但显得平淡无味,而且损坏了全篇的感情色彩。如初读杜甫《闻官军收河南河北》首句"剑外忽传收蓟北"的时候,谁能想到后面那激情满怀的诗句,滔滔不绝,滚滚而来,奇思妙想,妙笔生花!任何一句话后面,说什么、怎么说,都有若干个方向、走势可以选择。优秀的作品,往往千回百折,令人不能窥其一豹,总处于愈见愈奇的境界。这正是铺排美的特点,朗读时,能使我们的语流一泻千里,顺畅通达。朗读者只有掌握了"铺排性"的形式美,才能够把它充分地表现出来。

四是"回环性"。文字作品的布局谋篇,是一种结构艺术,同样标志着作者的驾驭能力。松散的材料、模糊的轮廓、朦胧的情节、相似的人物、飘忽的场景、奔涌的感情,都需要清醒的理念和深刻的体验给以观照。吟咏性情、品评风物,只有寻找到恰当的叙事方式,进行天衣无缝的、完美无缺的编织建构,才可能达到"以事醒人、以理服人、以情感人"的目的。完美的结构,使材料取舍得当,轮廓清晰可见,情节曲折动人,人物性格鲜明,场景具体真切,感情起伏有度。但是,完美的结构谈何容易!或者功亏一篑,或者画蛇添足,或者金瓯半缺,或者拖泥带水,重要原因在于没有掌握"回环性"的形式美法则。文字作品本身具有了回环性,朗读再创作就有了充足的依据。"回环性"是全篇中的那些相似、相近、相对、相反的部分(字、词、句、段)反复呈现的表现方法,而不是仅指相同部分的重复。明显的如:"即从巴峡穿巫峡,便下襄阳向洛阳","峡"与"阳"属于相同句式中的重复字词,而"从""穿""下""向",就造成了回环的意味。朗读时,突出"巴""巫""襄""洛",那对称性、参差性、铺排性、回环性,便跃然纸上,美不胜收了。汪曾祺的《昆明的雨》,写得清新俊逸。从"画"写起,由雨中的菌子、雨季的果子(杨梅)、雨季的花(缅桂花),归结到游子的乡愁。"我想念昆明的雨",影影绰绰,缠缠绵绵,真真切切,萦萦绕绕,真是点点滴滴,浸润肺腑。那雨意、雨境、雨兴、雨味,形成了无尽的回环,在一幅画和40年之间徜徉。朗读时,怎能不被它那"江流曲似九回肠"的结构所牵动!我们必须在字里行间善于发现上下文中的"山重水复疑无路,柳暗花明又一村",把握抑扬度、疏密度、喷弹度、明暗度等的"回环往复",表现出结构上的"一咏三叹",揭示出内容里的"心驰神往"。

仅此四点,已不难看出"形式的内容"是如何服务于作品的题旨的,是如何铸造作品的形象的。没有"对称性",就会缺乏深刻的比较感;没有"参差性",就会缺乏复杂的多样感;没有"铺排性",就会缺乏顺畅的通达感;没有"回环性",就会缺乏曲折的律动感。不要以为形式是可有可无的、随意驱使的。完美的形式,把内容推上起伏的山峰,融入盛开的花簇,犹如崇高的灵魂进入健美的身体,成就了一次"凤凰涅槃"。

第三节 语与气

语气,应该是"语"与"气"的和谐统一。

"语",当然是指有声语言,我们已经十分明确了。"气"的问题,自古有之,比较复杂,这里结合朗读稍做阐述,并不过多地征引前圣今贤的鸿篇阔论。

气,从生理上说,是人们用以维系生存的呼吸的气息,也是人们发出声音时所需要的动力。但是,我们这里所说的,主要是同思想感情息息相关的、朗读时不可或缺的、更强调呼出状态的气息。我们曾经指出,"气者,音之帅也","情者,气之根也"。我们还指出,"声随气转,气随情动"。

气,是人们生存和生命的标志,"停止呼吸"就意味着生命的结束;"以气养生"正说明了精力的旺盛。在朗读中,气息的多少、吸气的深浅、呼气的快慢、用气的显隐,都是十分重要的。气息是朗读再创作的巨大支撑力量,既可以伴随着语流携手并进,又可以推动着语流不遗余力。我们可以从以下几个关系中,了解气息的作用。

"以呼为主"。在朗读时,有声语言是由呼出的气息支撑、送到口腔之外的。除了满足气息交换,吸气更是为了补充发音的需要。人类的高级神经活动,能够自动调节吸气的多少和快慢,完全不用理智的支配。关键是呼气时的控制——既要适应发音的要求,又要尽量节约。声母的清浊、送气不送气,韵母的开闭、是否鼻韵尾,声调的升降、缩短或延长,都直接关系到表达过程中呼气质量和力度的控制。

"以调为重"。声调被称为"字神",声调的走向和动态,可以表现思想感情的趋势和形态。人们常常把声调看作区别语义的手段,充其量把它当作判别平仄的依据。真正以它为传神的理性认识成果,至今还不多见。其实,声调能够传神,在实践上早有陈述。陆机在《文赋》中就指出:"暨音声之迭代,若五色之相宣。虽逝止之无常,因崎锜而难便。苟达变而识次,犹开流以纳泉。"沈约在《宋书·谢灵运传论》里,进一步指出:"欲使宫羽相变,低昂互节,若前有浮声,则后须切响。一简之内,音韵尽殊;两句之中,轻重悉异。"刘勰在《文心雕龙·声律》中明确指出:"凡声有飞沉,响有双叠,双声隔字而每舛,叠韵杂句而必睽。"由此可见,声调不但具有形式美感,而且可以跌宕出性灵美感。"白杨"的两个阳平,前短后长、前低后高、前轻后重,表现了杨树直立挺拔的特征。"垂柳"的一阳一上,前升后降、前短后长、前刚后柔,表现了柳树婀娜多姿的特征。"虚怀若谷"的"怀"扬"谷"收,"壮志凌云"的"志"降"云"放,那声调的作用不是愈益鲜明了吗?至于强化或弱化,当会随语句的差异而发生变化,更是无限丰富的。我们能够感到,声调并不是单独起作用的,还需要其他方面的配合,特别是气息的支持和驱动。

"气韵生动"。这个问题至今还有争论,我们无暇顾及。无论如何,这个表述是十分丰富的。气者,神也;韵者,形也。神形兼备,神采飞扬,必然使文字作品发人深省、感人至深。朗读,同样要求神清气顺、通达自如,要求风韵独具、色彩纷呈。当我们朗读鲁迅的"忍看朋辈成新鬼,怒向刀丛觅小诗。吟罢低眉无写处,月光如水照缁衣"的时候,当我们朗读普希金的"啊,诗神缪斯!遵从上帝的意旨吧!不要畏惧侮辱,也不要希求桂冠,赞美和诽谤都平心静气地容忍,也不要和愚妄的人空做争论"的时候,鲁迅和普希金的性灵与诗格不是相当鲜明了吗!道德情操和艺术魅力共同塑造了诗魂和诗风,那气韵生动的经典要义就不言而喻了。韩愈的"气盛言宜"可以作为很好的注释,而感情的潜流,将"心潮逐浪高"推进为"我手写我口",既能言志传神,又可词简义丰了。这里涉及另一个问题,似乎还没有深入讨论,那就是"气韵生动"不是一厢情愿的。文字作品的创作主体首先要有"气韵生动"的理想蓝图和实现功力,而文字作品的接受主体,必须具有一定储备和能力,这才可能"同声相应,同气相求",达到创作自觉与解读自觉的融洽而默契,共同实现气韵生动的社会审美价值。或因"自我感觉良好"而主观认定的气韵生动,或因"心有余力不足"而客观否定的气韵生动,都与我们所说的、基本形成共识的"气韵生动"南辕北辙。所谓接受美学,力图把"接受"作为成功创作的前提条件,过分夸大了接受主体的作用,反而削弱了创作主体的能动性、创造性。历史上,有许多精品佳作,例如陶渊明的诗文,并不是一开始就被承认的,但仍然流传着,尽管曲高和寡,却没有失去其经典地位、历史意义。今天,本不成型的"作品",一旦被炒作,立即轰动,人们争相抢购,貌似峰巅,却犹如过眼云烟,时过境迁,便再也无人问津。文字作品的独立性,是不应该被轻视的,无论是"形象大于思想",抑或是"思想大于形象",文本终究是"文"之"本"。因此,我们强调作者、朗读者,在"气韵生动"方面占有独立的地位,不必为了迎合、为了媚俗,而降低标准,甚至"放逐崇高""削平艺术"。坚持气韵生动,就是承继优秀的文化传统,就是尽力提升整个民族的文化素质,就是弘扬我们的语言文字审美理念。

"语无定势"。思想感情的丰富多彩,气息状态的灵活多变,语言样式的姿态万千,创作主体的性格各异,在"气"与"语"的结合上,就会出现各种各样的语言态势。同样一句话,在不同的语言环境中,不同的人表达不同的思想感情,语气必然发生不同的变化。但是,由于朗读时的"气"与"语"发生了或多或少的脱节,同样的气息状态下,朗读不同的语句,使语句的形态相似以致雷同。也许还有某种模式的引诱作用,便产生了"固定腔调"。固定腔调不但使一句话相似,而且使句句话相似,造成了有声语言的刻板和僵化。在固定腔调里,高低、快慢、强弱都处于一种格式中,"万变不离其宗",给人以听觉上的同样重复、同类反复的刺激,扼杀了有声语言的生命活力,取缔了有声语言的个性特色,不能区别"这一句"和"那一句"的差异,不能区别"这一朗读者"和"那一朗读者"的神韵,这是朗读再创作的大忌。一定要明确"语无定势"的创作法则,彻底打破"固定腔调"的态势。在有关朗读的理论中,曾经有人用"叙述句是平直调""疑问句是昂上调""嘲讽句是弯曲调""感叹句是降抑调"来规定语气;也有人把丰富的感情色彩纳入一定的语言格式中,这无疑成了"固定腔调"的理论依据,我们应予以否定,并反其道而行之。

"心中有人"。任何朗读,都不是对空发言,都有特定的听众。面对不同的听众,即使同一篇作品,朗读的语气也会发生变异。必须考虑听众的需要,必须把朗读的作品一句一句地传送到听众的心田。朗读者在"目中有人"的同时,更要"心中有人"。要学会分辨男女老中青、工农商学兵,要学会把握向不同的人说不同的话,要从不同人的内心需求出发,"心有灵犀一点通"地朗读给他们听。这种内心需求,不仅是"求知",更是"审美"。在朗读中,只要篇目适当,就不会有"阳春白雪"和"下里巴人"的悬殊,不会有"深奥难懂"和"浅薄无味"的忧虑。出于对现场听众的了解,总会找到"息息相通""心心相印"的语气。关于这个问题,后面还要谈到,这里不再赘述。

第四节 语调与语势

"语调"这个概念,是语音书上经常使用的,它来源于对语音现象的考察,属于结果性概念。当人们听到一串话时,对语句的声音形式进行捕捉,并记录下来,然后综合在一起,以扩大了的字调"四声"的走向,描述语调形态的差异。如果收集语料、划分句型,语调尚有一定意义;如果指导朗读、驾驭声音,强调语调就会进入某种模式,不免"削足适履"。为了使朗读者能够具体运用"语气",我们使用"语势"这个概念。

"语势"是指有声语言的发展趋向和态势。它是朗读者出口之前的语感昭示,它是朗读者出口之后的行为规范。它是朗读者驾驭能力的体现,它是朗读者表现能力的实施;它是朗读者审美能力的具现,它是朗读者美学理想的呼唤;它不仅是朗读者创造力的脚步,它还是朗读者语言功力的标识;它改变了朗读者被动的状态,它激发了朗读者灵动的预感。

语势,仍然有其大体的走向,但那是"形式的形式",绝不同思想感情挂钩。语势的大体走向,约为五类:

一是波峰类。起点低,逐渐上升,再向下行。

二是波谷类。起点较高,逐渐下行,再升高。

三是起潮类。起点较低,逐渐上升,不再下行。

四是落潮类。起点较高,逐渐下行,不再升高。

五是半起类。起点较低,上行中途,戛然而止。

以上五类,在《朗读学》里已经分别做了说明,这里要强调的是,根本原则还是要坚持"波浪式"和"曲折性"。不应以为上下之间是笔直的,不应以为高低之间是平面的。不,事实上,上下之间是波浪起伏的,高低之间是立体行进的。在语势上,首先是主次关系,其次是轻重格式,再次是平仄联结,最后是句尾落点。而这四方面,应该以"抑扬顿挫"为核心展开。如此,既有抑扬之美,又有顿挫之妙;既有声音的流动感,又有语言的行止感。在流动中行止,在行止间流动。有声语言就怕无波浪以显抑扬,无曲折以显顿挫。

波浪之美,在于起承转合、纵横捭阖中的控纵自如;曲折之美,在于东奔西突、回环往复间的收放有节。如陈子昂的"念天地之悠悠,独怆然而涕下。"其中,"念"因"天地"而高起,"天"上行,"地"下行,"之"稍起过渡,"悠悠"前重后轻,稍延长。"独"承前启后,稍高而重,"怆然"下行,"而"稍扬过渡,"涕下"前轻后重,下行,渐沉。"念"后一顿,"天"可乘势而起;"怆然"后一挫,"而"可稍扬,以便"涕下"顺势而下。"悠悠"的落点,似直而稍降,"涕下"的落点,似降而稳收。

语势的行进,要注意艺术分寸,不可过分,也不可不足,"过犹不及"是也。如"念"后之顿,气息和声音均可中断,"怆然"后之挫,却要似断实连。"天地","天"之向上,不可过高;"地"之向下,不可过低。而"天"之放、"地"之收,属于中等,要更突出"之"的急收、"悠悠"的缓放。朗读者往往忽视词语畅达中的"转换"和"衔接",而把该转换处,读得平实,显不出转向哪里;又把衔接处读得突兀,造成某种割裂感。所谓"字字珠玑""语语中的",并非把每一个字都读得凝重,把每一句话都读得坚实,而是要"按部就班""各就各位""安分守己""各司其职"。那有声语言的瞬时变化,不可滞留,不能更改,只有因文就势,因势利导,行所当行,止所当止。朗读前的任何充足准备,在进入朗读过程时,只能起到"提醒"或"警示"的作用。这时,语感和预感就会来"指点迷津""化险为夷"。"习惯"也会来帮助,着重奇异,放过一般。有时,尽管只是稍长稍短、稍高稍低、稍快稍慢、稍停稍连、稍升稍降，也会使应有的分寸失之偏颇而走形，美感被削弱，甚至湮灭。语言功力的作用，实在不可轻视。

　　由于语势的丰富变化，虽然给创作主体营造了广远的空间，却也提出了严峻的课题。我们既要坚持"句首不要同一起点，句腹不要同一波形，句尾不要同一落点"，又要开拓语气的创新视阈。发散型思维、逆向思维，使不同的创作主体沿着自己的审美发现，在"循规蹈矩"的基础上，另辟蹊径，达到"语不惊人死不休"的理想境界。特别要注意相邻语句、并列语句、呼应语句、相似语句、重复语句、对比语句等之间的关联和差异。语句的位置和形态越是相邻、相近，越应该鲜明地突出其差异性，才能区别"上一句"和"这一句"、"这一句"和"下一句"，才能使人觉出语流的变迁、语势的推进。语句的位置和形态相距越远、差距越大，越要准确地把握二者的关联性，以使遥相呼应的语句之间、形态迥异的语句之间保有千丝万缕的内在联系，给人以逻辑严谨、通体畅达的完整感。如荆轲的"风萧萧兮易水寒，壮士一去兮不复还。""风萧萧兮"可高起渐降，"壮士一去兮"可低起渐扬，但"易水寒"和"不复还"作为相邻句，很容易造成语势雷同，必须加以区分。"易"字下行，"水"字再下行，"寒"字由下而稍上行；"不"字变调，近似阳平，上行，"复"字顺去声调势由上而下，"还"字渐扬渐弱。这就使环境和人物心态在相辅相成中产生了各异其趣的效果，若只是表现二者的统一方面，语势单一，就会平面化。这和书法中，同一个字反复出现时，要使用不同的字体和笔力，是一样的道理。又如白居易《上阳白发人》的开头"上阳人，上阳人，红颜暗老白发新。"和结尾"君不见昔日吕向《美人赋》，又不见今日上阳白发歌？"前后呼应，对照鲜明。特别是"红颜暗老白发新"和"今日上阳白发歌"，一个统摄全篇，一个归结主旨，在语势上，极其相似，产生一唱三叹的作用。"白发新"要字字千钧，"白发歌"要字字慨叹；"新"字重而长，"歌"字长而重；"新"后渐收，引领下文，"歌"后高收，余味无穷。这样，基础理论的一般规律同审美意识的特殊感念相结合，便使朗读的语势产生了艺术的魅力。

　　语势的变化时时处在"情理之中，意料之外"，既达到了"无一字无依据，无一言无目的，无一语无对象"的要求，又进入了"无一字无差异，无一言无关联，无一语无活力"的境界。有声语言的生命活力和艺术魅力，就在于那文化的底蕴、深刻的内涵、厚重的体验、坚实的动力，而不仅仅是"敏于应对""口若悬河"。出于这样的认识，明确这样的理念，我们就会进一步理解"辞达而已矣""养吾浩然之气"是如何发展到今天，馈赠给今人的。前圣先贤为我们积累了多少丰富的文化宝藏，我们怎能抛诸脑后！我们没有理由"放逐"这些精品，去追随"民族虚无主义"的幽灵，膜拜后现代、后殖民的"文化使者"。

　　国外的语言学、哲学、美学……有很多东西值得我们借鉴，我们从不盲目排斥。但是,语言,特别是语言,具有极明显的民族特质,一切外来的语言样式只有加以融合,才会成为我们自己的财富。"语调"的概念,长期以来模糊着我们的应用视野,荒疏着我们的视觉阈限,框定着我们的语气样态,压抑着我们的语言活力,成为"重文轻语"的理论根据之一。听觉美感的"言为心声",正召唤我们走向"人文关怀"的时代高峰,用我们民族自己的语言表述我们民族自己的心灵,那"黄钟大吕"的嘹亮音符,应该在太空中响彻云霄!

第五节 语气中心

　　语气之所以重要,是因为它在整个语言流动中占据着核心的位置。既然文字作品转化为有声语言的过程,实际上是"语"与"气"相互作用的过程,那么,每一句话的表达就直接影响着全篇;各个语句之间的联系,也要由"这一句"的句首、句腹、句尾给以承续,对全篇的起承转合也有"牵一发而动全身"的作用。

　　在表达技巧上,重音、停连、节奏,都离不开语气的提挈、统领、凝聚、落实,缺不了语气的突出、削弱、抑扬、疏密。因此,语气是一个动态的概念,是一个立体的概念。

　　所谓动态,是指语言的流动中,语气是某一点、某一段,而这一点、这一段又同其他的点和段紧密相连,不可分割,不可静观。包括文章的另起一段、诗词的上下联(阕),语气都发挥着承上启下的作用。我们习惯于把语句静态化、单一化,把一句话孤立起来,进行语音、词汇、语法、修辞等的分析。这在基础理论学习时,有其必要性,但在审美意识的培养上,就显得单薄了。"这一句"的第一个字,怎样才算是正确的呢?上一句对它有什么影响,它自身又有哪些蕴涵,第二、三个字又怎样需要它的支持和补充……只有结合全篇,才可能得到正确答案。把语气简单地理解为某一句的单一表达,则会"语"不明,"气"不顺。

　　所谓立体,是指语言流动中,某一点、某一段既可以在高低上变化,又可以在轻重上变化;既可以在快慢上变化,又可以在虚实上变化。而这些变化,又同创作主体的气息状态密不可分。朗读者以"松胸沉气"为基础,以"胸部支点"为依托,以"阴阳上去"为走向,以"气随情动"为根本,朝着四面八方的可能性线路自如运动。这种运动使语句的可能性空间格外高远,使创作主体的创造性思维特别灵动。就语句中的某一个字来说,可以轻轻带过,可以十分凝重,可以恰当夸张,可以相对模糊……那种跳脱感、粘连感、倾泻感、突兀感,令人耳不暇听,倾心系之。

由于语气的流动和立体潜质,朗读中,何处是"重音"? 何处有"停连"? 怎样生发出波澜起伏、抑扬顿挫? 均在语气的个性及其互相关联上给以体现。简而言之,没有语气的具体表达,就无法确定、无法充实其他技巧的生存,更不用说赋予其生命的活力了。

由于语气的流动和立体潜质,根据语境和情态不断形成和变异的"语体",才可以表现其特色,达到同一语体的整体和谐。某一语体的存在,并不完全是遣词造句、布局谋篇的功夫,更重要的还是有声语言上的"共性原则"和"多数原则"造就的。"共性原则"是指那些基本语气、基本语势的相似性;"多数原则"是指整体中的某种语气、某种语势存在于大部分语句里。如果整体上,语气、语势间缺乏共性,或者,各个语句的语气、语势"有独无偶",那就形不成气候,无法确定其语体了。这里先提出问题,后面再具体论述。

知识梳理

第一节 具体感受和整体感受

具体感受包括形象感受和逻辑感受。整体感受,虽然主要是形象感受和逻辑感受的整合,但它还有更丰富的内涵。首先,整体感受是形象感受和逻辑感受的整合。其次,整体感受那更丰富的内涵,实际上包含着形式和内容两个方面。就内容说,主要是思想感情的色彩和分量。就形式说,主要是对体裁样式的鉴赏和辨析。

第二节 形式和内容

内容决定形式,形式反作用于内容。所谓形式的内容,大体包括以下几种情况。一是"对称性"。不论是散文还是韵文,都有对称性,或者是词句的对称,或者是节律的对称,或者是理念的对称,或者是感情的对称,都会在相对的部分显出一定的匀称美感。

二是"参差性"。各种体裁样式,都有历时的变迁,也有共时的差别。就同一种体裁样式,同一篇文字作品看,成功之作总存在着参差不齐、错落有致的形态。

三是"铺排性"。由第一个音节开始,向着后面的音节步步展开、层层递进,逐渐显露出思想感情的脉络,营造出广阔意境的氛围。

四是"回环性"。"回环性"是全篇中的那些相似、相近、相对、相反的部分(字、词、句、段)反复呈现的表现方法,而不是仅指相同部分的重复。

第三节 语与气

"以呼为主"。在朗读时,有声语言是由呼出的气息支撑、送到口腔之外的。

"以调为重"。声调被称为"字神",声调的走向和动态,可以表现思想感情的趋势和形态。

"气韵生动"。朗读,同样要求神清气顺、通达自如,要求风韵独具、色彩纷呈。

"语无定势"。思想感情的丰富多彩,气息状态的灵活多变,语言样式的姿态万千,创作主体的性格各异,在"气"与"语"的结合上,就会出现各种各样的语言态势。

"心中有人"。必须考虑听众的需要,必须把朗读的作品一句一句地传送到听众的心田。

第四节 语调与语势

"语调"以扩大了的字调"四声"的走向,描述语调形态的差异。如果指导朗读、驾驭声音,强调语调就会进入某种模式。

"语势"是指有声语言的发展趋向和态势。语势的大体走向,约为五类:一是波峰类。起点低,逐渐上升,再向下行。二是波谷类。起点较高,逐渐下行,再升高。三是起潮类。起点较低,逐渐上升,不再下行。四是落潮类。起点较高,逐渐下行,不再升高。五是半起类。起点较低,上行中途,戛然而止。根本原则还是要坚持"波浪式"和"曲折性"。上下之间是波浪起伏的,高低之间是立体行进的。在语势上,首先是主次关系,其次是轻重格式,再次是平仄联结,最后是句尾落点。而这四方面,应该以"抑扬顿挫"为核心展开。

语势的行进,要注意艺术分寸,不可过分,也不可不足。我们既要坚持"句首不要同一起点,句腹不要同一波形,句尾不要同一落点",又要开拓语气的创新视阈。发散型思维、逆向思维,使不同的创作主体沿着自己的审美发现,在"循规蹈矩"的基础上,另辟蹊径,达到"语不惊人死不休"的理想境界。

语势的变化时时处在"情理之中,意料之外",既达到了"无一字无依据,无一言无目的,无一语无对象"的要求,又进入了"无一字无差异,无一言无关联,无一语无活力"的境界。

第五节 语气中心

语气在整个语言流动中占据着核心的位置。在表达技巧上,重音、停连、节奏,都离不开语气的提挈、统领、凝聚、落实,缺不了语气的突出、削弱、抑扬、疏密。因此,语气是一个动态的概念,是一个立体的概念。所谓动态,是指语言的流动中,语气是某一点、某一段,而这一点、这一段又同其他的点和段紧密相连,不可分割,不可静观。所谓立体,是指语言流动中,某一点、某一段既可以在高低上变化,又可以在轻重上变化;既可以在快慢上变化,又可以在虚实上变化。

第十章

节奏同检

第一节　应律兮合节
第二节　奏者，进也
第三节　节奏，回环往复之谓也
第四节　节奏合以成文

节奏，应该是节与奏的融合，造就有声语言的"抑扬顿挫"，形成有声语言的"回环往复"。

把握节奏，符合"整体和谐"的规律。

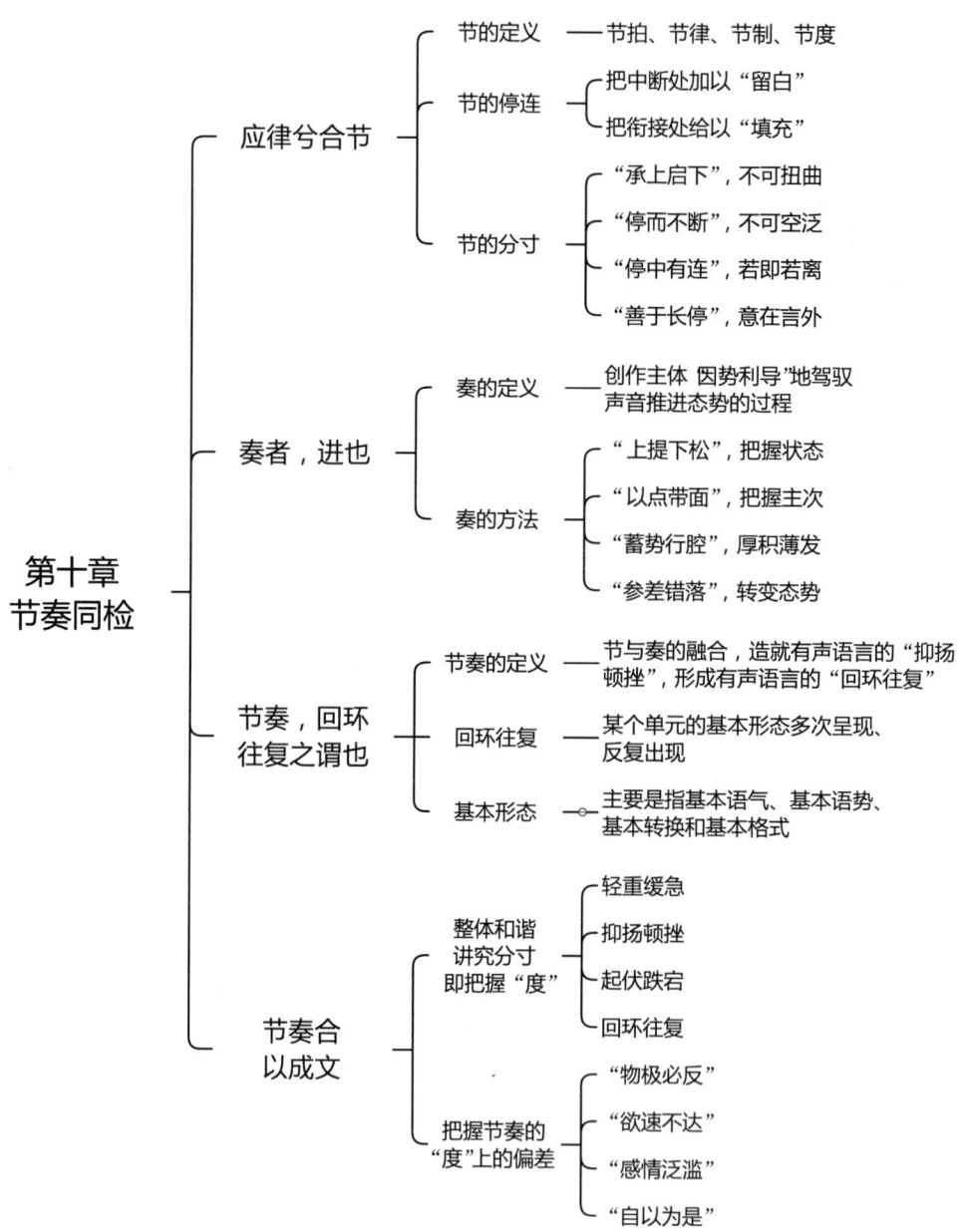

节奏的问题,古已有之,诸多论述都属于音乐范畴。

《荀子·乐论》中早就指出:"先王恶其乱也,故制《雅》《颂》之声以道之,使其声足以乐而不流,使其文足以辨而不諰(音洗,恐惧之意),使其曲直、繁省、廉肉、节奏足以感动人之善心,使夫邪污之气无由得接焉。"

《礼记·乐记》里也说:"文采节奏,声之饰也。……先王耻其乱,故制《雅》《颂》之声以道之,使其声足乐而不流,使其文足论而不息,使其曲直、繁瘠、廉肉、节奏足以感动人之善心而已矣,不使放心邪气得接焉。"(曲直是转折、平叙,繁瘠是华丽、简约,廉肉是高亢、柔婉。)

形容声音的流动状态,探究声音的流动规律,是音乐的任务,也是有声语言的任务。尽管二者有相通之处,却也存在巨大差异。音乐讲究旋律,有声语言讲究韵律。音乐全凭想象,可以共鸣,但"乐无定解";有声语言依存于声韵调,可以共享,但"语无定势"。由此,我们对节奏的认识就能够加以分辨了;由此,我们就可以对节奏在有声语言中的作用给以阐释了。《朗读学》是基础性的解说,《朗读美学》要讨论的却是美感层面的问题。

第一节　应律兮合节

节,既有段落分合的关联问题,又有控纵制约的分寸问题;既有时间的长短问题,又有空间的大小问题。所谓"喜怒哀乐之未发,谓之中,发而皆中节,为之和",喜怒哀乐未发,却已经直接进入人的感情运动;中节,当然是符合语意文气的"一气呵成"和"抑扬顿挫"。

节,是节拍、节律、节制、节度的意思。无节不断,无节不通。一句话、一首诗,总有中断,总有衔接。朗读时,必须把中断处加以"留白",把衔接处给以"填充"。但是,停顿,一定有时值的长短,一定有停顿前后的粘连;填充,一定有主次的区分,一定有主次之间的差异。"停连"的技巧,在这里已经成为美感显露的重要手段。

关键是思想感情的运动到达"这一句"时,如何把握"节"的分寸。

第一,"承上启下",不可扭曲。为什么有的朗读者只会运用一般的停顿,使每一处停顿都显得生硬、平淡呢?因为他不善于在语流中驾驭"地点和时机"。而当停顿只具有生存意义,而没有审美意义的时候,便成了浅薄的逗号。停顿的第一要义,是它的"顺流而下"。它从哪里来?又到哪里去?应该是"水到渠成"。

> 关关雎鸠,在河之洲。窈窕淑女,君子好逑。

以语气为段,每段必停,就是公式化的处理。如果我们这样处理呢:
关关……雎鸠—在河——之——洲——窈窕……淑女——君子——好—逑—

这里,"关关",应该轻快出口,从阴平高起;"雎鸠",应该沿平声弱收,稍扬;"在河",应该是前降后升,不过只是稍微升起,以接下文;"之洲",应该沿平声稍降,强收。"窈窕",应该沿阳平上抬,稍长;"淑女",应该由阳平转入全上声,稍降再起;"君子",慢出,渐弱;"好",前半上,下行;"逑",沿阳平上行,缓收。一定要把"起承转合"的关系,用声音表现出来,至于长短强弱、上下升降,那就看朗读者的"预感"和语感了。

第二,"停而不断",不可空泛。为什么有的朗读者只要一停顿就显得一片空白呢?因为那停顿往往是"干巴""空虚"的,当需要停顿的时候,不知如何进入,也不知如何走出。这时,必须在停顿处有充分的、切实的具体感受,由上文延续而来,向下文生发开去。这样,停顿就会显得既符合宏观走势,又符合微观思路。

> 幽默是一种酸、甜、苦、咸、辣混合的味道。它的味道似乎没有痛苦和狂欢强烈,但应该比痛苦和狂欢耐嚼。(王蒙《风格散记》)

这里,应该先把"幽默"突出,因此,要停顿一下。这个停顿,就像一个冒号,引起下文。"是一种"后面,要"挫"一下,以便把下面的五个并列词加以强调。"酸"字平声,缓出口;"甜"字阳平,轻柔而舒展;"苦"字上声,实际为前半上,心涩音塞;"咸"字阳平,平实而微收;"辣"字去声,着重而稍放。"混合的味道"顺势而下,似结句下行,又中道而止。特别是"味道"一词,不可沉重收束。接下面,"它"要稍高起,给人以进一步说明的意思;"强烈"重中格式,"强"字稍重稍扬,"烈"字去声,稍轻稍降,给人以下一句是重点的期待。"耐嚼"前,应有一个顿挫,以引起注意,使这个中心词更加突显。如果,在每一个逗号、句号上停顿,其他地方毫无顿挫,就使得这样的句子走向不明、停顿不实了。不过,我们所谓的停顿、顿挫,是一种"声断气连""声隐气显""声退气进""声静气动"的现象。并非人们常规认识的那种"屏息""平静"的状态。

第三,"停中有连",若即若离。停顿是一种表现手法,是一种技巧,而不是此处无声、此处无意、此处无情、此处无艺的无奈之举。听觉上似乎是停顿了,无声了,但那情意、那技艺,却在流淌、在滋润,把那顿挫填充、激活,给人以美感享受。因此,停顿不是"刀切斧断",不是"生吞活剥"。停顿处的连接,若游丝,如幽灵,把停前和停后有机地贯穿在一起,"只可意会,不必言传"。为了说明其中的奥妙,我们不妨点出一二。

> 我已经说过:我向来是不惮以最坏的恶意来推测中国人的。但这回却很有几点出于我的意外。一是当局者竟会这样地凶残,一是流言家竟至如此之下劣,一是中国的女性临难竟能如是之从容。(鲁迅《纪念刘和珍君》)

"我已经说过"之后,是压抑中的平静,停顿时要不温不火。"恶意"后边稍挫,表示胸有成竹。"但这回"后面,要扬起、悬住,着意强调。下边就势而行,"意外"之后,不能收束,为引起下文稍扬、稍长,似未完成句。"一是"后要顿住,控诉当局者的凶残,"凶残"要上行,顿住;接着,"一是"要低起,稍停,表示对流言家的蔑视,"下劣"后的停顿,仍然下行,给人以"极端卑鄙"的印象;第三个"一是",不但要上扬,而且要和"中国的女性"连在一起,然后再停顿,"女性"要以钦敬、赞扬的语气,上行,渐强,稍长,再转而下降,"临难"以后,继续缓收,到"从容"时,坚实地结尾。这种停顿的安排,停顿前后的照应,应该属于"前理解"的推动,预感的实施。只有做到了"若即若离",才会产生"此时无声胜有声"的境界。

第四,"善于长停",意在言外。停顿的技巧,完全掌握在朗读者手中。朗读者应该极尽停连之能事,充分发挥停顿的作用。因此,必须克服"不敢停""不善停"的畏惧、怯懦心态。不敢停,是因为害怕停顿产生空白;不善停,是因为找不到停顿延长的依据。如此下去,停顿就只能停留在区分语意、换一口气的初级阶段,被动而拘谨。当然,长停的基础还在于停顿前边的语意积累、情感酝酿是否妥帖。没有基础的长停,是故弄玄虚,比只有一般的停顿还要糟糕。

> 横看成岭侧成峰,远近高低各不同。不识庐山真面目,只缘身在此山中。
> (苏轼《题西林壁》)

这里只说后两联。一般朗读,中间虽有停顿,不过很短。实际上,这个停顿应该很长。为什么呢?因为"不识庐山真面目"是一种切身的感受,这种感受产生之后,不应该马上得到答案,而是有一个过程的。这个过程也不是一下子就完成的。他要认真地思索一番,仔细地考察一番;那答案,也要推敲一番、斟酌一番。这样,"真面目"一定要扬起,并沿"目"的去声下行、中途顿住。在反复琢磨以后,才得出结论,"只缘"高起,顺势而下,"中"字平稳收住。于是,那哲理、那境界,就会得到较充分的体现。

停顿的问题,不必理解成"音步""节拍"的同义语,而应该确认为熟练和老到的处置方法。用一般的分拆,解决不了停顿的"张扬"和"含蓄"、"衔接"和"粘连"等美感共鸣问题。其中的奥妙,要在不断的深钻苦练中才能领悟。

第二节 奏者,进也

奏,是推进的意思。《庄子·养生主》中,"庖丁解牛"里就有"奏刀"之语,就是用刀子扎进去。《文心雕龙·奏启第二十三》开头也说"昔唐虞之臣,敷奏以言;秦汉之辅,上书称奏"。我们所说的奏,同上面所引已经有了意义上的区别,专指声音上的贯通、行进。单独的、单个的某种声音,突兀的、孤立的某个声音,都不能称其为"奏",它必须是一连串的、一段时间里的声音,而且要有变化,显示出某种走向、某种态势。这样,它就同"节"产生了紧密相连的关系。朗读中,朗读者的声音必须是不断推进的、前后贯通的。朗读者在这个过程中,如何把握声音的走向,如何达到贯通的要求,不能不认真对待。

奏,应该是创作主体"因势利导"地驾驭声音推进态势的过程。特别是在文字作品的"文势"与"文气"一泻千里、不可遏止的情况下,怎样游刃有余地、从容不迫地"由己达人",确实是需要一定的语言功力的。为了简明地论述,我们用"抑扬"来代表语流的变化。"抑"指向低、向弱的态势,"扬"指向高、向强的态势。"抑"与"扬"是一对矛盾,方向相反,力量相左,非此即彼,有他无我。但是,它们又是"共存共容"的,没有抑就没有扬,缺少抑就无所谓扬。这种并比的存在,互为依存,相得益彰。而在它们的内部,又有多个层级,"抑"可大致分为稍抑、较抑、更抑、最抑等,"扬"可大致分为稍扬、较扬、更扬、最扬等。这种比较,仍然是粗疏的,并无绝对值精确衡量。但是,它们却可以使我们了解那等次、那走向。

第一,"上提下松",把握状态。在熟练运用"胸部支点"的基础上,还要注意"变声音先变状态"的原则。"上提",就是沿胸部支点上行,呈现走向高强的态势;"下松",就是顺胸部支点下行,呈现走向低弱的态势。不管是走向高强还是走向低弱,都应该把握对比度。一方面,要注意"运行";另一方面,要注意"保持"。

>月儿弯弯照九州,几家欢乐几家愁。几家高楼饮美酒,几家流落在街头。
(民歌)

"月儿"当然在天上,出口就要高起。而"弯弯"是指月亮的形状,仍然在天上,所以不能下降,还要沿高起推进;"照",去声,由高到低,渐降、渐松,表现月光挥洒下来,照耀大地;"九州",广阔无垠,由"照"的尾音继续下行接"九"(前半上),再转到阴平声"州"平推。"几家"稍提,"欢乐"再提,"几家"下松,"愁"要缓慢延长,稍微有一点阳平的感觉就可以了,不必明显上行。值得特别注意的是,这里的"照"字,它是由上而下、由紧而松的典型例子;而"几家欢乐"又是由下而上、由松而紧的典型例子。后面的两句,又是相反的情况:第一句,由低而高、由松而紧,第二句,由高而低、由紧而松。其中的"美酒"要扬上去,"在街头"要抑下来。

上提下松,是指状态,而不是单指声音。在出声之前,必须先调整状态,不可在状态调整之前就把声音提上去或降下来。那样,就会造成"有声无情"的效果。

第二,"以点带面",把握主次。一句话、一句诗,在词语序列中,总有主要的字词。那最主要的字词,有的处于"抑"的态势,有的处于"扬"的态势。一定要根据它们的位置,决定整句的抑扬,并用以带动那些次要字词。这是一种十分重要的方法,既突出了主要的字词,又削弱了次要的字词,还可以促进抑扬的变化。最主要的字词,成为语句的闪光点、感情的凝聚点、语势的制高点、抑扬的对比点。

>两个黄鹂鸣翠柳,一行白鹭上青天。窗含西岭千秋雪,门泊东吴万里船。
(杜甫《绝句四首·其三》)

这是一首对仗十分工整的绝句。其中,"鸣""上""千""万"四个字成为点,可以带动全诗。各句的前四个字,都不必着意强调,只要感受到那具体形象,随意宛转即可;后面的两个字,顺势而行,因势而定,也就会恰到好处。"鸣"字,处于柳树中间,高平推进;"上"字要有向上提升的态势,自然指向青天;"千"字,因为在山岭之间,比树要高,比天要低,所以应该从窗子里看到;"万"字,因为在江河之中,处于最低的位置,是从门前向下看,船又是从远方来,所以似乎是由远及近,目光渐收。由此可见,每一句诗的抑扬变化都化入了词语序列之中,无一字无着落。

第三,"蓄势行腔",厚积薄发。任何一篇文字,都经过充分的酝酿、提炼,绝不是"想什么写什么",也不是"怎样想就怎样写"。在朗读时,朗读者一定要仔细研究那话语、那诗句是怎样形成的。以此为基础,当朗读某一句、某一段时,在出口之前,必须有一个"蓄势"的自我调节过程,然后,才外化为声音的走势。正如书法中的"藏锋",落笔的笔锋并不显露,而是为主干蓄势。这样,朗读出来的语句,因为有了充足的准备,就会引发出丰富的底蕴。至今还有人认为朗读是"念字出声""照本宣科",毫无创造性,不正说明了这种人自己就根本不懂得朗读需要什么功力吗!"蓄势行腔"的功力,正是一种创造力。请看:

在"月儿弯弯"出口之前,朗读者内心就开始了酝酿、想象,当真的感受到晴空里的一弯残月,感受到凄凉、清冷,其势已蓄,其情已满,状态便开始上提,提到目力所及,提到心境已成,再开口,词语的感情色彩、抑扬分寸、上下走向……都可以表现出来了。而"饮美酒"的愤懑不平,"在街头"的感同身受,同样可以因蓄势而达到行腔的余味无穷。

第四,"参差错落",转变态势。虽然我们把语流的推进简化为"上提下松""以点带面""蓄势行腔",这并不意味着语流推进的单一化,而是提供了十分广阔的抑扬空间。主要的问题在于起落点的驾驭。起点、落点、起势、落势,必须依据文字语言的内在情状。究竟抑到什么程度、扬到什么程度,如何表现出词语的具体意味,如何汇聚成广远的一种境界,如何强化对比度、起伏度、明暗度……只能细致地推敲感受,从而贴切地加以表达。在基础理论方面,《朗读学》已经做了说明,从美学的角度,还要进一步给以解释。

一九四九年我到清华后不久,发现燕京东门外有个果园,有苹果树和桃树等,果园里有个出售鲜果的摊儿,我和女儿常去买,因此和园里的工人很熟。(杨绛《吾先生——旧事拾零》)

这是文章的开头一段,我们只看句尾。"久""等""买"是第三声,"摊儿"是第一声,"园""熟"是第二声。六句话分成了三类,而且互相隔开,给朗读造成了一定的难度。怎么办呢?关键是同声调的字如何加以区分,使它们抑扬有别。"不久",时间短暂,"久"字不必读全上调,只读前半上即可,下行,较短;"桃树等",桃是常见水果,"等"只是一带而过,但是要稍微抬起,并且点到为是;"常去买"是"很熟"的原因,要给以适当强调,"买"应该顺"去"字下行,但稍重,似短促的全上声。"果园",感觉上很大,由于是"发现",还带有某种欣喜,所以要稍扬、稍长;"摊儿",是平铺在摊位上,稍下、稍轻;"很熟",要热情、兴奋,上扬、坚实,预示着某种期待。这样来解释,仍显粗糙,不过,只要联系起来,那抑扬是会显示出区别来的。当然,这区别并非越大越好,应该注意它们的分寸。一般文字作品中,像这样的句子排列实在不多见,抑扬的处置就好办一些。诗歌里,那些讲究平仄的,更容易找到抑扬的差异,但必须把握句首、句中、句尾的起落分寸。

奏者,推进、贯通之意也。如何推进,如何贯通,抑扬使然。

第三节 节奏,回环往复之谓也

节奏,应该是节与奏的融合,造就有声语言的"抑扬顿挫",形成有声语言的"回环往复"。因为有声语言具有流动感,那"波浪式"和"曲折性"正是节奏最好的航道,正是节奏最美的舞姿。

节奏,本是思想感情的律动,而思想感情又只能依托于一定的形式才得以显现。并不是所有的思想感情的律动都借助于节奏,有的只是一声叹息,有的只是一个手势,有的可能是一个字,有的可能是一顿足……只有当思想感情喷涌而出、奔腾而下,拓开某种语域,架构某种格局,造成某种态势,形成某种规模的时候,节奏才挺身而出,担当总领全局的重任。只有这时,节奏才能真正发挥出它的"运筹帷幄之中,决胜千里之外"的作用。朗读者必须掌握运用节奏的艺术技巧,才会给人以美感享受,才会产生较好的效果。

实际上,朗读的微观技巧是"语气"。朗读者必须精细地把握"这一句"的精髓,贯通"这一句"和"上一句""下一句"的文路、感念,从而达到语句的个性化、鲜活化、具象化、对象化。朗读的宏观技巧,是"节奏"。朗读者要准确地驾驭"这一篇"或"这一段"的走向,铺排好"起承转合"的各个关节及其推进态势,从而达到全篇、全段的个性化、鲜活化、具象化、对象化。语气和节奏是一对不可混淆的矛盾,二者辩证地存在于一个统一体中,形成了你中有我、我中有你的紧密联系。就朗读基础说,语气是中心,抓不住语气,就放弃了一切;就朗读美学说,节奏是重心,统不住节奏,就失去了律动。只有抓住语气,节奏才有了根基;只有统住了节奏,语气才有了归宿。语气的跌宕起伏,造就了节奏的抑扬顿挫;节奏的回环往复,贯通了语气的轻重缓急。反过来说,节奏的回环往复?是由语气的跌宕起伏的同一和统一形成的,节奏的抑扬顿挫,是由语气的轻重缓急的对立和并比形成的。在研究语气的时候,我们不能忘记节奏;在研究节奏的时候,我们怎能忽略语气?"语气中心"与"节奏重心"并不矛盾,可见一斑。

现在,我们可以具体谈一谈"回环往复"的问题了。

回环往复,是指某个单元的基本形态多次呈现、反复出现。不一定是同样的词语序列,不一定是同等的词语字数,不一定是同一的语流速度,不一定是同向的语流样态。但是,却一定是共有一个基本形态,所有反复之处,都与基本形态大同小异。所谓基本形态,主要是指基本语气、基本语势、基本转换和基本格式。虽然具有总体的模糊性,但同时具有个体的明晰性,由此而来,建构出一个时隐时现的回环往复的格局。试举一例:

朱自清的《背影》是一篇脍炙人口的抒情散文,那慈父恩情、父子深情,在世事浩茫的奔波劳碌中,愈显真挚、厚重,感人至深、经久不衰。全篇充满了细腻的描述,动心的话语。在平凡的生活细节里,融会着生命的感悟,渗透着人性的崇高;在特定的生活情境中,跳动着顽强的性灵,散发着温馨的宽容。由于整篇文字表达的是一种回忆、留恋的情绪,基调属于深情萦怀、婉转思念,所以,节奏属于低沉型。这篇散文主要以"抑"为语流走向,多抑少扬,多停少连,语势多降,转换多下行。这就是本篇节奏的基本形态,在六个自然段中,反复呈现。第一段里,"我最不能忘记的是他的背影""不禁簌簌地流下眼泪";第二段里,"这些日子,家中光景很是惨淡";第三段里,"他再三叮嘱茶房,甚是仔细""他踌躇了一会,终于决定还是自己送我去";第四段,"他给我拣定了靠车门的一张椅子""他嘱我路上小心,夜里要警醒些,不要受凉";第五段,是中心段,"我本来要去的,他不肯,只好让他去""这时我看见他的背影,我的眼泪很快地流下来了""等他的背影混入来来往往的人里,再也找不着了,我便进来坐下,我的眼泪又来了";第五段,"家中光景是一日不如一日""哪知老境却如此颓唐""大约离大去之期不远矣""我不知何时再能与他相见"。上面列举的句子,都处于一种基本形态,突显着全篇的节奏,抑扬顿挫、回环往复,造成了强烈的感受,给人以浓重的心境色彩。

当然,全篇大多数句子从正面或反面,给这基本形态以铺垫、映衬,使得这基本形态得到深化或强化,这也是不可忽略的。如:"我看见他戴着黑布小帽,穿着黑布大马褂,深青布棉袍",是"背影"的重要组成部分,成为本篇的基色;"于是扑扑衣上的泥土,心里很轻松似的,过一会说,'我走了,到那边来信'!"是强掩心酸,珍重道别,临行依依,增添了铭刻肺腑的思念之情。

我们说,只要是一篇优秀的文字作品,就会营造引人入胜的氛围,就会具有自身独特的节奏,令人心驰神往。犹如一唱三叹,犹如一波三折,对某种心境一而再、再而三地进行冲击,从而给人留下深刻的印象,《背影》就这样,成为运用回环往复的节奏的经典,为我们朗读再创作、朗读美感的深入体味,提供了范例。还有鲁迅的《故乡》《祝福》,安徒生的《卖火柴的小女孩》,艾青的《大堰河——我的保姆》,李瑛的《一月的哀思》等,都可以作为成功运用节奏的经典。

第四节　节奏合以成文

荀子在《乐论》中指出："故乐者,审一以定和者也,比物以饰节者也,合奏以成文者也,足以率一道,足以治万变。"而在《礼记·乐记第十九》中却说："故乐者,审一以定和,比物以饰节,节奏合以成文,所以合父子君臣、附亲万民也。"大意虽然一样,说法小有差异。不过,"节奏合以成文"更符合我们的认识。特别是后面的"行其缀兆,要其节奏,行列得正焉、进退得齐焉",恰是朗读再创作中把握节奏的精要。

把握节奏,总揽全篇,肯定要通其关节,合其疏密度;推其抑扬,合其起伏度;明其主次,合其清晰度,入其回环,合其曲折度;辨其色彩,合其鲜活度;量其分寸,合其深广度。这一切,都要符合"整体和谐"的规律,如刘勰所言"断章有检,积句不恒",也就是"节奏同检"的内涵。朗读者不可不察,创作中不可不用。

汗牛充栋的诗文宝库里,几乎每一篇精品都各有千秋。于是,那节奏也就百花齐放、争奇斗艳。要想掌握各种节奏的表达,必须具备坚实的、深厚的语言功力。今天,还有人看不起朗读,他自己朗读不好,也听不出别人朗读的好坏,只是因为朗读要有文字作品作依据,就武断地认为朗读无学,朗读没水平。这只能说明上学时既没有听过老师朗读课文,自己也没有认真朗读过课文,而对于写作,大概是因畏惧而觉其难,才过于推崇。只要稍微有一点常识,就明白:朗读,实在不简单,至少它不比写作容易。我们只引用《文心雕龙注释》中周振甫先生的话,就可以知道那朗读的艰辛了。他说:"什么叫势,弩机发射的箭自然是直的,溪身是陡曲的,溪水自然是曲折而湍急,这是自然的趋势。圆的自然转动,方的自然安定,这也是自然的趋势。文章的体式也是这样。说明道理的文章自然要求明白确切,即景抒情的文章自然要求在景中含情,即含蓄不露。命意浅露的,谈不上酝籍;措辞明断的,用不着繁彩;情绪激昂的,自然发言慷慨,风格刚劲;情思曲折的,自然吐辞婉转,风格柔婉。按照不同的内容来确定不同的体制和风格,这就是定势。要定势,还要'并总群势',要掌握各种各样的势,才可以按照不同内容选择跟它相应的体制和风格来写。"他又说:"刘桢非常推重'辞已尽而势有馀'。话说完了,这种气势还留在听众的印象内,这就是辞已尽而势有馀,激昂慷慨的话具有这种效果。刘勰指出不仅壮言慷慨是这样,就是娓娓清谈,只要感情真挚,具有柔婉的风格,它也可以达到话说完了,使人回味不尽,即辞已尽而势有馀。"朗读必须开掘文字作品的精神实质,把握文字作品的定势,体现文字作品的风格,特别是要充分表达那"辞已尽而势有馀"的无穷韵味。

　　节奏的整体和谐，必然涉及创作主体的艺术感觉。这种感觉，一定是立体的、全方位的、动态的、共时空的。一定要把汉民族共同语的精妙展现出来，这里，主要是语感通悟。

　　节奏的整体和谐，应该讲究分寸，即"度"。马克思所说的"美的尺度"，宋玉所谓的"增之一分则太高，减之一分则太低"，戏曲中的"火候"，宣传口径讲政策分寸，美学理论讲艺术分寸，都与"度"有关。节奏，包括轻重缓急、抑扬顿挫、起伏跌宕、回环往复，无一处无分寸。可见，"度"是一个衡量标准，既有高低，又有长短，既有快慢，又有轻重，既有虚实，又有远近；既指感情，又指声音，既指气息，又指吐字，既指刚柔，又指明暗；既适用于空间，又适用于时间，既适用于外形，又适用于内心，既适用于造句，又适用于谋篇。从朗读再创作的角度看，"度"，正是"语感通悟"的贯穿线。任何一个方面，如果没有"度"的精微探究、深刻体味、明察秋毫、纵横捭阖，就根本谈不上艺术，谈不上美。

　　如："黄河之水天上来"，"天"字应该上提，但绝不是真的从天上来，所以不能太高，只有"高处"的示意性。而"唯见长江天际流"，那"天"字不但不能上提，反而只是稍提，且应低于"长江"，只是表现其"远"，适当延长声音即可。"天若有情天亦老"，第一个"天"字，只是平实出口，因是点到即明的事物；第二个"天"字，却要适当强调，稍高、稍重即可，表示"连天都会老"之意。"断肠人在天涯"，"天"字，为了表露心中的牵挂，就要在声音中融入"虚无缥缈"的感受，稍虚、稍长。

　　又如："横眉冷对千夫指"与"冷眼向洋看世界"；"东风临夜冷于秋"与"更那堪冷落清秋节"，同是"冷"字，就因为诗意、诗境、诗情、诗味不同，朗读者的理解感受也不同，所以，在朗读时的处理上便会产生迥然相异的效果。第一个"冷"是大义凛然、无私无畏；第二个"冷"是明察秋毫、泰然处之；第三个"冷"是离愁别绪、孤寂凄凉；第四个"冷"是无语依依、萧瑟伤感。前两个"冷"坚定、刚正，后两个"冷"哀婉、轻柔。在表达上，要区分"平推""提起""下沉""缓扬"所造成的分寸感，"过"则易生硬，"不及"就会平淡。这里的艺术感觉，难以量化，却可以细化。

　　从这简单粗浅的介绍中，我们不难看出，一个字就要如此考究，"度"的把握就如此丰富，一句、一段、一篇呢，不是更需要推敲吗？问题还在于那些违反"细化"的诸多方面：

　　一是"物极必反"。轻重缓急、抑扬顿挫，不能越过极限。"黄河之水"平起，却不可低起，更不可高起。低起像是地下涌出，高起像是比天还高。"横眉冷对"不必字字用力，好像十分吃力，反而要控制一些，表现一种蔑视。应该十分讲究多个层级，不要处处走到顶端,以为这才是"到位"。

二是"欲速不达"。主次之间、回环之内,不能强加外力。为了使表达符合预感,往往对某些词语加以理性强制,如"加快些""放慢些""突出些""削弱些""升高些""降低些"……这些指令性的内在语,干扰了创作主体的思路贯通,造成了艺术感觉的失真、失衡,破坏了艺术分寸的尺度、火候,"事与愿违",是语言功力不足的表现,是朗读再创作的大敌。

三是"感情泛滥"。喜怒哀乐爱欲惧,因境而生,缘事而发,以诗文脉络为导向,以词语序列为依据,具体引发、具体落实,或"惜墨如金",或"泼墨如云",不黏不涩。特别要防止感情的奔突冲决、不可遏止,因为这会淹没转换的关节、销蚀变化的契机。创作主体不可以此为满足,认为这就是"感情充沛""感情饱满";一定要"控纵有节""色彩纷呈","点染得当""各得其所"。

四是"自以为是"。朗读是给人听的,必须为他人着想,以听者的艺术感觉为标尺。有时候,朗读者只是自我感觉良好,那"度"就显得不准确、不妥当。这是因为朗读者已经充分了解了文字作品的思想感情及其体裁样式,在"烂熟于胸"之后,就觉得别人也是如此,不必着意强化。这是一种错觉,听者还不知道文字作品的基本内容、表现形式,很多地方需要从朗读中认知、感受。朗读者应该熟悉、把握听者的需要,尤其是那些重点、难点的分寸,不能"以其昏昏,使人昭昭",要学会"以己之心,度人之腹",这就为朗读者的深入钻研和细心体会提出了更高的要求。

以上四点,是为避免在"度"的问题上产生偏差、失去美感而需要加以注意的几个方面。我们只有在不断强化节奏感、分寸感的过程中,认真分辨、仔细推敲、反复实践、反求诸己,才能达到"熟能生巧""心口如一"的境地。

节奏的问题十分复杂,论述起来相当困难。以上的说明,必然挂一漏万。朗读者在朗读时给以关注,一定会"积铢累寸""更上层楼"。

➡ 知识梳理

第一节　应律兮合节

节,是节拍、节律、节制、节度的意思。朗读时,必须把中断处加以"留白",把衔接处给以"填充"。"停连"的技巧,在这里已经成为美感显露的重要手段。关键是思想感情的运动到达"这一句"时,如何把握"节"的分寸。第一,"承上启下",不可扭曲。第二,"停而不断",不可空泛。第三,"停中有连",若即若离。第四,"善于长停",意在言外。

第二节 奏者,进也

奏,是推进的意思。奏,应该是创作主体"因势利导"地驾驭声音推进态势的过程。第一,"上提下松",把握状态。第二,"以点带面",把握主次。第三,"蓄势行腔",厚积薄发。第四,"参差错落",转变态势。

第三节 节奏,回环往复之谓也

节奏,应该是节与奏的融合,造就有声语言的"抑扬顿挫",形成有声语言的"回环往复"。回环往复,是指某个单元的基本形态多次呈现、反复出现。所谓基本形态,主要是指基本语气、基本语势、基本转换和基本格式。

第四节 节奏合以成文

把握节奏,符合"整体和谐"的规律。节奏的整体和谐,必然涉及创作主体的艺术感觉。

节奏的整体和谐,应该讲究分寸,即"度"。节奏,包括轻重缓急、抑扬顿挫、起伏跌宕、回环往复,无一处无分寸。

节奏的"度"上的偏差:一是"物极必反"。轻重缓急、抑扬顿挫,不能越过极限。二是"欲速不达"。主次之间、回环之内,不能强加外力。三是"感情泛滥"。防止感情的奔突冲决、不可遏止,一定要"控纵有节""色彩纷呈","点染得当""各得其所"。四是"自以为是"。朗读是给人听的,必须为他人着想,以听者的艺术感觉为标尺。

第十一章

对象交流

第一节 认识"审美的耳朵"
第二节 交流的时空变化
第三节 交流的语气联通
第四节 副语言的表情作用
第五节 朗读与朗诵

"及于听众"就是要达之于耳,入之于心,省却听者对文字作品的"咀嚼""消化"的工夫,比他们自己去看、去琢磨,得到的东西更多、更深。

对象交流,不能忽视时空变化。这里,既包含对象的具体存在,又包含朗读者同听者的关系;既包括朗读的作品和听者的感念之联系,又包括朗读者的表达和听者的接受之沟通。

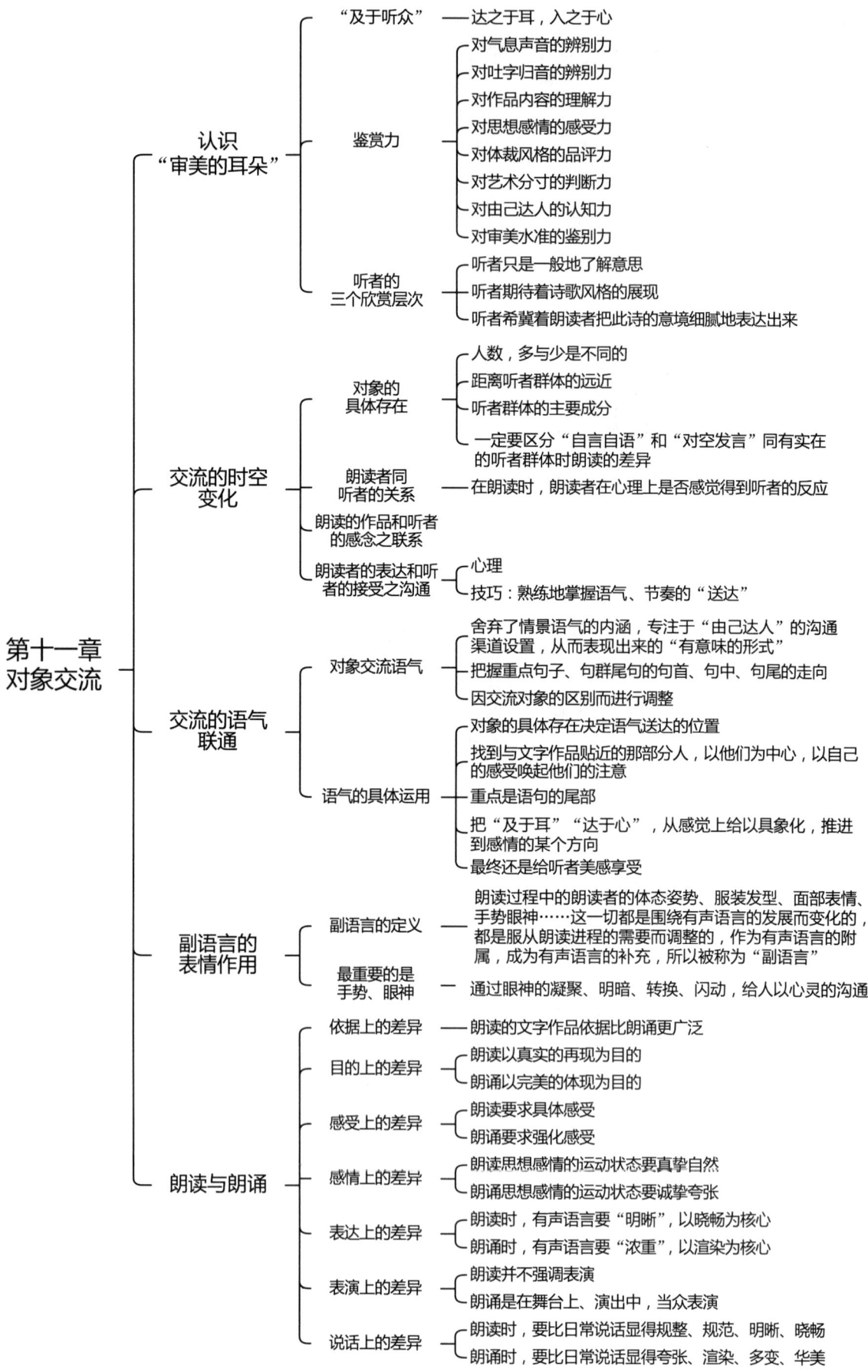

朗读美学同朗读学一样,是一种口耳之学。它不但要解决创作主体的再创作问题,把文字作品转化为有声语言,而且要解决创作主体同听者的关系问题。听者,正是朗读者的交流对象,或称作朗读对象。关于朗读对象的基本理论,已经在《朗读学》中进行过阐释,这里不再重复。朗读者对朗读美的创造,是创作主体方面的觉悟和行为。如何使得朗读对象获得美感,就不仅是朗读者的事了,在创作中必须充分驾驭朗读过程,做到"卑己尊人""由己达人"。

第一节 认识"审美的耳朵"

马克思在《1844年经济学哲学手稿》中有一句名言:"对于不辨音律的耳朵说来,最美的音乐也毫无意义,音乐对它说来不是对象。"朗读也毫不例外,听者的耳朵,是获取朗读内容和形式的唯一渠道。我们不能期待听者的"无意识"状态,我们的责任是创造良好的氛围,以有声语言的艺术魅力,尽力吸引听者的注意力,培养和提高他们的审美意识,使他们从中得到美感享受。

听者的群体是怎样构成的,其特点是什么,哪些是他们的规定层次,如何保证他们的听辨力、理解力、感受力、承载力得到发挥,如何促使他们的"前理解"和"潜在力"得到激发,等等,在朗读之前就应该具体掌握。

例如李商隐的《乐游原》:"向晚意不适,驱车登古原。夕阳无限好,只是近黄昏。"

听者对李商隐有多少了解,他们的文化水平有多高,诗中哪些词语是需要强调的,怎样表达才适合他们的心理,感情的浓淡、抑扬的幅度、顿挫的位置、快慢的程度应该怎么处理?不能模糊,不能草率。

朗读时我们面对的听者群体是什么样的情况,有多少人,是哪个年龄段的人,他们的基本心态和愿望如何,他们对朗读有怎样的了解,他们期待从朗读中得到什么?不能不想,不能不知。

听者的"审美的耳朵",一定有一个起点,有一个基本水准。当我们在这一点上"胸有成竹"的时候,我们的朗读也就有了起码的"预感",在朗读时才会用以引导有声语言的走向和变化幅度。但是,我们的朗读应该比听者的需要更丰富、更生动,以便满足听者群体多层次的期待。

听者的"审美的耳朵"是要在朗读实践中不断强化、日益成熟的,在这方面,朗读者有不可推卸的责任,有责无旁贷的义务。朗读美学因此而有存在的必要,因此而有普及的价值。如果朗读连这一点都做不到,它还有什么社会功能呢?如果朗读美学连这一点都无能为力,那它还有研究的价值吗?

有一种观点认为:要满足听者群体的需要,就应该尽力接近他们的现有水平,是多低,就降到多低,而且,一定要把无论多么精彩的"书面语言"都必须完全变成"日常口语",不要以什么韵律、美感等束缚朗读活动,这才能够贴近他们,得到他们的认可。其实,这种观点是不正确的。朗读同其他的艺术活动一样,应该在给人信息的同时,也给人美感享受,提高人们的欣赏水平。如果只是一味地迎合,千方百计地俯就人们的低级趣味,随意改变语言的样式,违背汉语的特质,那就会造成艺术上的粗制滥造,必然为大多数听者群体所唾弃。在追求"感官刺激""快餐文化"的今天,尤其要警惕艺术的平面化、私语化倾向。

还有一种观点认为:在朗读时不必管听者,朗读者只管自己去"客观表达",听者群体会以个人的能力加以理解、得到满足。还主张不能在朗读中传达感情,把朗读者以文字作品为依据调动思想感情看作"强加于人"。他们一再申明,文字作品本身已经包含了具体的思想感情,听者完全能够从中获得其内涵,朗读者的表现力只是把字词变为声音,否则就是"喧宾夺主""故作多情"。这种观点也是错误的,因为,文字作品所蕴含的、字词所承载的具体思想感情,只有通过朗读者的再创作,才能够更真切、更深刻地表达出来。任何忽视朗读再创作的看法和做法,都只会造成文字作品内涵的流失,使朗读变为"有声无义""有义无情"的单调言说、苍白叙述,这无异于取消朗读,是那些机器人都可以做到的。

如此这般的观点,不一而足。这些对朗读的看法和做法,实际上也是对听者群体的态度和要求不尊重、不关心的表现。我们把每一次朗读都当作服务,而且一定要服务得好。怎样才算是服务得好呢?那就是:要使朗读"达于耳""入于心"。

我们在"理解作品—具体感受—形之于声—及于听众"的创作过程中,只有把文字作品的精神实质、内容和形式、体裁和风格,完完整整地、真真实实地传达到听者的耳际和心田,才可以说是达到了目的。"及于听众"就是要达之于耳,入之于心,省却听者对文字作品的"咀嚼""消化"的工夫,比他们自己去看、去琢磨,得到的东西更多、更深。这样,经过多次听、多次想,那"审美的耳朵"就会不断提高听辨力,不断加强感受力,同时,也会使听者自己的表达能力进一步准确、生动。如此反复,形成螺旋式上升的良性循环,"审美的耳朵"就被朗读培养起来了,就日渐成熟了。这时,谁再给他们低俗、庸劣的东西,他们就会嗤之以鼻,并且毫不犹豫地抛弃掉。

当"审美的耳朵"逐步成熟的时候,听者群体的鉴赏力就会越来越强。鉴赏力包括:对气息声音的辨别力、对吐字归音的辨别力、对作品内容的理解力、对思想感情的感受力、对体裁风格的品评力、对艺术分寸的判断力、对由己达人的认知力、对审美水准的鉴别力……这些能力,有些是先天的积淀,与生俱来,成为艺术感觉的增长基因;有些是后天的习得,在一定环境中外界对自身的艺术关怀和本身的不懈努力,如家庭的影响、社会的氛围、师长学友的指点迷津、个人自觉的勤学苦练、文化心态的兴味盎然,特别是对把文字作品转化为有声语言的爱好追求,成为这些能力增强的巨大动因。

听者群体的鉴赏能力的提高,同朗读者表达能力的强弱有密切的关系;朗读者的表达能力的提高,同听者群体鉴赏能力的强弱也有密切的关系。二者是一种"水涨船高"的辩证关系。正因为如此,我们十分强调朗读者在同对象交流中的引导提升作用,把朗读者看作"水",把听者群体看作"船"。朗读者的朗读水平越高,听者群体的"审美的耳朵"就越具有鉴赏力,朗读者与听者的交流感就越强。上面举出的绝句《乐游原》,朗读时可以很丰富、很美妙,但听者却可能有三个欣赏层次:

第一个层次,听者只是一般地了解意思,一般地感受情景。朗读者把词句表面所具有的诗意表达出来,便能满足需要。

第二个层次,听者期待着诗歌风格的展现,要听出这是李商隐,既不是杜甫,也不是李白。朗读者要把握李商隐的诗风,特别是"忧伤低回"的蕴藉。

第三个层次,听者希冀着朗读者把此诗的意境细腻地表达出来。此诗末句有不同的解释,一种解释是:"只是近黄昏"的"只是",是"可惜是""怎奈是"之意;另一种解释是:"只是",是"只因是""恰好是"之意。两种解释,两种情态,给人两种感受。前一种是通解,虽然夕阳非常好,可惜时间短暂,天快黑了;后一种是新解,虽然意有不适,但那刚接近黄昏的夕阳,极其美好,给人以满足。由于解释的不同,朗读时的思想感情肯定差异很大,听者获得的感受也会大相径庭。朗读者有权做出自己的判断,并据以表达。不过,按新解,应在特殊场合,如研究讨论的会议上;在一般场合,以通解为好。

于是,我们如何确切把握听者群体的主要需求,就成了朗读者相当重要的任务。既不迎合、媚俗,又不高傲、拘泥,那"眼观六路,耳听八方"的观察力、捕捉力、审视力、思辨力,并非所有朗读者都能得心应口的,必须花大气力、下苦功夫才行。

第二节　交流的时空变化

对象交流,不能忽视时空变化。这里,既包含对象的具体存在,又包含朗读者同听者的关系;既包括朗读的作品和听者的感念之联系,又包括朗读者的表达和听者的接受之沟通。所有这些,都与时间和空间融合在一起。

听者群体是一个空泛的称谓。具体到每一次朗读活动,听者群体应是一个实体存在。这个实体存在,是由多少人组成的,这些人的主要成分是什么,他们有什么样的艺术追求,是朗读者必须考虑的。

首先,人数,多与少是不同的。只是几个人,朗读者没有必要放大声音,语气、节奏也不必起伏过大;要是几十人、上百人,朗读者就要放开声音,加大声音的变化幅度。尽管有话筒,那感觉应该是相似的。

其次,根据距离听者群体的远近,朗读者应该在声音上给予区分。距听者近,用声就要轻柔些;离听者群体远,用声就应高些、强些,字词就要稍稍拉开些。

再次,听者群体的主要成分。面对文化水平较低的群体,朗读者语速要慢些,重点应突出些;面对文化水平较高的群体,朗读者可以更重视韵味,可以更深化内涵。

最后,一定要区分"自言自语"和"对空发言"同有实在的听者群体时朗读的差异。自言自语,是给自己念诗文,由于空间狭小,所以声音微弱,几乎没有起伏,以自己听出来为准,并无与人交流的目的。对空发言,是一种忘记听者群体存在的语言样式,由于空间十分广阔,所以主要表现为高音大嗓、处处上扬、飘忽不定、有去无回,只见乱红飞过,不知花落谁家。目中无人,心中也无人。二者明显区别于面对听者群体时的感觉,是朗读者练习时加以比照的试验方法之一。

朗读者同听者群体的关系,是指在朗读时,朗读者在心理上是否感觉得到听者的反应。听者的面容、眼神、表情、姿态……是不是跟着朗读进程而不断变化。有时,听者聚精会神,心驰神往;有时,听者会心微笑,感同身受;有时,听者表情木然,似懂非懂;有时,听者面容冷漠,不以为然……诚然,这其中离不开文字作品的吸引力、感染力,但朗读水平,特别是朗读者同听者群体的交流状况,是一个举足轻重、不可或缺的支柱。朗读者只有时时关注听者群体的感应,并且体现在语气节奏里,引起听者群体的共鸣,才会获得创作的满足。朗读者同听者群体之间的感应,像是一根链条,贯穿朗读全过程的始终。听者群体的反应,又可以对朗读者产生反馈性的刺激,激发朗读者的创作愿望,让朗读者更投入地进行后面的朗读。在"朗读场"中,这种情况是一个互相感染、相互馈赠的反复行程。在交流的过程中,相互感应链条的断续,有时竟能自行补充,自行推进。只有朗读者有意无意地中断了链条,才能使听者群体分散注意力,甚至失去"倾听"的兴趣,朗读活动因之半途而废;反之,如果只是听者群体中产生的各种反应,那么,他们的反应再强烈,也不可能干扰朗读的正常行进,因为,朗读者是"朗读场"的主人。朗读者只有全力推进朗读进程的义务,而没有放弃听者群体的权利。

朗读者如何与听者群体沟通,不但有心理问题,而且有技巧问题。在技巧运用上,应该熟练地掌握语气、节奏的"送达"。这个问题是从生活中来的,属于有声语言的本源之列。语言产生后,就同时具有了交流功能,就出现了说话者与听话者沟通的需求。说话者要努力把话说得清楚、说得动人,说得使人愿意接受,以便达到说话的目的;听话者要努力把话听得明白、听得动心,听得自己愿意回答,以便达到对话的目的。如果说话者说得词不达意、含混不清,听话者就会"拒听",并失去对话的兴趣,说话者当然也就无力挽回。如果双方说得投机,越说越融洽,越说越兴奋,那么,双方的交流就显得十分畅达,也就做到了真正的沟通。由此可见,关键还是说话者。而那沟通的主动权就表现在"送达"上。当然,如果听话者出于偏见,只愿意听日常的说话,认为那才是说话者"自己的话",不愿意听像说话的朗读,认为那是"别人的话",那么,无法沟通的责任就不在说话者一方了。其实,把"别人的话",包括诗歌、文章朗读出来,难道不能表情达意、言志传神么?还是应该审视"送达"得如何,而不应该让偏见代替现实,让个人好恶代替社会共识。

所谓"送达",就是推动语流进入听者的耳际,到达听者的心田。而听者,是在没干扰、没有阻碍的情况下,自然而然地、顺顺当当地接受的。这里,毫无强制,毫无冗余。随着时间的流逝,空间感也在发生变化,朗读者就在这种种流动中,向听者群体送达着文字作品的精髓。朗读场的设置,规范着朗读活动的具体时空,但朗读的作品中也有具体的时空变化。无视这一点,很容易造成朗读场的模糊,不利于送达的实现。在"当下"的时空界限之内,如何拓展时空的感觉阈限,把文字作品中那浓缩了的时空转换、再现出来,就成为朗读者的更高任务。无论是《乐游原》还是《背影》,不管是驱车还是坐车,朗读者都要让听者群体感受到诗文的情景,如见其人,如闻其声。不过,李商隐时代和朱自清时代终究不一样,古代和现代到底不相同。因此,在送达时,语气、节奏就会产生很大的区别。只是,这种明显的区别还不够,其中的尺寸,即"度",还存在着细微的差异。从时间上说,远古、中古、近古、近代、现代、当代,有多种层级。时间越久远,语气越平静、悠长,节奏越舒缓、委婉;时间越接近现时,语气越真切、热烈,节奏越张扬、紧凑。从听者群体说,古老的,感觉漫长;现今的,感觉贴近。朗读者的艺术感觉能否符合时代的脉搏跳动,能否跟上社会的发展脚步,能否以历史的厚重感"遥想公瑾当年"(苏轼《念奴娇·赤壁怀古》),能否以当代的新鲜感"去以心发现心"(何其芳《生活是多么广阔》),在送达时运筹帷幄、指挥若定,决定听者群体能否获得更丰富的美感享受。

总之,朗读者必须充分尊重听者群体的接受需求,时时处处为听者着想,把文字作品的字字句句送达听者的心里。这是交流技巧的根基,是"心有灵犀一点通"的诀窍。只有在这些问题解决之后,才谈得上具体技巧的运用。

第三节　交流的语气联通

怎样将文字作品的朗读送达听者群体的心田,最终还是要落实到语气上。

在交流过程中,必须先解决语气的具体辨析问题,而语气的一般理论,我们已经在前面探讨过,这里不再赘述。

对象交流语气,是指舍弃了情景语气的内涵,专注于"由己达人"的沟通渠道设置,从而表现出来的"有意味的形式"。这种语气形式,好像架于河上的桥梁,它不承担负载的货物品类,只注重桥梁的质量和是否到达彼岸。这种语气形式,好像连接双方的纽带,它不品评色彩的图案格调,只考察纽带的韧性和是否真正连接。这种语气形式,好像丘比特手中的神箭,它不在乎表面的形状花样,只确认箭头的方向和是否射中心上人。这种语气形式,好像归心似箭的游子,它不留恋路途的桃红柳绿,只向往家人的期盼和是否能够团聚。也许在具体的语气中,只注意了内容,会削弱交流感;也许在具体的交流中,只注意了对象,会冲淡语气。这是兼顾二者时常出现的缺点。我们必须强化自己的语言功力,努力克服这种缺点,加强对象交流,注意语气的整体和谐,就能够改变这种顾此失彼的状况。

对象交流语气,要把握重点句子、句群尾句的句首、句中、句尾的走向。句首的第一个字,既要和上一句话衔接,又要根据下一个字的起势,不能太高,不能过低。句中的波形可以依据文字作品而起伏,顺势而行。这时,句尾就非常重要了。句尾的字,阴平声要延长;阳平声要上行却不过高;上声如果是前半上,要下行,却不能太低,如果是全上声,上扬也不要太高;去声下行,不能降到最低点。尤其要注意尾音,那余音袅袅,直入对方所在的位置,似乎进入了位置的中心,感觉上,就像跟着声音前进,到达即收,未到不止,一到就停。至于非重点句、一般句子,就可以稍微粗疏一些,不必那么讲究了。

对象交流语气,还要因交流对象的区别而进行调整。随着听者群体的具体化,此时此地的朗读对象应该相当清晰地呈现在我们的心目中。在具体场合的规定情景下,处于朗读场中的听者群体,有什么样的特殊性?这是调整交流语气的前提。试举几例:

听者群体是老年人。老年人生活经验丰富,文化视野宽广,理解力虽强,但听力下降,反应不太灵敏,接受声音刺激缓慢。朗读者首先要放慢语速,语气的送达稍微着力一些,不下滑,不过重。让老年人听清楚的基础上,尽力显示出语气的深沉和柔美。重点语句的尾音,坚实而挺拔,稳健而温和,上扬至耳目,下行到前胸,似奉上哈达,心怀敬仰。如:"夕阳无限好","好"字近于全上声,尾音上扬,但不能过高,不能飘走;也不能过短,不能急促。"只是近黄昏","昏"字,阴平声,全诗结尾。按通解("无可奈何")朗读,稍下降,轻收。按新解("就是此刻")朗读,稍上行,缓收。主要是"昏"字,字头轻出口,hu—(e)n 韵腹要拉开,字尾到位,平稳推出,不冒不散,不秃不落。如此表达,基本符合老年人的心理,老年人听后,既能加深对此诗的理解,又能感受到语气的送达熨帖。

听者群体是少年儿童。少年儿童天真活泼,好奇好动,自尊自信,思想敏锐,求知心切。他们最不喜欢"哄孩子"式的朗读和说话。朗读者虽然语速要慢些,却不能浮飘;语气应该热情,但不能毛躁。重点语句的句尾,应平实而稍扬,舒展而稍强。送达其额,勿过头顶,勿低于颈,似关怀备至,俯首呵护。如:"锄禾日当午,汗滴禾下土。谁知盘中餐,粒粒皆辛苦。""当"字上行,平走,至"午"字,下行而稍高,不可直降。"土"字下行,降而不起。"餐"字,平行不落,稍长不拖。"皆辛苦",高起,字字下行,至"苦"字,虽低不下滑,虽长不飘忽,比"土"字略高,比"餐"字略低。这告诫进入了他们的脑中,这道理闪烁在他们的眼中,而不是滑入脚下,或者飘到脑后。这样表达,基本上符合少年儿童的听觉需求,对他们的送达过程就不会是茫然空泛的了。

听者群体是整装待发的军人。军人的威武坚强,斗志昂扬,渴望拼搏,志在四方,自然引发我们的一股豪情,我们的语气中饱含着热烈和奔放。面对这样一支队伍,在受到他们感染的同时,朗读者把语气、节奏调整到适合他们需要的尺度上。如:"青海长云暗雪山,孤城遥望玉门关。黄沙百战穿金甲,不破楼兰终不还。"(王昌龄《从军行七首·其四》)这首诗中,"玉门关"不能收拢,而要放出去,高行渐弱。"终不还"不能下滑,"终"字坚定实在,"不"字稍降、较短,立即出"还"字,上扬、较长,字尾稳稳收住。恰似变成了全场的呼声、誓言。如果像自言自语,就会使声音低落;如果像对空发言,就会让声音散开。只有控制声音,发出雄浑之声,才能够唤起交流对象的共鸣。这样,送达就进入了交流对象的心田。

上面举出的三个例子比较典型。在很多情况下,朗读的文字作品并不那么典型,而是交错混合的。以老年人为主要对象的也许有描写少年儿童心灵的内容;以军人为主要对象的,也可能有抒发老骥伏枥情怀的内容;以少年儿童为主要对象的,也许是投笔从戎、壮志未酬的内容。这都没有关系,关键要把握交流对象的心理期待,从送达语气的起点出发,气盛言宜地寻找到具体对象的接受位置的落点。在这个问题上,不能有丝毫的犹疑、徘徊,一定要直达,而不必顾虑重重。

不管内容,只顾交流,是根本不可能的。这里只是强调要特别专注于交流,以使朗读者体味送达的语气样式。朗读者有一定的规律性认识,更容易把握交流的艺术,更能够明确语气的具体运用。现在,我们简单地归纳几条:

其一,在内容、形式的理解感受之后,对象的具体存在决定语气送达的位置。高低、远近、多少、老幼……根据交流对象用心去衡量。

其二,在现场的听者群体中,找到与文字作品贴近的那部分人,以他们为中心,以自己的感受唤起他们的注意。

其三,重点是语句的尾部。在句头、句腹起伏的基础上,紧紧抓住句尾字音的字头、字腹、字尾的关系,区别轻重长短、上下走向、喷弹力度、收音状况。

其四,把"及于耳""达于心",从感觉上给以具象化,推进到感情的某个方向,或心心相印,或层层唤起,或步步紧逼,或轻轻拓开,不要放任自流。

其五,无论怎样交流,最终还是给听者美感享受,而美感享受一定是朗读者和听者群体共有的收获。

总之,既要尊重听者,又不能忘记创作主体的积极性、主动性、创造性、主导性。否则,我们就会陷入"主体缺席"的尴尬境地,无法赋予文字作品以应有的艺术魅力,主流文化的传承也就必然断裂。因为听者群体并不是一个完美的统一体,他们之中存在着复杂的情况。接受过程中,交流心态里,倾心相向的人们是很多的,但也不排除冷漠的、观望的甚至反感的人。朗读创作不可能面面俱到、人人送达,对那些不愿接受、不会接受的对象,我们完全可以将其排除在外,不予考虑,让他们自行选择,或部分接受,或无动于衷,都无关大局。如果朗读极其成功,也许会使他们受到较大感染,从此改变态度,对朗读产生兴趣。这就要看朗读者的语言功力强弱了。

第四节　副语言的表情作用

朗读是有声语言的再创作。朗读者是"朗读场"的主角,他的体态、表情,也是听者群体注意的重要部分。"副语言"是指朗读过程中的朗读者的体态姿势、服装发型、面部表情、手势眼神……这一切都是围绕有声语言的发展而变化的,都是服从朗读进程的需要而调整的,作为有声语言的附属,成为有声语言的补充,所以被称为"副语言"。

语言与副语言的关系并不复杂。现在的问题是,有些材料被人们经常引用,如视觉传达的信息占75%,听觉传达的信息占15%,其他占10%等,数字上可能有变化,但比例大体如此。这种比例是普遍适用的吗？恐怕不是。要根据不同的场合、不同的信息传播渠道、不同的审视主体、不同的表现手段等加以考察。很明显,日常生活中的人际交流,视觉的成分肯定要大些,而报纸就更大,几乎全靠视觉;广播传播,唯有听觉;盲人接收信息,有听觉(声音)和触觉(盲文)两种情况;电视也有两种情况,以画面为主的时候,主要靠视觉,以有声语言为主的时候,主要靠听觉;舞台演出,也是视听互补,因事而异,舞蹈就以看为主,音乐会就以听为主。如果我们相信那视觉比例最大的观点,岂不把"副语言"当作核心了？在朗读中,有声语言必然占据主要地位,夸大视觉比例的数字也无法改变这一点。

副语言中,最重要的是手势、眼神。眼睛是心灵的窗户。感受、感情、语气、节奏;起承转合、跌宕起伏、抑扬顿挫、回环往复;对象交流、自如送达、及耳入心、共享共鸣……都要通过眼神的凝聚、明暗、转换、闪动,给人以心灵的沟通。虽然朗读有时看着文字作品,有时不看文字作品,从总体上说,眼神的作用不会减弱。哪怕只在段落之间抬一次头,眼睛的直视,眼光的直射,已把交流的热情、反馈的企盼、延续的感受、诚挚的期待,一股脑儿倾泻而出,尽管稍纵即逝,也能够显示眼神的威力和魅力。专注的眼神,可以直视前方,也可扫视全场,最忌讳飘忽不定、闪烁无着、过度斜视、目光呆滞。眼神的运用应该是十分自然的,随着朗读内容和有声语言油然而生、飘然而至;不应该眼大无神,也不应该故作多情,更不应该喧宾夺主、一味突出眼神的光彩。手势也是如此,可以在朗读之前认真设计,朗读到哪里,有怎样的手势,但在朗读过程中,就要因情而动了。如果与内容无关,与抒情无益,宁可舍弃手势,也不要画蛇添足。朗读的手势不宜太多、太大,更不能边读边舞,否则就会把朗读活动引入歧途。

服装和体态，并无一定之规，要随着时间、地点、场合、气氛、听者群体的具体情况而有所调整。朗读者是公众人物，当然应该注意自己的服饰和姿态。他要有适合朗读内容又符合自己身材、体形、兴趣爱好的服装款式、色彩搭配，高雅大方、从众入时。庄重严肃的场合，衣着应正规、考究；轻松活泼的场合，衣着应潇洒、鲜亮。朗读时，动作要简朴精到，切忌浮躁杂乱。那种忸怩作态、时卑时亢的体态，脱离了听者群体的视听需要，毫无美感可言，为智者所不取。

朗读者的身份当然是真实的。他不是扮演角色，他不是日常本色。在当众进行朗读创作时，他是听者群体的良师益友，他必须善于调检自己，强化和美化朗读需要的那部分自我，淡化和弱化朗读所不需要的那部分自我。这不是角色的转变，而是"在场"和"不在场"的区别。真实身份并不是走到哪里、任何时候都是完全的自我。有人认为，似乎只要有所改变，就成了另外一个人，就是改变了角色，这种看法容易使人忽略自身的调检能力，忘记自己创作主体的地位。越是强调真实的身份，越能够调动自身的积极性、创造性，越能够开阔自己的视野，越能够促进风格的形成和丰满。包括"属于自己"的眼神、手势、衣着、体态，都应该是自我精神境界的展现，美学理想的实践。那种以时髦、前卫为亮点的想法和做法，无异于低级趣味的炒作，不但失去了真实的自我，而且使朗读走上了哗众取宠的斜路。长此以往，那美感也就付诸东流了。中华民族文化的优良传统，并不墨守成规，她在不断吸纳世界上一切精华的过程中，也在不断充实、深化自己的内涵。但是，它也不会容忍渣滓和垃圾掺入自己的语域之中。域外的社会学、语言学、心理学，有它们的价值体系、价值观念，我们不可能一切照搬、一切接受。在市场经济的现状下，人们极易为了金钱利禄，召唤沉渣泛起，不惜招欢买笑。这时，排除干扰，保持自我，就显得十分重要了。朗读是一种高雅的艺术活动，我们不但要珍惜它那洁净的领域，而且要维护它那真实的风貌。我们在以有声语言感染人的同时，还要注意外在形象的美化。

第五节　朗读与朗诵

在"朗读场"的此时此地，听者群体不大追究"这是朗读"还是"这是朗诵"的区别。因为在人们的心目中，二者似乎没有多少不同。事实上，二者的确有诸多相同之处，所以才会分不清楚；二者又确有相异之处，所以需要加以辨别。

朗读和朗诵的相同之处，无须多讲，如"理解是基础，目的是统率，感受是关键，感情要运动,声音要变化,状态要自如";遵从"语词感受律""引向情感律""不可替换律""定向推进律""语言规整律";讲求内在蕴藉和外在形象的完美统一;追求文字作品和创作主体在有声语言上的和谐一致;揭示文字作品风格和展现创作主体风格的整体和谐……

朗读和朗诵的区别,是共性之中的个性,是共同规律基础上的大同小异,是表达方法上的两极差异,中间存在着多层的级差,而且相互融合,有时甚至是重合的,分不清是朗读还是朗诵。不要以为这不同是相反、是对立。主要从以下几个方面给以说明。

第一,依据上的差异。可以朗读的文字作品依据相当广泛,选材多种多样,如新闻、评论、说明文、记叙文等,而朗诵的文字作品依据就受到一定限制,除了诗歌、小说、寓言、童话、杂文、戏剧台词之外,几乎很少有其他体裁作为朗诵文字作品的依据。这是因为朗诵要在舞台上表演,文字作品要适合观众对生动表达的需要:内容丰富精悍,形式短小多样。

第二,目的上的差异。朗读主要是准确传达文字作品的精神实质,使文字作品转化为有声语言,供听者群体领会、体味文字作品的内涵,以真实的再现为目的。朗诵主要是生动表现文字作品的内容,强化有声语言的表演功能,让听者群体欣赏、品评朗诵艺术的精妙,以完美的体现为目的。因此,朗读者似乎是隐退于文字作品之外,尽量做到"无我";朗诵者必须突现在舞台之上,努力做到"忘我"。

第三,感受上的差异。朗读要求具体感受,实实在在、质朴无华、真真切切、达耳入心。朗诵要求强化感受,十分鲜明、更加浓重、增大区分、赏心悦目。

第四,感情上的差异。朗读时,由文字作品引发出来的思想感情的运动状态要真挚自然,一是一,二是二,主次关系准确贴切,逻辑链条严谨顺畅,情景描述舒缓淡雅,感情流露稳健通达。朗诵时,由文字作品激发出来的思想感情的奔涌状态,要求诚挚夸张,峰是峰,谷是谷,主次关系必须明显对比,逻辑链条必须拉开间隔,情景描述必须紧凑浓烈,感情抒发必须大起大伏。

第五,表达上的差异。朗读时,有声语言要"明晰",以晓畅为核心,语气恰切,节奏平稳,精雕细刻,返璞归真,犹如江河流驶,有曲折之妙,无浪涌之惊。朗诵时,有声语言要"浓重",以渲染为核心,语气张扬,节奏悬殊,大笔勾勒,波诡云谲,犹如海潮翻滚,有排山之势,无倾覆之险。这是极而言之,其实,朗读有时也会跌宕起伏,朗诵有时也可溪水潺潺。

第六,表演上的差异。朗读并不强调表演,因为大多数情况下,"朗读场"是一种以聆听为主的氛围,听者群体的期待是在文字作品上,是向文字作品进行追问。特别是在教室里、语文课上,无论是教师还是学生,当堂朗读都不适宜于表演。而朗诵,则是在舞台上、演出中,当众表演。一方面要尽可能调动有声语言的所有手段,表现热烈浓重的激情,使观众受到历史的、现实的诗情画意的感动;另一方面要背诵,力求调动眼神、手势的所有方法,展现文字作品的情境,努力吸引观众的注意,让观众在欣赏中得到愉悦。一次成功的朗读,是"随风潜入夜,润物细无声"的美感享受,而一次成功的朗诵,却是"银瓶乍破水浆迸,铁骑突出刀枪鸣"的律动欣赏。

第七,说话上的差异。日常说话,基本上是平铺直叙,虽有高音大嗓,却少有忽起忽落。朗读时,要比日常说话显得规整、规范、明晰、晓畅。朗诵时,要比日常说话显得夸张、渲染、多变、华美。但它们都具有日常说话的亲切自然、鲜活跳脱,不同于日常说话,又比日常说话高超、美妙。无论是朗读还是朗诵,并不脱离生活,并不远离日常说话。那种把朗读和朗诵看作"念文章""唱文章"的观点,完全不理解艺术为何物。当然,有些朗读者和朗诵者,一说朗读,就刻板呆滞地"念",一说朗诵,就拉腔拖调地"唱",根本不顾生活语言规律,不顾艺术语言特点,是完全错误的。这并非朗读或者朗诵本身的缺陷,而是朗读者或者朗诵者语言功力不足所造成的,正说明朗读和朗诵需要较深的语言造诣、文学艺术修养、较强的理解感受能力、语言表达能力。事实上,日常说话、朗读、朗诵三者是统一在交际交流的总任务之中的,只是因为不同场合、不同依据、不同目的、不同期待的需要,才有了它们的区别。它们之间没有高低、贵贱、深浅、粗细的划分,人们不应该厚此薄彼、抑此扬彼。我们所要避免的是忽视三者的区别,或一味地追求"说"得自然随意,或一味地追求"读"得规整质朴,或一味地追求"诵"得纵横捭阖,任意地改变文字作品的内涵和形式,任意地改变特定场合、特定依据、特定目的、特定期待的表达方式,以自己的偏爱代替恰当的表达方式,甚至以"朗读无功力""朗诵无艺术"来掩盖自己不能朗读、不会朗诵的语言行为,这不是"吃不着葡萄说葡萄酸"么?对于已经形成的、广泛运用的、相当成熟的艺术形式,可以发展,可以丰富,可以融合,却不可以割裂,不可以排斥,更不可以否定。我们只有潜心研究的义务,而没有冷落贬损的权利。

本章的论述主要涉及听者群体对朗读美感的艺术期待,着重强调了朗读者"由己达人"的各种感念,以及如何处置"朗读场"的艺术效应。朗读者是文字作品的第一审美主体,他首先要扬弃非美因素,加强美感因素,传达审美感受;听者群体是第二审美主体,他们对整个朗读活动进行美感体验,并以自身的审美经验加以鉴别,或从中获得美感享受。朗读者应该对听者群体承担提升其审美意识、净化其思想境界的责任,而不能责难他们潜力巨大的"审美的耳朵"。这是朗读美学的题中应有之义。

知识梳理

第一节 认识"审美的耳朵"

听者的"审美的耳朵"是要在朗读实践中不断强化、日益成熟的,在这方面,朗读者有不可推卸的责任,有责无旁贷的义务。"及于听众"就是要达之于耳,入之于心,省却听者对文字作品的"咀嚼""消化"的工夫,比他们自己去看、去琢磨,得到的东西更多、更深。当"审美的耳朵"逐步成熟的时候,听者群体的鉴赏力就会越来越强。鉴赏力包括:对气息声音的辨别力、对吐字归音的辨别力、对作品内容的理解力、对思想感情的感受力、对体裁风格的品评力、对艺术分寸的判断力、对由己达人的认知力、对审美水准的鉴别力……

第一个层次,听者只是一般地了解意思,一般地感受情景。第二个层次,听者期待着诗歌风格的展现。第三个层次,听者希冀着朗读者把此诗的意境细腻地表达出来。

第二节 交流的时空变化

对象交流,不能忽视时空变化。这里,既包含对象的具体存在,又包含朗读者同听者的关系;既包括朗读的作品和听者的感念之联系,又包括朗读者的表达和听者的接受之沟通。所有这些,都与时间和空间融合在一起。朗读者必须考虑对象的具体存在。首先,人数,多与少是不同的。其次,根据距离听者群体的远近,朗读者应该在声音上给予区分。再次,听者群体的主要成分。最后,一定要区分"自言自语"和"对空发言"同有实在的听者群体时朗读的差异。

朗读者同听者群体之间的感应,像是一根链条,贯穿朗读全过程的始终。听者群体的反应,又可以对朗读者产生反馈性的刺激,激发朗读者的创作愿望,让朗读者更投入地进行后面的朗读。在"朗读场"中,这种情况是一个互相感染、相互馈赠的反复行程。

朗读者同听者群体的关系,是指在朗读时,朗读者在心理上是否感觉得到听者的反应。朗读者如何与听者群体沟通,不但有心理问题,而且有技巧问题。在技巧运用上,应该熟练地掌握语气、节奏的"送达"。所谓"送达",就是推动语流进入听者的耳际,到达听者的心田。而听者,是在没干扰、没有阻碍的情况下,自然而然地、顺顺当当地接受的。

第三节 交流的语气联通

对象交流语气,是指舍弃了情景语气的内涵,专注于"由己达人"的沟通渠道设置,从而表现出来的"有意味的形式"。对象交流语气,要把握重点句子、句群尾句的句首、句中、句尾的走向。对象交流语气,还要因交流对象的区别而进行调整。

语气的具体运用:其一,对象的具体存在决定语气送达的位置。其二,在现场的听者群体中,找到与文字作品贴近的那部分人,以他们为中心,以自己的感受唤起他们的注意。其三,重点是语句的尾部。其四,把"及于耳""达于心",从感觉上给以具象化,推进到感情的某个方向。其五,无论怎样交流,最终还是给听者美感享受。总之,既要尊重听者,又不能忘记创作主体的积极性、主动性、创造性、主导性。

第四节 副语言的表情作用

"副语言"是指朗读过程中的朗读者的体态姿势、服装发型、面部表情、手势眼神……这一切都是围绕有声语言的发展而变化的,都是服从朗读进程的需要而调整的,作为有声语言的附属,成为有声语言的补充,所以被称为"副语言"。副语言中,最重要的是手势、眼神。通过眼神的凝聚、明暗、转换、闪动,给人以心灵的沟通。朗读的手势不宜太多、太大,更不能边读边舞。服装和体态,并无一定之规,要随着时间、地点、场合、气氛、听者群体的具体情况而有所调整。

第五节 朗读与朗诵

朗读和朗诵的区别,是共性之中的个性,是共同规律基础上的大同小异,是表达方法上的两极差异。

第一,依据上的差异。可以朗读的文字作品依据相当广泛,选材多种多样,如新闻、评论、说明文、记叙文等,而朗诵的文字作品依据就受到一定限制,除了诗歌、小说、寓言、童话、杂文、戏剧台词之外,几乎很少有其他体裁作为朗诵文字作品的依据。

第二,目的上的差异。朗读主要是准确传达文字作品的精神实质,以真实的再现为目的。朗诵主要是生动表现文字作品的内容,以完美的体现为目的。因此,朗读者似乎是隐退于文字作品之外,尽量做到"无我";朗诵者必须突现在舞台之上,努力做到"忘我"。

第三,感受上的差异。朗读要求具体感受,朗诵要求强化感受。

第四,感情上的差异。朗读时,由文字作品引发出来的思想感情的运动状态要真挚自然。朗诵时,由文字作品激发出来的思想感情的奔涌状态,要求诚挚夸张。

第五,表达上的差异。朗读时,有声语言要"明晰",以晓畅为核心,语气恰切,节奏平稳。朗诵时,有声语言要"浓重",以渲染为核心,语气张扬,节奏悬殊。

第六,表演上的差异。朗读并不强调表演,因为大多数情况下,"朗读场"是一种以聆听为主的氛围,听者群体的期待是在文字作品上,是向文字作品进行追问。而朗诵,则是在舞台上、演出中,当众表演。一方面要尽可能调动有声语言的所有手段,表现热烈浓重的激情;另一方面要背诵,力求调动眼神、手势的所有方法,展现文字作品的情境。

第七,说话上的差异。朗读时,要比日常说话显得规整、规范、明晰、晓畅。朗诵时,要比日常说话显得夸张、渲染、多变、华美。但它们都具有日常说话的亲切自然、鲜活跳脱。

第十二章

朗读再创作对文本的审美超越

第一节　权衡真善美
第二节　体验真实
第三节　敏于记善
第四节　至美之境

朗读者应该深刻体会作者的人生态度、心中块垒，并且勇于抒发，注入有声语言，给以情真意挚的表达。我们就要以今天的"眼光"来审视其优劣，张扬其优，剔除其劣，强化其优，淡化其劣。

朗读活动，是送达真、善、美的再创作过程。

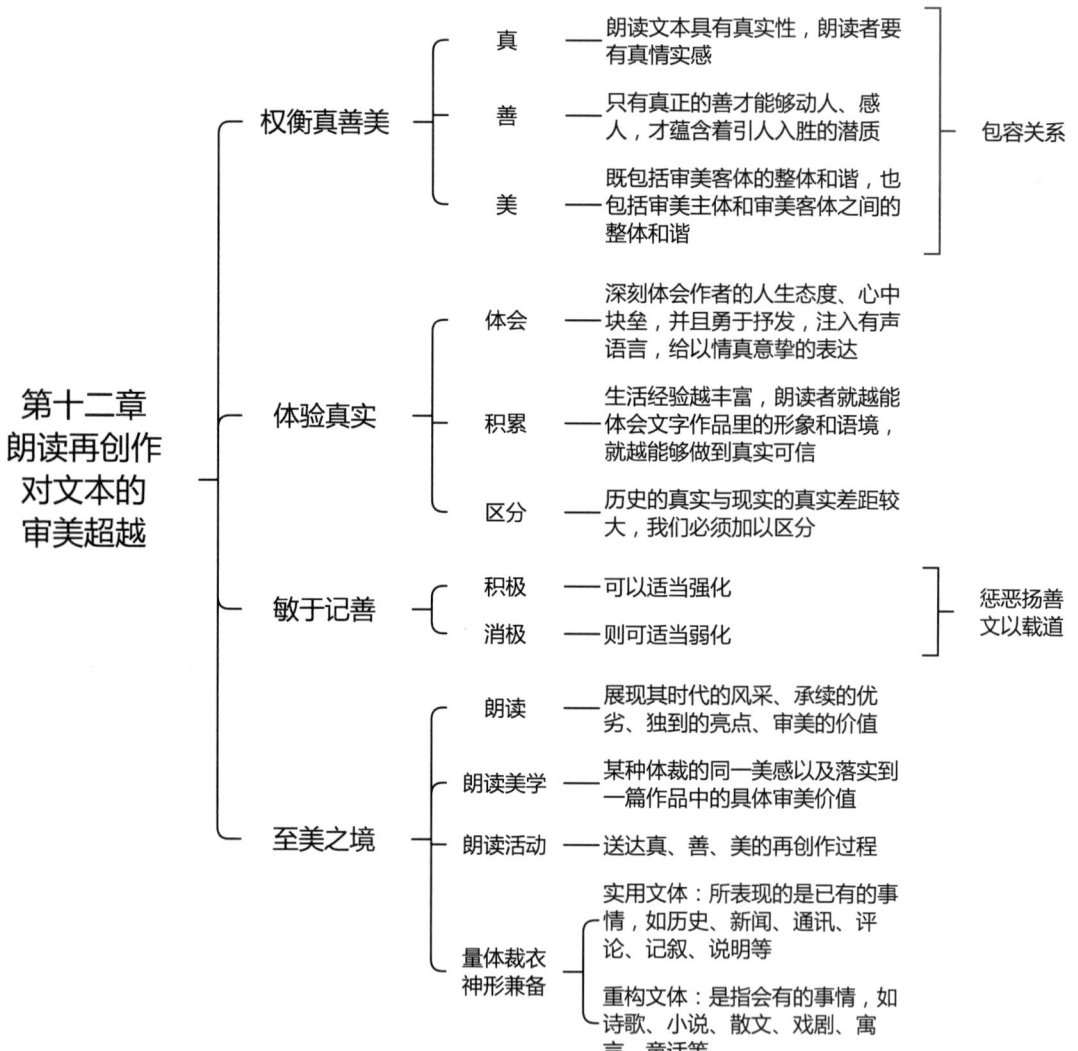

朗读是有声语言的艺术再创作。当朗读者面对文本的时候,会有两种态度:一种态度是完全依赖文本,唯文本是从,可深入领会、体味,亦步亦趋地表达,但不敢越雷池一步;另一种态度是以文本为基础,在深入开掘的同时,进行理性观照,认真辨析,考察其历史进步的方面,探寻其时代局限的方面,感受其艺术的分寸,站在今天的高度,有理、有利、有节地进行表达,做到审美超越。我们主张后者,而摒弃前者。

第一节 权衡真善美

自古以来,对真善美有多种解释。东方与西方,儒家、道家、禅宗(释教),其说不一。至于它们的关系,更是众说纷纭。从朗读再创作的角度,我们的认识自有实践的意义。

所谓"真",是存在论中的客观现实,是认识论中的相对真理,是时间论中的"这一瞬",是空间论中的"这一个"。朗读文本具有真实性,朗读者要有真情实感。朗读者对文本的理解,对文字作品内容和形式的准确把握,对"朗读场"的时空氛围、交流对象的真实体验,通过有声语言给以真切再现;听者群体对文字作品进行深刻认知,对朗读创作心领神会、心悦诚服。这些都属于是否真、多么真的问题。人们对于真的认识、接受程度,随着社会的进步,特别是科学技术的突飞猛进,在不断地变化,基本上是螺旋式的上升。

所谓"善",是指道德。孔子所说的"仁"、荀子说的"术正而心顺",主要是这个意思。在社会伦理的范畴里,在人际关系的网络中,众口一词地强调"善",正说明了它的重要性。但是,它如此不确定,甚至一经解说竟大相径庭,这恰恰显示了它概念的普泛性和内涵的变异性。不同的人都可以亮出"善"的旗号,而在背后隐藏着各式各样的东西。那种"表面上仁义道德,一肚子男盗女娼"的形容,不是淋漓尽致地揭露了两面派的嘴脸么?真正的善,是在言论和行为的统一上。朗读用有声语言,尤其要注意言外之意、弦外之音,即语言背后的实质。只有真正的善才能够动人、感人,才蕴含着引人入胜的潜质。每一个社会阶段,总会有其特定的善的标准,不能以今人否定古人,也不能对古人俯首帖耳。韩愈说过:"若俯首帖耳,摇尾而乞怜者,非我之志也。""我之志"就是我的道德标准。朗读者应该有自己的判断,自己的价值取向。

所谓"美",正如上面说过的,是"整体和谐"。它既包括审美客体的整体和谐,也包括审美主体和审美客体之间的整体和谐。有的观点,如"距离美""缺陷美""丑陋论"等,不过是仅就某一方面而言,虽与整体和谐不矛盾,却未能概括一般,本书不予论述。

那么,真、善、美三者的关系是怎样的呢?

我们认为,表面上看,三者是并列关系,实际上,三者是包容关系。"真"里边,存在着"善"与"美";"善"里边,包含着"真"与"美";"美"里边,充满着"真"与"善"。可是,"真"中确实有"非善""非美";"善"中不排斥"不真"和"不美";"美"中,也会有"似真"和"似善"。真,有生活的真实和艺术的真实(即鲁迅所说"已有的事实"和"会有的事实"),历史的、现实的、未来的、想象的、虚构的、创造的,都可以有真实性。善,有坦诚的、表象的、语言的、行为的、一贯的、暂时的、宏观的、微观的。"莫以善小而不为","择其善者而从之",便是。美,有自然美、社会美、生活美、艺术美、内在美、外在美。"质美""大美""美是生活""美是崇高""有意味的形式",均是。由此可见,三者的重叠部分十分明显,都表现了感官刺激或永久魅力的整体和谐,而不能刀切斧断地割裂、随心所欲地排斥。我们认为:三者的关系既活跃在生活中,更融会在艺术里。在生活中,它们是分散的、零碎的、平面的、偶然的;而在艺术里,它们是集中的、系统的、独特的、必然的。正因为如此,生活素材需要收集整理、加工提炼,而艺术创作则需要判别接受、欣赏批评。由此可以说,"真"排除了"假",是基础;"善"摒弃了"恶",是升华;"美"整合了"丑",是凝聚。

朗读再创作过程,从选材开始,就存在着"真善美"的审视和判定问题。那些内容空虚的、没落的,形式怪异的、呆板的,文字粗野的、晦涩的……都要淘汰,哪怕它们之中有的并不佶屈聱牙,也不足取。在选定了朗读材料之后,当理解感受文字作品的时候,更要认真辨析,哪里符合真善美的现时标准,哪里是过时的思想,哪里是有局限性的情绪,哪里又有不应张扬的东西……自当慎之又慎。不过,我们没有必要在概念上转圈子,而应致力于对文字作品和有声语言的钻研,真正把真、善、美落实到朗读再创作中去。这时,可以取一家之言,可以综各家之说,但要有自己的观点,不能模棱两可。

第二节 体验真实

我们选定的文字作品,凡是真实的,就应该具有朗读的价值。只是看这真实的范围、真实的程度、真实的意义、真实的表现,是否能够满足朗读的欣赏期待。

为了达到朗读的效果,我们必须在朗读中解决思想感情的运动状态和有声语言的表达方法的关系问题。如:"生当作人杰,死亦为鬼雄。至今思项羽,不肯过江东。"这里的"死亦为鬼雄",是真实的吗?人死后既不能成为鬼,更不会做鬼雄,怎么会是真实的呢?但是,艺术的想象夸张,往往借用"传说""虚构"等手法。为了表现项羽的气概,为了说明自己的观点,为了表达对项羽的景仰,是可以这样"言志"的。就像"我欲乘风归去,又恐琼楼玉宇,高处不胜寒",虽是不可能的事,却也抒发了一种豪情。诗文允许使用"上穷碧落下黄泉"的手法,打破时空界限,天马行空,自由驰骋,并不违反真实的基础。此时,朗读者应该深刻体会作者的人生态度、心中块垒,并且勇于抒发,注入有声语言,给以情真意挚的表达。

有时,我们缺乏相关的生活经验,我们只能借助自己的积累,再加上细致入微的神思遐想。也许不够清晰,那就稍微模糊一些,总比干巴苍白要好。生活经验对每一个朗读者来说,都是相当重要的。生活经验越丰富,朗读者就越能体会文字作品里的形象和语境,就越能够做到真实可信。但是,有的时候,我们自己觉得是真实的,听者群体却感到虚假,这是为什么呢?一方面,要看我们的感受是不是具体真切。如果是模棱两可的、虚无缥缈的,说明我们还没有进入"真"的范围,应该再深刻地体味、再清晰地想象,直到脑海里呈现了贴切的画面,浮现确定的形象,那就好多了;即使差强人意,也比模糊、虚飘让人明了。另一方面,要看我们是不是准确地表达出来了。如果有声语言的再现不那么恰切,或笼统空泛,或主次不清,文字作品中的人物、情景、心绪、观点没有得到鲜明地显现,说明我们还没有实现"真"的送达,应该重新唤起具体感受,仔细推敲那字字句句,从中获得有声语言的活力,使有声语言中充满语气、节奏的变化,那就会比较准确地体现文字作品的真情实感了。

有时,历史的真实与现实的真实差距较大,我们必须加以区分。对于历史的真实,应该以回忆的感念、缅怀的心绪,给以遥远的追忆和再现,而不能以今人的现时情感倾心投入,否则就会显得不真实。这是因为,如果以个人的现实情感投入历史的人物事件之中,就改变了历史的风貌,增添了那时还没有的东西,这就是"以今人之心度古人之意""将古代人事现代化",可以叫作思想感情的"错位"。朗读者就是现代人,朗读场就在"当下",在朗读古代文字作品的时候,极容易有意无意地把"当时"变成"当下"。应该怎么办呢?这就要求朗读者展开想象、联想,运用"情景再现","设身处地"地引发历史感、追忆感,以今人的冷静眼光,审视历史人物、事件,以今人的平实心境,召唤古代社会人文关怀。只要把"现在时"的感受转换为"过去时"的观照,文字作品的当时情景便跃然纸上,有声语言中就能融入厚重的历史感,"我就是"即可变成"我就在"。如陆游和唐琬的《钗头凤》二首,虽可由两个人朗读,但是,却没有必要扮演,都应该作为今人去回忆当时的情景,因此,陆词中的"错""莫",唐词中的"难""瞒",只要表现出"他们"的愧悔、委屈,就会真实得多。相反,如果表达地像朗读者自己的凄怆酸楚、缠绵执着,无论多么生动,甚至泪流满面,也使人感到并不真实。即使是朗诵表演,也要"像"穿上古代服装、找到古人的感觉、诉说着古人的心语。那种认为只有化他为我、我就是他,把古代的他变成现代的我,把古人的情绪变成自己的情绪演绎出来,才算感情充沛、淋漓尽致的看法和做法,不利于听者群体心态的历史性回归,反而体味不到古人的喜怒哀乐,欣赏不到古人的"当时"风貌,只让人觉得已经改变了模样,也就不能产生共鸣了。说到底,这还是个语言功力问题。文字作品的历史厚重感,来自对古代人物事件的遥远感受,来自对古代和现代时间跨度的具体把握,来自于对有声语言的不同基调、不同语气的区分和表达。对"古代",没有必要再细分为远古、中古、近古;对现时,也没有必要细分为近代、现代、当代。主要看文字作品使用的语言和作者,是文言还是白话,是古人写的还是今人写的。今人写的文言,朗读时仍要有"当代""当下"的现代感,不必产生遥远的感受。这一切都是为了使朗读达到真实,以营造美的空间。

第三节　敏于记善

作为道德标准,今天的善,跟过去的善有很大的不同。对于过去的善,我们要看其是否有利于历史进步,是否有利于人民群众,是否与人为善。历代优秀的文字作品,充满了对民族、对人民、对美好事物的热爱和尊重、崇敬和讴歌。同时,对庸俗和丑恶、对灾害和危难,都表现了极大的憎恶和痛楚。但是,由于历史的局限性,也有某些欠缺和不足。这样,我们就要以今天的"眼光"来审视其优劣,张扬其优,剔除其劣,强化其优,淡化其劣。

作品经过我们的选择后,只是在一部分作品中存在积极和消极两方面的考虑。所谓消极方面,就是指"善"的历史局限性。有的抓住一点,忽略全面;有的止于浅表,未及深层;有的专注一隅,以偏概全;有的囿于礼教,君贵民轻;有的清静无为,隐遁处世;有的旷达豪放,无力进取;有的去国离乡,鲜有生机……在优秀的文字作品中,源于世界观、人生观、价值观、审美观的纷繁复杂,加之作者个人的人生经验、生命感悟各有特点,不可避免地产生消极因素,流露在字里行间,我们理应正确对待,既不要有意地拔高,也不要主观地贬低。朗读时,对于积极方面,可以适当强化,而对于消极方面,则可适当弱化。

如"劝君莫惜金缕衣,劝君须惜少年时。有花堪折直须折,莫待无花空折枝"。这首诗的前两句,相当精彩,至今还有很强的针对性。后两句就容易造成"及时行乐"的印象,好像珍惜少年时是为了"折花"。有人把花解释为"青春、欢爱",恐怕不当。在这里,"花"是目标,只能理解为"占有""享受",而没有"爱惜""寻觅"的意思,因此,要勇敢地赶快去"折",时过境迁,失不再来。从"善"的角度看,缺乏如何珍惜少年时的积极指引,显得空泛、模糊,及时行乐的观点实在太消极。如果对消极的内容强调其间的某一点积极因素,朗读时突出"直"和"空",削弱"堪"和"无",以与"须惜"这一重点词组相呼应,可能会稍好一些。

如苏轼《前赤壁赋》中的"客曰……哀吾生之须臾,羡长江之无穷,挟飞仙以遨游,抱明月而长终。知不可乎骤得,托遗响于悲风"。这是一种消极人生观和虚无主义思想的流露,也是苏轼思想中的一部分,同他《念奴娇》中的"人生如梦"一样,在朗读时,只能一带而过,不可给以突出表现。不过,所谓一带而过,不是一味加快速度,而是在保持音韵优美的同时,稍轻稍快地读下去。

如周敦颐《爱莲说》中的"予独爱莲"的思想,清高而孤傲,大有"世人皆浊我独清"的味道。所以,"莲之爱,同予者何人?"不宜强调,而应突出其爱莲数语。

从以上几例可知,许多文字作品存在着不同程度的瑕疵,进一步证明了"善"的复杂性。而且,在表达上又是特别讲究分寸的。我们只有"敏于记善",又不"忘人之过",才可能朗读好每一篇文字作品。

"善",虽然有人性善恶的判断和差别,但在文字作品中更突出地表现了某种教化的功能,即惩恶扬善、文以载道。作品不仅抒发自己的思想感情,而且要给人以正确的引导。不同的时代对于善的认识也不尽相同,不过,从作者的主观愿望来说,都希望自己的观点产生一定影响,都希望自己的观点能够得到别人的赞同,被别人接受。这在具有进步意义的文字作品中尤其明显,成为文学理论的重要组成部分,成为不同历史时期,不同作家和文学批评家的一条重要的创作和批评的准则。至于这种影响到底是好是坏,那是作品的优劣和客观效果问题,并不妨碍这种理论的普及和深入研究。正因为如此,古代的文学理论中,有不少论述甚至过分地强调了文字作品的内容,而不适当地忽视了它们的形式。至于在对内容判断上的阶级烙印、思想倾向,自然存在着相当大的差异。越是这样,我们越不能轻视其中积极因素和消极因素的剖析。朗读活动,也是一种教化过程。我们认为,"教化"虽然包括思想教育,却也不能排除审美意识的培养。在朗读过程中,陶冶情操的同时,必然会接受那人性、个性的共同美的感染。如果一味地追求"至善",恐怕没有一篇作品被选中。因此,对于"善",要采取历史唯物主义和辩证唯物主义的科学态度,既要防止国粹主义,又要防止民族虚无主义。

第四节 至美之境

既然"真""善""美"是如此紧密地胶着在一起的,达到至美之境,就不是一件容易的事了。在历代文字作品中,"三全其美"的,汗牛充栋,不胜枚举。但朗读出来,往往因为朗读者语言功力不足,而不能尽如人意。主要表现在有声语言的呈现上,或过刚,或过柔,或太拙,或太飘,或艰涩,或平直。其中,体裁的分野常常模糊不清,是一个重要原因。

文字作品的体裁,同其思想内容和艺术形式有极大关系。犹如人之高矮胖瘦,犹如树之粗细疏密,不能不辨。某一种体裁,都有其历史发展的轨迹,某一篇文字作品就在那轨迹的某一点上;某个历史时期,总有其独特的成熟体裁为标志,上溯有其源,下续有其继,某一篇作品也会有其前行者的足迹和后来者的创新。我们不是研究思想史,因此,那重点只在于艺术的积淀过程,看其艺术的成熟度。朗读正是要展现其时代的风采、承续的优劣、独到的亮点、审美的价值。

在文字作品的分类上,我们并不看重文学与非文学的区分,韵文与非韵文的区分,那是文学理论和文学史家的事。我们也没有对体裁进行辨析,只是从众、从俗,一般认为怎样就怎样,不去另辟蹊径。

朗读美学所要解决的,是某种体裁的同一美感以及落实到一篇作品中的具体审美价值。这离不开对朗读中真、善、美的总括研究。

朗读活动,是送达真、善、美的再创作过程。我们在选择文字作品之后,首先进入视野的是文字作品的体裁样式。由于长期的经验、"前理解"的积淀、多种体裁的把握、不同样式的辨别、具体作品的综合审视,我们会产生某种理念,从理性上给以观照。

在此基础上,我们又会达成内容——形式的反复磨合,获得相应的整体感受。这时,对体裁的认识就上升到了一个新的阶段,特别是在真、善、美的综合认知上,形成了全面的感念。那内容是否适合这种形式来表现,那形式是否符合这内容的要求;那创作元素在这样的体裁里,是否得到了充分的展现,那体裁样式对这样的创作目的是否给予了足够的关怀。也就是说,文字作品的创作是不是符合内容决定形式、形式又给内容以反作用的原则。在这个问题上,朗读者往往把体裁放在并不重要的位置上,好像只要把内容表达出来就可以了,这是相当有害的。

整体感受的含义,与具体感受的基础性指向不同,它已经超越了对内容的精微分析,走向了对内容和形式的综合驾驭。因此,在这里必须特别强调体裁的内省性、涵化性。所谓内省性,就是把体裁看作内心体验的组成部分,不要以为它只是外壳,触动不了我们的神经,不,它完全应该进入感受之中;所谓涵化性,就是说它对内容的覆盖、契合、包装、显露,绝不仅仅是一种被动的、浅表的服从与适应,而是对内容的包容、化解、融合、延展。凡是"魂不附体""衣不蔽体"的做法,都是徒有其表、举措失当的。"量体裁衣""神形兼备"的恰当处置,才会使内容和形式达到完美的统一。

量体裁衣,就要根据内容的需要,寻找到完全适合思想感情表达的体裁,以及完全适合的语言样式。每一种体裁有每一种体裁的规范和规律,不能违背,不可违反。从有文字以来,人们就学会了用文字表达思想感情,就开始研究遣词造句、布局谋篇。于是,采取什么样的形式,就自然提到了作者的面前。由适合口语,类似今天的顺口溜,到逐渐脱离口语,自成体系,统称为"文体",即文章体裁,有一个演变过程。就像今天出现的"语体"一样,如何分类,也没有一个完全一致的意见。现在,大多以结构分类,那也是一种认识上的区别,并未完全显示其特殊性。因为离开了所表现的内容,离开了所采取的方式,很难划分,很难概括,也很难考察其审美价值。体裁的审美价值,虽然可以淡化其内容的色彩和分量,但终究不能舍弃思想感情的表达态势和趋向。

文字作品的体裁,根据常规的说法,可以分为诗歌、小说、散文、戏剧、寓言……根据语文课的课文,又可分为记叙文、说明文、议论文、故事、童话、文言文……各种说法似乎都可以成立,可是又无法包容那千变万化的体裁样式。我们认为,不妨把文字作品区分为"实用文体"和"重构文体"两大类。"实用文体"所表现的是已有的事情,如历史、新闻、通讯、评论、记叙、说明等;"重构文体"是指会有的事情,如诗歌、小说、散文、戏剧、寓言、童话等。二者有交叉,有渗透,却不影响大局。如报告文学、传记文学仍属于实用文体,如纪实小说、记事散文仍属于重构文体。从审美的角度看,每一种文体都有其审美价值。我们不可能对全部作品进行审美诠释,只能选择一些典型作品,加以论述。不过,有了这些典型作品,就可以覆盖其他了。

我们选择诗歌、散文、小说、戏剧、新闻、评论、文言文四大类型，大概可以说得清楚了。举例，当然是越典型越好。由于基础理论已经把很多问题说明白了，再谈审美的时候，就省却了不少笔墨。从文体的特殊性分析，诸多共性问题也可不再涉及。这样，我们就可以集中精力，揭示文体的审美价值了。

诗歌的凝练匀称美、散文的集约流动美、小说的铺陈跃动美、戏剧的角色对峙美、新闻的事态直叙美、评论的逻辑推导美、文言文的精简古朴美，都会给人以体裁上的美感。

下面这几章，我们就分别给以论述。

知识梳理

第一节　权衡真善美

所谓"真"，是存在论中的客观现实。朗读文本具有真实性，朗读者要有真情实感。

所谓"善"，是指道德。只有真正的善才能够动人、感人，才蕴含着引人入胜的潜质。

所谓"美"，是"整体和谐"。

真、善、美三者的关系，表面上看，是并列关系，实际上，是包容关系。

第二节　体验真实

朗读者应该深刻体会作者的人生态度、心中块垒，并且勇于抒发，注入有声语言，给以情真意挚的表达。生活经验越丰富，朗读者就越能体会文字作品里的形象和语境，就越能够做到真实可信。有时，历史的真实与现实的真实差距较大，我们必须加以区分。

第三节　敏于记善

我们就要以今天的"眼光"来审视其优劣，张扬其优，剔除其劣，强化其优，淡化其劣。作品经过我们的选择后，只是在一部分作品中存在积极和消极两方面的考虑。所谓消极方面，就是指"善"的历史局限性。朗读时，对于积极方面，可以适当强化，而对于消极方面，则可适当弱化。

第四节　至美之境

朗读正是要展现其时代的风采、承续的优劣、独到的亮点、审美的价值。朗读美学所要解决的，是某种体裁的同一美感以及落实到一篇作品中的具体审美价值。朗读活动，是送达真、善、美的再创作过程。首先进入视野的是文字作品的体裁样式。

"量体裁衣""神形兼备"的恰当处置，才会使内容和形式达到完美的统一。量体裁衣，就要根据内容的需要，寻找到完全适合思想感情表达的体裁，以及完全适合的语言样式。

第十三章

诗歌、散文的朗读美感

第一节　犹如下一盘棋
第二节　诗歌如中国象棋
第三节　散文类似围棋
第四节　诗歌、散文朗读的美感形态

朗读诗歌和散文，是不是有这样几条：（1）规整中有不规整；（2）顺势中有不顺势；（3）清晰中有不清晰；（4）平稳中有不平稳。

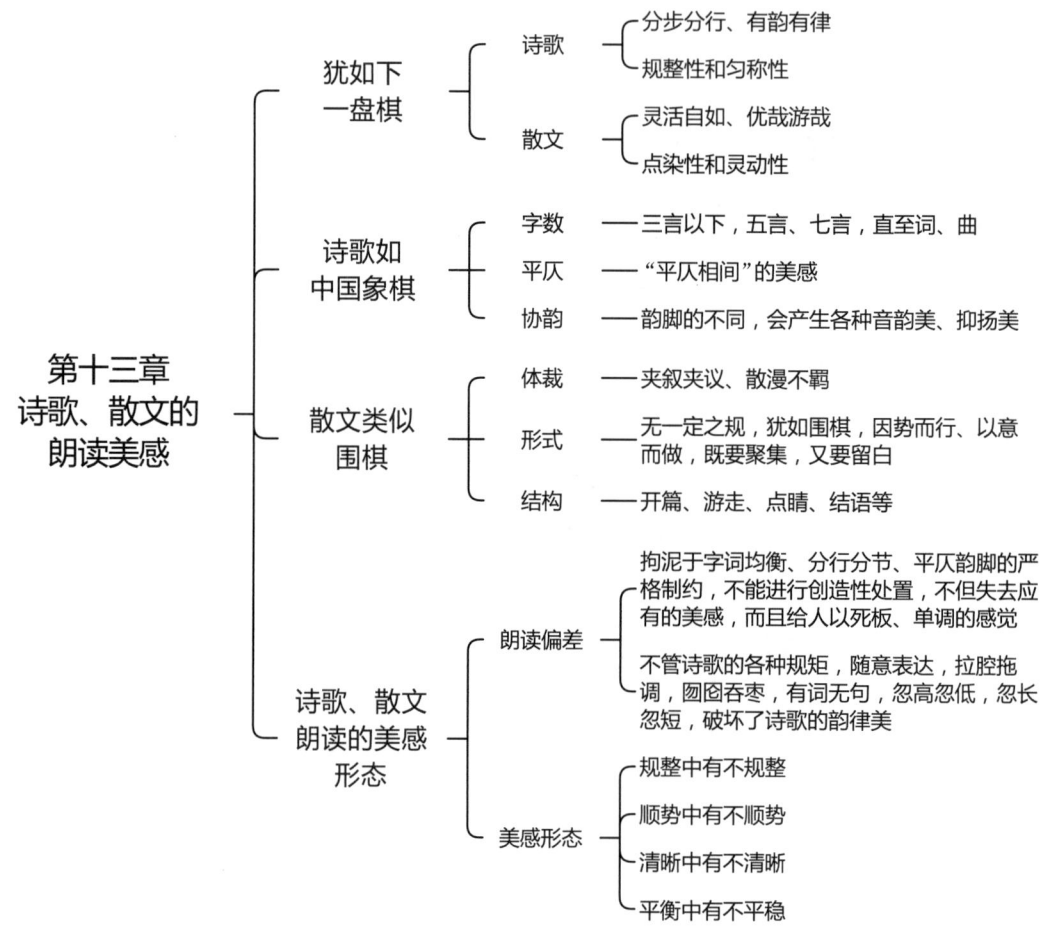

诗歌,是一种具有鲜明特点的体裁样式。它在形式上的突出特点是分步分行、有韵有律。这是其他体裁所鲜见的,也是其他体裁所不需要的。这样,无论是三言、四言、五言,还是七言、九言,无论是汉赋、宋词,还是唐诗、元曲,都在这一点上,走向了规整性和匀称性。虽然历经朝代更迭、文化融通,各个时期也有各种变化,但它那不可或缺的体裁特点,却一直承续下来,至今仍然容易辨别。

散文,是一种具有相当自由建构的体裁样式。它在形式上的具体特征是灵活自如、优哉游哉。这是别的体裁难以做到的,也是其他体裁所不应有的。这样,无论是短小精悍,还是挥洒不羁,无论是先秦散文,还是稗史笔记,都在这一点上,走向了点染性和灵动性。虽然历经盛衰变迁、广义狭义争论之曲折发展,不同时期也都产生了不少优秀的作品,但它那丰富的色彩、跳脱的性灵,总让人感到"散文不散"的"形散神不散"的魅力,至今,还是那样鲜活。

第一节 犹如下一盘棋

诗歌和散文,在体裁上,犹如一盘棋。

棋,中国象棋、国际象棋、围棋,都是在棋盘上走子。棋盘的格式是确定的,走子的规则也很严格,胜负的双方,也都有自知之明,毫不含糊。但是,如何进行谋略,怎样展开攻守,先走哪个子,后走哪一步,怎么能够用最少的步子达到最好的结局,是下棋者高度关心、密切注意、须臾不可疏忽的问题。这里,作者为一方,是执子先行的一方;读者为一方,是解读和应对的一方。最佳的结局,是"棋逢对手"的"和棋",双方共享"知己知彼"的喜悦。谁是胜方,就"棋高一着";谁落败,就"稍逊一筹"。作者的高超,就在于鲜有破解者,甚至读者为他的每一着棋论证、争执,各抒己见。读者的高明,就在于他势如破竹,能看出每一步棋的门道,解其深意;一般的读者,也可以明了基本情况,有所感受;毫无所得的读者,只能是水平有限,不能责怪作者。

棋,也有浅显游戏式的和精深典范式的种种区别。优秀的诗歌、散文,定非浅薄之作,更不可能是游戏人生的应景文字。因此,我们朗读的文字作品已经站在时代的高度,融入了历史的厚重感,具有了典范的意义。其中的每一个语句,每一处点染,都有其奥妙,我们必须给以美学的观照,特别在有声语言上,要表达出它们特有的美感,显现出它们独具的韵味。

第二节 诗歌如中国象棋

　　诗歌的传统,历经千锤百炼,去粗取精,形成了极为精美的格局。不管古代有多少议论,不管历代有多少流派,诗歌总是沿着它自己的轨迹发展。从文字上,一眼就认出来;从声音上,一下就听出来。对于"诗"与"非诗",在判断时,似乎并不那么困难。就像中国象棋,那棋盘、棋子,那布局、走法,已是家喻户晓。尽管有无穷变化,也逃不脱应有的规矩,正是"万变不离其宗"。

　　从字数说,三言以下,五言、七言,直至词、曲,几乎无法变更其定数。虽然,李清照在《论词》中,强调"词""别是一家",批评了苏轼"以诗为词",但是,诗也具有音乐性,也可以谱曲歌唱或照谱填词,确是不争的事实。诗和词只是在诗律和曲牌上产生了差异,本体上,并无不可逾越的鸿沟,抑此扬彼都是不对的。

　　从平仄说,谁也不能无视那"平仄相间"的美感。沈约的《宋书·谢灵运传论》,提出了"欲使宫羽相变,低昂互节,若前有浮声,则后须切响。一简之内,音韵尽殊;两句之中,轻重悉异。妙达此旨,始可言文"。刘勰在《文心雕龙·声律》中也说:"凡声有飞沉,响有双迭。双声隔字而每舛,叠韵杂字而必睽。沉则响发而断,飞则声扬不还。"由此可见,阴平、阳平,给人以高昂、热切的感觉,上声、去声,给人以深沉、寂寥的感觉,延伸开来,产生出各种各样的情绪,诸如:开阔、遥远、悠久、明亮、孤单、冷落、阴暗、悲凉不一而足。

　　从协韵说,尤其要十分注意。韵脚的不同,会产生各种音韵美、抑扬美。按照韵书,根据韵辙,自有其规范。按照声音的洪细、口型的大小,也会产生极不相同的美感。根据人类的感情色彩,音节的声母,是属于塞音、塞擦音、擦音,还是鼻音、边音,是送气还是不送气,是清音还是浊音;音节的韵母,是属于开口呼、齐齿呼、合口呼、撮口呼,还是单韵母、复韵母,抑或是鼻韵母。这都关系到音韵的表现是否符合感情的需要,或者,这样的音韵能够传达什么样的感情色彩。这里,有某种规律在,我们不应仅凭主观意志决定,任意取舍。江永的《音学辨微》,不但指出了"平声音长,仄声音短",而且以元音开口度的大小辨明了等列,指出"一等洪大,二等次大,三四皆细,而四尤细"的区分。如:a,o,u,e,i(-i),可以用汉字标出啊、哦、呜、饿、咦(资、知)。它们的响亮程度是不同的,而且还带有某种色彩。诗词的韵脚,怎样调配,往往显得很能表现诗词的意境,成为不可忽视的元素。下面,仅以五绝、七绝、词、新诗为例,试作浅析。

五绝。王维的《相思》和李白的《独坐敬亭山》,韵脚不同,对诗的意境产生了一定的影响。

> 红豆生南国,
> 春来发几枝。
> 愿君多采撷,
> 此物最相思。

小巧玲珑、温情脉脉,生机盎然、思绪绵绵。"枝"和"思",轻口细音,给人以悠远、牵连的感动。

> 众鸟高飞尽,
> 孤云独去闲。
> 相看两不厌,
> 只有敬亭山。

寂寥空阔,心中无物,寄情山水,真情相对。"闲""厌""山",窄口洪音,给人以冷漠、旷达的感受。

如果把前一首的韵脚改为"春来枝上发","遥念竟由她",则显得粗放而不收束,开阔而不细腻。把后一首的韵脚改为"孤云独自游","只有敬亭留",则失去了那种悠然的态度、稳定的期待,变得无奈和凄凉了。

七绝。元稹的《菊花》和杜牧的《清明》,也在韵脚上显示了感情色彩的差异,使诗的意境更切合诗意。

> 秋丛绕舍似陶家,
> 遍绕篱边日渐斜。
> 不是花中偏爱菊,
> 此花开后更无花。

密密匝匝,幽香浸脾,心花怒放,留恋不舍。开口洪音,给人以热烈畅快的感觉。

　　清明时节雨纷纷,
　　路上行人欲断魂。
　　借问酒家何处有?
　　牧童遥指杏花村。

清冷阴湿,纷乱杂沓,心向静谧,以酒求暖。合口细音,给人以向往温存清新的感受。

　　前一首改成"遍绕篱边日渐移","百花开后更无菊",就会给人以暗淡悲伤的感受;后一首改成"清明时节雨如麻,路上行人步履滑","牧童遥指杏旗斜",那诗境便毫无美感了。

　　词。秦观《鹊桥仙》和辛弃疾《丑奴儿》,在感情上都很细腻,但二者的感情色彩又有明显的区别。

　　纤云弄巧,
　　飞星传恨,
　　银汉迢迢暗度。
　　金风玉露一相逢,
　　便胜却人间无数。

　　柔情似水,
　　佳期如梦,
　　忍顾鹊桥归路。
　　两情若是久长时,
　　又岂在朝朝暮暮。

思念之切,离别之苦,情真意挚,历久弥坚,何必日日厮守?合口窄音,似苦似固,给人以缠绵赤诚的感受。

　　少年不识愁滋味,

爱上层楼。
爱上层楼,
为赋新词强说愁。

而今识尽愁滋味,
欲说还休。
欲说还休,
却道天凉好个秋。

回顾年少,未知人生;历尽沧桑,百感交集。收口洪音,给人以体味悲凉的人生感悟。

前一首改成"遥条"韵,后一首改成"江阳"韵,就会使人感到心情别在、意境他移。

新诗。田间《假使我们不去打仗》和泰戈尔《萤火虫》,都在告诫人们一个道理,说明一种感受,但二者营造的意境很不相同。

假使我们不去打仗。
敌人用刺刀
杀死了我们,
还用手指着我们的骨头说:
"看,
这是奴隶!"

如果把"骨头"改成"尸首",把"奴隶"改成"奴仆",便会造成浅薄、轻飘的感觉。

你冲破了黑暗的束缚,
你微小,然而你并不渺小,
因为宇宙间一切光芒,
都是你的亲人。

如果把"光芒"改成"光辉",把"亲人"改成"好友",便会造成收拢、疏离的感觉。

从以上可以看出,诗句的意味同韵脚的用韵有很大关系。然而,岂止是韵脚,全诗的"炼字"都和诗意、诗境、诗味有着密切的联系。主要是音节的平仄、开口度、明暗度……应该同字词的意味相辅相成，使之抑扬有度，各展其长。我们应该注意的是，影响音韵响度和亮度的因素之间，都有互补的作用，不可顾此失彼。由于篇幅的关系，我们不可能一一列举，只就有一定代表性的句子稍做说明。

"清明时节雨纷纷"，清明——阴平加阳平，都是归鼻韵，不应开口，不必着力。时节——均为阳平，极次要，快而轻。雨纷纷——仄平平，小口型，细音稍扬。区别于大雨滂沱，区别于热气蒸腾。这样，一种阴冷、细密的感觉自会油然而生。

"却道天凉好个秋"，却道——均为仄声，先收后放，压而不止。天凉——气候冷寂，笼盖四野，前后归鼻韵、阴阳声，高而不落，轻而不拙。好个秋——仄仄平，中轻重格式，沉而后扬。郁积于胸，意在言外，迥异于放声礼赞，不同于直抒胸臆。这样，一种愤激融于惨淡的感受也就自然流露出来了。

"因为宇宙间一切光芒，都是你的亲人"，一切光芒——"一"字变阳平，声高而长，带起后文；"切"字下滑；"光芒"阴阳声，归后鼻韵，放开延长，热烈明亮。亲人——阴阳声，归前鼻韵，收束轻柔，指称切近，并非包容泛泛，而是专注知心。这样，一种强大而久远的生命活力，便显现出来了。

根据音节声韵调的情况，我们从声音的色度、亮度排列，声母中，浊音以 r、l、m、n (ng) 为序，清音以 b、d、g、p、t、k、j、zh、z、q、ch、c、f、h、x、s、sh 为序；韵母又以开口呼、合口呼、齐齿呼、撮口呼为序；声调当以阳平、阴平、去声、上声为序。综合起来，进入诗词中的每一个音节，都应该有它的具体位置，在那里发挥它的实际作用，为诗意、诗情、诗境、诗味的生发展现它的光彩。特别是韵脚的选用，直接关系到诗词的感情基调、意境氛围，不可不加以注意。当然，我们也没有必要有意去"泥古"，舍本逐末。这里，只是提醒我们"诗言志""言为心声"，是不能只顾内容而忽视音节的作用的。

由于时代的发展、语言的变迁，诗词的韵律也在不断地变化。现在的"十三辙"，适用于今天的写作，也不妨用以观照古诗词的运用，否则，完全对应古代韵书，就离当代语言现状太远了。

诗词的写作，正是如此严于炼字、用韵，才构筑了它们的规则，形成了它们的特点。违反了这规则，失去了这特点，就不称其为诗词了。这多么像中国的象棋，规则极严、特点极明，却又如此充满活力，千变万化，波诡云谲，难以测其一二，贵在无奇不有！

诗词的朗读，只有特别注意声音的平仄、色彩、响度、亮度……才有可能积极揭示出诗词的内涵，表现出诗词的韵律美感。

我们这样强调诗词的音节韵律，并不是说朗读时只能被动地听从音节韵律的摆布，而毫无再创造的主动权。任何一首诗词，都有作者的创造，那音节韵律的使用既根据内容的需要，又有作者当时的具体感受，还可能有某种灵感、偶遇、顿悟、苦吟所得，不可能全部按照字词本身的色彩、响度、亮度加以配置。因此，我们一定要根据诗词的诗意、诗情、诗境、诗味、诗节、诗眼、诗律、诗韵进行朗读再创造。以杜牧的《泊秦淮》为例："烟笼寒水月笼沙，夜泊秦淮近酒家。商女不知亡国恨，隔江犹唱后庭花。"既然"沙""家""花"都较响亮，那么，营造整篇的沉缓基调就只有靠其他音节了。所以，"烟""寒""水""月""夜""近""女""恨""犹""庭"等便相当黯淡、阴郁了。"沙"，位于地下；"家"，小酌之处；"花"，曲牌之字。这三个字并不增添什么亮色。作者的即景生情十分自然，历时联想更为熨帖。如果硬要把这韵脚改换，反而显得生涩。很多名篇佳作，都有这类问题，朗读时自然应该顺其文思、通其文路、强化所需、淡化所溢、扬其必响、抑其余弦。否则，任其音韵翕张，只会造成因形害文、声无所归。

第三节　散文类似围棋

散文，是一种短小精悍的文章体裁。古代将散文作为文章的统称，现在，把它单独列为夹叙夹议、散漫不羁的一个体裁。无论是抒情性的、叙述性的、议论性的，还是历史性的、现实性的、憧憬性的，只要是实有其人、实有其事，言之有据、论之成理，都可以作为散文看待。

散文，所谓形散神不散，是说它的自由性。只要神有所终、意有所止，怎样写来，悉听尊便。所以，散文的生命一直延续至今，那思想、语言，尽管带着时代的烙印，那形式却是色彩缤纷、风格各异。散文大家，层出不穷；散文流派，源远流长。

散文，从形式上看，却无一定之规，犹如围棋，因势而行、以意而做，既要聚集，又要留白；聚集就是要布白。浓墨重彩之处，正是预置想象空间之笔；形象生动之间，恰有拓展思维天地之巧。读者就像对手，只有招架之功、接受之力，因瞬息万变，而应接不暇。

散文，总有开篇、游走、点睛、结语等部分。不管引向何方，落于何处，那藕断丝连、盘根错节、欲说还休、跳脱灵动，就会步步为营，令人手不释卷。正如刘勰所言："数逢其极，机入其巧，则意味腾越而生，辞气丛杂而至。"（《文心雕龙·总术第四十四》）在写作上，怎样把握结构和语言的运用，是散文的重要创作方法。汪曾祺的"有话则短，无话则长"，贾平凹的"越是知道多的地方，越要少写"，便点出了散文的妙处所在。

以鲁迅的《雪》为例。

暖国的雨,向来没有变过冰冷的坚硬的灿烂的雪花。博识的人们觉得他单调,他自己也以为不幸否耶?江南的雪,可是滋润美艳之至了;那是还在隐约着的青春的消息,是极壮健的处子的皮肤。雪野中血红的宝珠山茶,白中隐青的单瓣梅花,深黄的磬口的蜡梅花;雪下面还有冷绿的杂草。蝴蝶确乎没有;蜜蜂是否来采山茶花和梅花的蜜,我可记不真切了。但我的眼前仿佛看见冬花开在雪野中,有许多蜜蜂忙碌地飞着,也听得他们嗡嗡地闹着。

孩子们呵着冻得通红,像紫芽姜一般的小手,七八个一齐来塑雪罗汉。因为不成功,谁的父亲也来帮忙了。罗汉就塑得比孩子们高得多,虽然不过是上小下大的一堆,终于分不清是壶卢还是罗汉;然而很洁白,很明艳,以自身的滋润相黏结,整个地闪闪地生光。孩子们用龙眼核给他做眼珠,又从谁的母亲的脂粉奁中偷得胭脂来涂在嘴唇上。这回确是一个大阿罗汉了。他也就目光灼灼地嘴唇通红通红地坐在雪地里。

第二天还有几个孩子来访问他;对了他拍手,点头,嬉笑。但他终于独自坐着了。晴天又来消释他的皮肤,寒夜又使他结一层冰,化作不透明的水晶模样;连续的晴天又使他成为不知道算什么,而嘴上的胭脂也褪尽了。

但是,朔方的雪花在纷飞之后,却永远如粉,如沙,他们决不粘连,撒在屋上,地上,枯草上,就是这样。屋上的雪是早已就有消化了的,因为屋里居人的火的温热。别的,在晴天之下,旋风忽来,便蓬勃地奋飞,在日光中灿灿地生光,如包藏火焰的大雾,旋转而且升腾,弥漫太空,使太空旋转而且升腾地闪烁。

在无边的旷野上,在凛冽的天宇下,闪闪地旋转升腾着的是雨的精魂……

是的,那是孤独的雪,是死掉的雨,是雨的精魂。

一九二五年一月十八日

六个自然段,以"暖国的雨"开头,说他被博识的人们觉得"单调"与"他自己也以为不幸否耶",而"江南的雪""滋润美艳之至",那"雪野中血红的宝珠山茶,白中隐青的单瓣梅花,深黄的磬口的蜡梅花;雪下面还有冷绿的杂草"。然后,用"孩子们……来塑雪罗汉"点出"很洁白,很明艳,以自身的滋润相黏结,整个地闪闪地生光"。到了"第二天",以后的"晴天""寒夜""连续的晴天","又使他成为不知道算什么"了。后面三段,赞美"朔方的雪花""在日光中灿灿地生光……使太空旋转而且升腾地闪烁","在无边的旷野上,在凛冽的天宇下,闪闪地旋转升腾着的是雨的精魂……"结尾,再次肯定"是的,那是孤独的雪,是死掉的雨,是雨的精魂"。词语的精妙,音韵的意味,意境的开阔,具象的生动,都给人以无尽的遐想、深切的感悟。尤其是那曲折而粘连的结构,似散实聚,似单实丰,第一段中的"蜜蜂们"、第二段中的"胭脂"、第三段中的"水晶"、第四段中的"屋里""温热"……特别是五六两段的"雨",都给了"雪"厚重的反衬,这样,雪的"精魂"的意义,就得到了丰富的阐释。这种发散式的结构,使某一概念(具象)活化、立体化、深广化,避免了单一化、刻板化、浅表化。为朗读的再创作,提供了巨大的空间。

为了更好地朗读这篇作品,必须认真驾驭它的贯穿线。从美学的角度,积极地去发挥它的起承转合的美感效应。如:"暖国的雨",要强调"雨"字,顺势而下,到"否耶?"作为铺垫;"江南的雪",要强调"雪"字,乘势而进,一个"消息",一个"皮肤",接着,四个并列的"山茶""单瓣梅花""蜡梅花""杂草"以及后面的"蝴蝶""蜜蜂"和"忙碌""闹着",展开了一幅视觉、听觉交织的画面。由"雨"而"雪",两个譬喻,四种色调,加上"没有"的蝴蝶、"嗡嗡"的蜜蜂,忽分忽合,忽隐忽现,忽主忽次,忽看忽听……令人如随波逐流,愈进愈奇,欲罢不能。又如:先是"旷野上",后是"天宇下",包容着"雨的精魂",转入"那是……是……是……"斩钉截铁,铿锵有力,字字珠玑,掷地有声。这就是超尘脱俗、余味无穷的创意,是散文的朗读中沁人心脾、撼人魂魄的着力点,不可轻易放过。

再以贾平凹的《丑石》为例。

  我常常遗憾我家门前的那块丑石呢:它黑黝黝地卧在那里,牛似的模样;谁也不知道是什么时候留在这里的,谁也不去理会它。只是麦收时节,门前摊了麦子,奶奶总是要说:这块丑石,多碍地面哟,多时把它搬走吧。

  于是,伯父家盖房,想以它垒山墙,但苦于它极不规则,没棱没角儿,也没平面儿;用錾破开吧,又懒得花那么大气力,因为河滩并不甚远,随便去掮一块回来,哪一块也比它强。房盖起来,压铺台阶,伯父也没有看上它。有一年,来了一个石匠,为我家洗一台石磨,奶奶又说:用这块丑石吧,省得从远处搬运。石匠看了看,摇着头,嫌它石质太细,也不采用。

  它不像汉白玉那样的细腻,可以凿字雕花,也不像大青石那样的光滑,可以供来浣纱捶布;它静静地卧在那里,院边的槐荫没有庇覆它,花儿也不再在它身边生长。荒草便繁衍出来,枝蔓上下,慢慢地,竟锈上了绿苔、黑斑。我们这些做孩子的,也讨厌起它来,曾合伙要搬走它,但力气又不足;虽时时咒骂它,嫌弃它,也无可奈何,只好任它留在那里去了。

稍稍能安慰我们的,是在那石上有一个不大不小的坑凹儿,雨天就盛满了水。常常雨过三天了,地上已经干燥,那石凹里水儿还有,鸡儿便去那里喝饮。每每到了十五的夜晚,我们盼那满月出来,就爬到其上,翘望天边;奶奶总是要骂的,害怕我们摔下来。果然那一次就摔了下来,磕破了我的膝盖呢。

人都骂它是丑石,它真是丑得不能再丑的丑石了。

终有一日,村子里来了一个天文学家。他在我家门前路过,突然发现了这块石头,眼光立即就拉直了。他再没有走去,就住了下来;以后又来了好些人,说这是一块陨石,从天上落下来已经有二三百年了,是一件了不起的东西。不久便来了车,小心翼翼地将它运走了。

这使我们都很惊奇!这又怪又丑的石头,原来是天上的呢!它补过天,在天上发过热,闪过光,我们的先祖或许仰望过它,它给了他们光明,向往,憧憬;而它落下来了,在污土里,荒草里,一躺就是几百年了?!

奶奶说:"真看不出!它那么不一般,却怎么连墙也垒不成,台阶也垒不成呢?"

"它是太丑了。"天文学家说。

"真的,是太丑了。"

"可这正是它的美!"天文学家说,"它是以丑为美的。"

"以丑为美。"

"是的,丑到极处,便是美到极处。正因为它不是一般的顽石,当然不能去做墙,做台阶,不能去雕刻,捶布。它不是做这些小玩意儿的,所以常常就遭到一般世俗的讥讽。"

奶奶脸红了,我也脸红了。

我感到自己的可耻,也感到丑石的伟大;我甚至怨恨它这么多年竟会默默地忍受着这一切?而我又立即深深地感到它那种不屈于误解、寂寞的生存的伟大。

先是极其详尽地叙述"那块丑石"的"丑","黑黝黝地卧在那里,牛似的模样""多碍地面""把它搬走吧"。盖房时,"哪一块也比它强",做石磨,"嫌它石质太细"。慢慢地"锈上了绿苔、黑斑",连孩子们也"讨厌"它、"咒骂"它、"嫌弃"它了。只有那"一个不大不小的坑凹",可供鸡儿喝饮,可爬到其上赏月,我还磕破过膝盖呢。总之,"人都骂它是丑石,它真是丑得不能再丑的丑石了"。接着,作者笔锋一转,"终有一日,村子里来了一个天文学家",发现这是一块陨石,"是一件了不起的东西""小心翼翼地将它运走了"。于是,"我们都很惊奇""原来是天上的呢"。天文学家说"丑到极处,便是美到极处"。结尾是:"我又立即深深地感到它那种不屈于误解、寂寞的生存的伟大。"作者几乎用多一半的篇幅写石之丑,实际上,是一种铺垫,突出"丑石"生存于误解、寂寞中,而毫无怨恨、委屈的品格。散文里,使用隐喻的方法是比较普遍的,看似平平,其实,那积聚着的地下岩浆,正等待着喷发;而一旦喷发,又戛然而止,使读者回味不尽。在散文的写作中,这种反衬式的方法,使得要说明的东西相当突出。但是,朗读时却容易出现忽视反衬段落的情况。在一般朗读过程中,朗读者以为要加深主旨的印象,就应该着力于正面论述,反衬的内容只是陪衬,要尽量削弱。这是一个误区,很可能把主旨孤立起来,反衬的力量没有了,上面的论述也就显得苍白了。对于反衬的内容,越是朗读得淋漓尽致,越能造成正面论述的深刻内涵的突现,越能获得事半功倍的效果。因此,在朗读反衬的内容时,一定要细腻描述、具体感受,点染得活灵活现、真实可信,似乎原本就是如此,不觉有一点夸张。如:"奶奶总是要骂的,害怕我们摔下来。果然那一次就摔了下来,磕破了我的膝盖呢。"这里,"摔""果然""膝盖"应该加以恰当强调,把担心、痛感描绘出来,给人以倒霉、厌恶的感受,加强"丑石"的丑陋形象。对于"终有一日"这一转折,前面要有一个停顿,此句的"终"字应该适当延长。犹如翻开了崭新的一页,好像冲破了满天的乌云。

　　散文的结构,因其形散而不能一言以蔽之。但是,我们却可以进行具体分析,把握那文章思路,感受那峰回路转,既不放过点点滴滴,又不偏离全篇主线,使朗读再创作进入美感层面,创造出文字作品所蕴含而又不可能显化的境界。下围棋,必须运筹帷幄,眼观大局,子子占先,可以"引君入瓮",也可以"以守为攻",切不可无视全局,无纲无目。这样,处处掌握主动权,就能够指挥若定,决胜千里了。

第四节　诗歌、散文朗读的美感形态

　　诗歌的视觉效果,由于分行、分节、字数均衡、隔行押韵,因而带有明显的特征,一看便知。但是,那听觉效果怎样把握呢?如何使人一听便知呢?

　　诗歌的朗读,最容易出现两种偏差:

　　第一种,主要是拘泥于字词均衡、分行分节、平仄韵脚的严格制约,不能进行创造性处置,不但失去应有的美感,而且给人以死板、单调的感觉。这样朗读,一字一板,同一高度,同一长度,虽然诗行分明、诗节隔开、音步有顿、句尾押韵,却毫无生气。

第二种,主要是不管诗歌的各种规矩,随意表达,拉腔拖调,囫囵吞枣,有词无句,忽高忽低,忽长忽短,破坏了诗歌的韵律美。似乎灵活多变,没有束缚,却在根本上丢失了诗歌的应有特征,给人以无情无义的感觉。

这两种朗读,并非创造,而是在两个极端上远离了诗歌,把诗歌具备的构思、情怀和美感都付诸东流了。试举例说明之:

如"清明时节雨纷纷,路上行人欲断魂。借问酒家何处有?牧童遥指杏花村。"

应该是:

　　　　清明__时节——雨__纷__纷

　　　　路上行人——欲__断魂__

　　　　借问__酒家——何处有——

　　　　牧童__遥指——杏__花村——

既不应该是:

　　　　清明__时节__雨纷纷__

　　　　路上__行人__欲断魂__

　　　　借问__酒家__何处有__

　　　　牧童__遥指__杏花村__

也不应该是:

　　　　清明时节雨纷纷,

　　　　路上行人欲断魂,

　　　　借问酒家何处有,

　　　　牧童遥指杏花村。

由此可见,朗读的有声语言驾驭是十分讲究的,"差之毫厘,谬以千里"。尤其是进入美学层面,要求就更加严格、细密。这在散文的朗读中,也是相当明显的。

以老舍的《养花》最后一段为例:"有喜有忧,有笑有泪,有花有实,有香有色,既须劳动,又长见识,这就是养花的乐趣。"初看起来,排比并列,像诗;再看,平白如话,是文。朗读时,就要读出散文的味道,又不能完全像说话;既不能说得平淡,又不能听着像诗。大概这样读:

有喜有忧有笑有泪,有花有实—有香—有色,既须劳动又长见识——这—就是养花的乐趣。

如果像诗一样四字一顿,再加上先低后高,既没有轻重的变化,又没有长短的不同,那么,只能造成不伦不类的印象,一点儿美感都没有了。

朗读诗歌和散文,是不是有这样几条规则:

(1)规整中有不规整:凡是在字数、行数、同平、同仄、同声、同韵、对称、并列诸方面为数较多的时候,必须考虑那不相同、不一样的地方,找到它们的差别,并且在有声语言上给以表现,显出它们的参差不齐、错落有致。但是,这种参差错落又是有限度的,不可超越那规定性,否则,就会打破规整美,造成零散、杂乱。

(2)顺势中有不顺势:凡是在一气呵成、顺水推舟、顺流而下、一泻千里的当口,一定要找到可以不顺势的契机,或转或停,或抑或扬,偏其道而行或反其道而行。这是因为,如果一味顺势而行,就会使得平铺直叙形成定势,全在意料之中,没有一点儿曲折。当然,这种偏行、逆行,不能突兀,不可怪诞,否则,准要悖于情理,失诸无序、飘忽。

(3)清晰中有不清晰:凡是主要的词语,一定要让人听明白,甚至有字斟句酌地咀嚼的工夫;凡是次要的地方,特别是极其次要的字词,千万要轻轻带过,哪怕模糊一些,不那么清晰,都是允许的。否则,追求字字清晰,不敢于舍弃,肯定是费力不讨好,事倍功半。

(4)平稳中有不平稳:朗读的过程,应该是十分平稳的,不温不火,不冲不黏。可是,全篇都这样,就会显得慢条斯理,丧失活力。要在平稳中找到那些可以不平稳的地方,使得活脱、跳跃占有一席之地,形成平稳中的不平稳因素,调节整个的朗读基调。值得注意的是,应该把握火候,不要过分,也不要欠缺。过分了,就会失去整体的平稳格局;欠缺了,便无力打破过于平稳的格局。

以上这些对比性的处置方法,都是为了解决诗歌、散文朗读中的美感意识问题。同前面的诸多问题是紧密联系在一起的,不可顾此失彼,不能舍本逐末。思维的活跃、创造的新颖、感情的丰富、技巧的高超,只是为了审美的需要,一定要避免哗众取宠、追怪猎奇。当前的时尚,是"削平艺术,放逐崇高",恨不得把一切技巧都扔掉,恨不得把一切都装进"平民化""世俗化"的口袋里,以标榜自身的贴近生活、亲近百姓。结果,诗歌不像诗歌,散文不像散文,真的是同"传统"(最近,有人纠正了《共产党宣言》中关于这个词的翻译,认为应该译成"流传下来的")决裂了,可惜,只不过是把自己从文化中"决裂"出来了,文化本身,仍然在一往无前地发展着。生活还在继续进步,百姓还在期待高尚,美的仍然是美的,新的应该是新的,规律是不可违反的。诗歌呼唤着创新,散文要求着精品。诗歌和散文的朗读,必定会走向更加兴旺、更加美妙的明天。美妙的核心,不在边缘上呈现,只能在美感的悟性中遨游。

知识梳理

第一节 犹如下一盘棋

诗歌,是一种具有鲜明特点的体裁样式。它在形式上的突出特点是分步分行、有韵有律。无论是三言、四言、五言,还是七言、九言,无论是汉赋、宋词,还是唐诗、元曲,都在这一点上,走向了规整性和匀称性。

散文,是一种具有相当自由建构的体裁样式。它在形式上的具体特征是灵活自如、优哉游哉。无论是短小精悍,还是挥洒不羁,无论是先秦散文,还是稗史笔记,都在这一点上,走向了点染性和灵动性。

诗歌和散文,在体裁上,犹如一盘棋。作者为一方,是执子先行的一方;读者为一方,是解读和应对的一方。最佳的结局,是"棋逢对手"的"和棋",双方共享"知己知彼"的喜悦。

第二节 诗歌如中国象棋

从字数说,三言以下,五言、七言,直至词、曲,几乎无法变更其定数。从平仄说,谁也不能无视那"平仄相间"的美感。从协韵说,韵脚的不同,会产生各种音韵美、抑扬美。

第三节 散文类似围棋

散文,是一种短小精悍的文章体裁。古代将散文作为文章的统称,现在,把它单独列为夹叙夹议、散漫不羁的一个体裁。散文,从形式上看,却无一定之规,犹如围棋,因势而行、以意而做,既要聚集,又要留白;聚集就是要布白。散文,总有开篇、游走、点睛、结语等部分。

散文的结构,因其形散而不能一言以蔽之。但是,我们却可以进行具体分析,把握那文章思路,感受那峰回路转,既不放过点点滴滴,又不偏离全篇主线,使朗读再创作进入美感层面,创造出文字作品所蕴含而又不可能显化的境界。

第四节 诗歌、散文朗读的美感形态

诗歌的朗读,最容易出现两种偏差:第一种,主要是拘泥于字词均衡、分行分节、平仄韵脚的严格制约,不能进行创造性处置,不但失去应有的美感,而且给人以死板、单调的感觉。第二种,主要是不管诗歌的各种规矩,随意表达,拉腔拖调,囫囵吞枣,有词无句,忽高忽低,忽长忽短,破坏了诗歌的韵律美。

朗读诗歌和散文,是不是有这样几条:(1)规整中有不规整;(2)顺势中有不顺势;(3)清晰中有不清晰;(4)平稳中有不平稳。

第十四章

小说、戏剧的朗读美感

第一节　犹如探一座山
第二节　小说如孤峰
第三节　戏剧如群山

小说的朗读，首先，要注意小说的情节。其次，要注意小说的人物。再次，要注意小说的结构。最后，要注意小说的语言。

戏剧的朗读必须准确把握各色人等的话语结构、词语色调、语气节奏、表述样式……人物的语言，要服从他的最高任务、贯穿动作、心理依据、行为节奏。

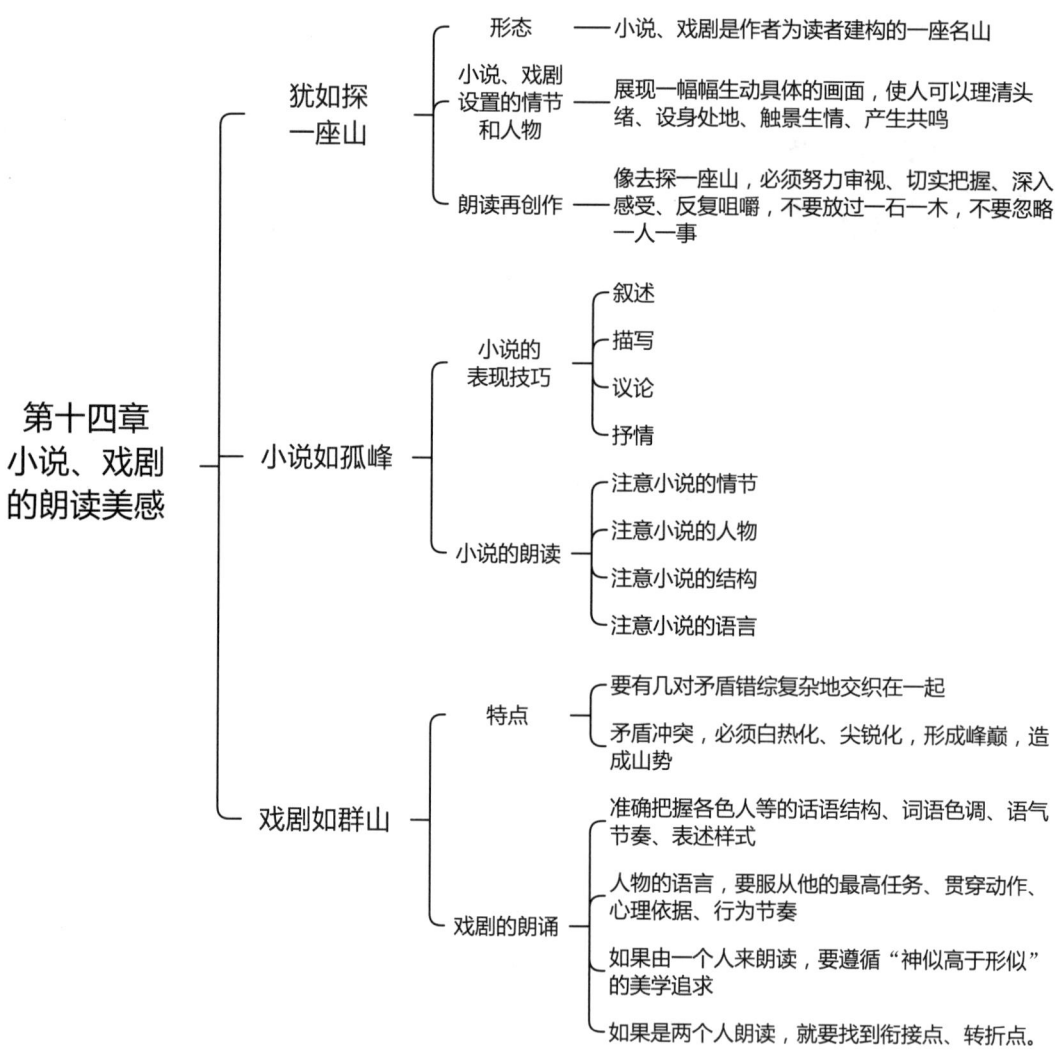

小说、戏剧有着源远流长的发展过程,既有本土的承续轨迹,又有域外渗入的因素,无论短篇、中篇、长篇小说,无论多幕、独幕戏剧,那特有的形式,总使人感到引人入胜,美不胜收。它们的文本流传开来,脍炙人口;它们的说演生动鲜活,感人肺腑。它们的共同点,一是故事,二是人物。作为故事,在虚构中,以事醒人;塑造人物,在渲染中,将心比心。这是主流,这是正理。从作者来说,"有感而发""缘事而作";从读者来说,"企盼收获""期待共鸣"。世上有没有为发而发、为写而写的作者,毫无所求、心无所想的读者呢?除了无所事事、木雕泥塑的人,大概就很难找到了。当今,那些稀奇古怪的另类小说、不知所云的戏剧,也许有人拍案。受众群是多层次的,我们不必惊讶。但是,这些东西恐怕难以在文化史上立足,也不会成为我们朗读的文字作品依据。

小说、戏剧以"故事性"和"形象性"为其生存的根基。要会讲故事,不可没有宏大叙事的本领;要描绘形象,不可没有精细刻画的能力。所谓"典型环境中的典型形象",或者"思想大于形象,形象大于思想"的评论味道,也许太浓重了,不过,对于小说、戏剧的衡量标准,并非毫无意义。我们坚持小说、戏剧的社会性、人文性,绝不是要她们成为政治的教科书、伦理的解说词,而是说,她们应该发挥自己的特有功能,在净化社会和净化心灵方面对人们有所启发、有所鼓舞;并能疗救靡靡之音、沉渣泛起带来的文化"失语症"、生存"软骨症"。

小说、戏剧都要使用文学语言,虽不应佶屈聱牙、深奥难懂,也不该浅薄庸俗、粗野鄙陋。目前,小说的"私语化"倾向,戏剧的"玄虚化"倾向,值得人们警惕。因为,小说、戏剧的解读是要达到"入之愈深,见之愈奇"的境界的。

第一节 犹如探一座山

小说、戏剧是作者为读者建构的一座名山。这山,奇花怒放,异草如茵,怪石嶙峋,泉水潺潺,大小岩洞,钟乳垂挂,曲径通幽,蜿蜒崎岖,峰峦叠嶂,云雾缭绕……用心的读者,或沿路攀登,或拾级而上,都能从不同的侧面饱览这五光十色、领略这无限风光。

小说，像一座孤峰，或高耸入云、众山环绕，或拔地而起、清波倒影，或小山叠翠、花团锦簇，或平台宽阔、庙宇林立……既有起步的引人入胜，又有中途发现的心旷神怡，更有登临绝顶的畅快淋漓，也有游兴未尽的浮想联翩。个中的苍松翠柏、亭台楼阁、鸟叫猿啼、游人如织，总让人觉得新颖独特而又似曾相识，处处关联而又如梦如幻。

　　戏剧，像绵延群峰，或重峦起伏、茂林修竹，或悬崖峭壁、飞瀑流泉，或莲台对峙、相映成趣，或横亘沃野、龙腾虎跃……既有放眼远望的扑朔迷离，又有临近观赏的清新奇特，更有身在其间的心驰神往，也有慨叹造物的光怪陆离。个中的峰谷相应、高低对比、天地融合、鱼龙混杂，总让人觉得瞬息万变而又度日如年，纷繁复杂而又恍如隔世。

　　小说、戏剧设置的情节和人物，除拾人牙慧、粗制滥造的以外，都能展现一幅幅生动具体的画面，使人可以理清头绪、设身处地、触景生情、产生共鸣。读者同作者的对话，是以作品为中介的。作者通过作品表现生活的某些侧面，表达自己的生命体验；读者通过作品透视生活的内涵，感受生存的社会价值。朗读者通过作品再现作品的生动情境，听者群体通过朗读体味作品的人文精神。由于我们的主要任务是进行美感传递和生发，所以，朗读者在理解、感受某一文字作品时，或听者群体在接受小说、戏剧的朗读再创作时，就都像去探一座山，必须努力审视、切实把握、深入感受、反复咀嚼，不要放过一石一木，不要忽略一人一事。因为，那作品中的世界，只是作者心中的世界，那叙述是朗读者消化后的主观阐释。作品和作者、朗读和朗读者是一种合二为一的统一体，不但不会分道扬镳、各行其道，反而能够互相补充、彼此张扬。所谓"山"，就融合了这两者的全部性灵，共同营造出目不暇接、耳不暇听的"海上有仙山，山在虚无缥缈间"的境界。

　　不要把小说、戏剧看成只是作者、朗读者心中的"私语"，也不要把作品、朗读看成是读者、听者群体日常的"杂什"。当代美学对传统美学的解构，往往扔掉"写什么"，而专注于"怎样写"，那目的常常在说明"生活中到处都是艺术，就看你如何表现"，于是，以装饰性为特征的纯形式便成了当代艺术的"合目的性"结构，成为衡量艺术美的唯一标准，从而取消了艺术品存在的社会意义。我们一直坚持艺术美的"公共话语"的融通性，把艺术感受、审美意识看作作者、读者、朗读者、听者群体共有和共享的社会财富，坚决反对私人化、私欲化、满足感官刺激、张扬随心所欲的"游戏"。在我们"探一座山"的过程中，一定要避免"不识庐山真面目，只缘身在此山中"的主体缺席或客体走失的状况。

第二节 小说如孤峰

小说，作为一种叙事体裁，不能不是人世情怀、社会人物在创作主体的头脑中经过加工改造后的反映形式。其中，有历时的多层积淀，有共时的向心聚合，有对粗糙杂乱的排除，有对精美洁净的选取。作品完成的时候，正如"会当凌绝顶，一览众山小"，既见"苍苍横翠微"，又感"阴晴众壑殊"。朗读者一定要沿着叙事的脉络，感受情节的发展，体验人物的心态，在具体的语境中，贯通上下文，活化正反面人物，准确揭示人物的心理活动、行为范式、话语色彩、相互关系。

小说，当然有很多表现技巧，但无论怎样叙述、描写、议论、抒情，总是围绕着一条主线进行。朗读时，必须遵循这条主线的形成要素，按部就班地给以表达。因此，应该着意分清一句、一段、一节、一章的共性中的个性，不可一道汤，不能清一色。这正是统一性和丰富性的整体和谐，这正是规整性和独特性的完美结合。长篇小说、中篇小说、短篇小说和小小说，都是截取了社会生活的一个侧面进行表现的，即使是那些"百科全书"式的、"历史的一面镜子"式的小说，也不可能反映当时现实的全貌。更何况即使我们朗读长篇小说时，也只能是朗读其中的一个组成部分，或是遴选一段情节，或是突显某个人物呢！因为小说如一座孤峰，我们朗读时，就不能就事论事、就人论人，而应该拓开视野，把小说放在特定的历史时期、历史阶段、历史背景、历史氛围中加以考察。这样，这座孤峰就会成为实实在在地、生气勃勃地呈现在我们面前的"会有的事实"了。孤峰中，可以是以花木为主，可以是以亭台为主；可以是以飞禽为主，可以是以走兽为主；可以是以庙宇为主，也可以是以游客为主……这正是题材对体裁的召唤回应，这正是内容对形式的诉求馈赠。不可想象，没有题材，体裁何去？没有内容，形式何从？任何词语，抛弃了意义，任何声音，排除了韵律，竟如行尸走肉，就像礼崩乐坏，还有一丝一毫的存在价值么？

首先，要注意小说的情节。犹如上山时的路径，是否"山重水复疑无路，柳暗花明又一村"？是否"花径未曾缘客扫，蓬门今始为君开"？情节的设置，绝不应仅仅像"讲故事"一样，花里胡哨，也不应仅仅像"意识流"那样，忽东忽西。它必须是历史逻辑、生活逻辑、思维逻辑、感情逻辑等的综合体现。《红楼梦》《水浒》的后续部分的失败，原因大概有悖于此。而成功的作品，原因大概就在于此。

其次，要注意小说的人物。犹如上山途中所见，是否"有血有肉，栩栩如生"？是否"千态万状,惟妙惟肖"?人物的勾勒与刻画,既不能雷同化,千人一面,也不能模糊化,亦此亦彼。只有准确地表现出"这一个",才使人看到这一座山上的这一个景物的特殊点。这一个景物,如果哪一座山上都有,何苦再出现,何苦再看?之所以是"这一个",同他的环境、氛围、成长历程、社会关系、性格气质、生存状况、理想追求、生命活力……密不可分。诸葛亮、贾宝玉、范进、孔乙己、牛虻、保尔……各自在个人的时空里,显露出性格迥异的特殊性,那立体、深刻的形象风貌,是其他的小说中所没有的,却是如此真实可信。

再次,要注意小说的结构。上山时的路径、景物,融为一体,如苍松立于峭壁,庙宇建于平坡,繁花集于草丛,清泉流于石下。远观可以总揽,近看只应细察。小说的起承转合,妙在流畅中的曲折,趣在呼吸间的收纵。这与当代的创作观念似乎大相径庭,因为,把历时性的东西挤压在同一个平面上来,好像过去、现在的事情是同时发生的,只能造成时序上的混乱,从而在结构上分不清顺序、倒叙、插叙,使读者莫名其妙,使结构颠三倒四,情节没有了头绪,人物没有了根基,还会有小说的引人入胜、美不胜收么?

最后,要注意小说的语言。小说的语言有其十分独特的魅力,细腻处似可触摸,跳跃处定有遐想,渲染处神采飞扬,悬念处惴惴不安……特别是人物的语言,与叙述语言各显其能,不但揭示出人物此时此地的内心活动,而且传达出人物多样多向的心路历程,并展现人物独特的表达方式。小说的语言,决不能等同于字典、词典里的字词的组合,它那描写和刻画的遣词造句样式,是和作家的观察、体验、思辨、心志紧密相连的,同作家的人生况味、生存状态、生命追求、入世理念密切相关的。长期生活在底层社会的作家,与长期生活在上层社会的作家不可能使用同样的表达方式;虽然他们都吸收了人类文化的精华,也都融通了民族文化的性灵。

下面,我们从朗读的过程中去考察小说朗读的审美问题。

以鲁迅的小说《祝福》为例。

鲁迅的《祝福》,是一篇具有历史厚度、时代高度的小说精品,深刻地揭露了封建礼教摧残、啃噬一位平凡妇女的灵魂的悲惨过程,鲜明地塑造了弱势群体被压迫、被侮辱、被戕害、被毁灭的感人形象。在相同而又不同的"旧历的年底"那"闪光"和"钝响"中,主人公祥林嫂的每一次出现,都给人一种更愁苦、更酸楚、更凄凉、更麻木的印象;在那同情而又无情的"鲁镇的人们"那"可恶"和"然而"中,祥林嫂的形象同"祝福"的氛围越来越不协调,她竟一步一步地走上了绝路,沿街乞讨,追问地狱……五年的时间,她的心灵迅速地老化、痴呆,归于死寂。朗读者怎能不被小说的情节、人物、结构、语言所感染?

这篇小说是从"我"的视角来叙述和描写的,"我"个人面对这一切,当然是是非分明却无能为力的。"我"只是一条贯穿线,从百无聊赖的"无论如何,我明天决计要走了",到遇见祥林嫂后"无论如何,我明天决计要走了",再到"然而先前所见所闻的她的半生事迹的断片,至此也连成一片了",这是第一部分。转述祥林嫂的半生事迹,是第二部分。结尾是最后一部分。第二部分很重要,在朗读时尤其应该细心体味。

开头:"她不是鲁镇人。有一年的冬初,四叔家里要换女工,做中人的卫老婆子带她进来了,头上扎着白头绳,乌裙,蓝夹袄,月白背心,年纪大约二十六七,脸色青黄,但两颊还是红的。"这是祥林嫂最初的露面,"两颊还是红的",不仅说明身体还好,而且显出心灵的活力。接着,祥林嫂被拖进船去,"于是祥林嫂事件便告终结,不久也就忘却了"。

记起:"只有四婶"因为她能干,还时时记起她。卫老婆子来拜年,"自然就谈到祥林嫂。"她婆婆把她许了贺老六,生了一个孩子,新年就两岁了,"她真是交了好运了"。

再次出场:"又过了两个新年,她竟又站在四叔家的堂前了。""她仍然头上扎着白头绳,乌裙,蓝夹袄,月白背心,脸色青黄,只是两颊上已经消失了血色,顺着眼,眼角上带些泪痕,眼光也没有先前那样精神了。"这里,那些重复的词语,要有呼应感,而"消失了血色""泪痕",表明她的精神状态发生了重大变化,朗读时应予强调。此后的"我真傻"这句话的多次重复,祭祀时候用不着她沾手,使她愈加感到自己正在成为人们眼中的渣滓,无可逃脱了。于是,她有时"单是一瞥他们,并不回答一句话",有时"立刻敛了笑容,旋转眼光,自去看雪花"。朗读时要一字千钧,把那深深的创伤埋藏心底,反而以轻松的话语或表情表现出来,这是怎样的痛楚啊!几近无望,心如冷灰。

最后挣扎:柳妈让她"到土地庙去捐一条门槛,当作你的替身",给她造成了极大的精神恐怖。"她整日紧闭了嘴唇","默默地跑街,扫地,洗菜,淘米"。后来,支取了历来积存的工钱,在土地庙捐了门槛,"神气很舒畅,眼光也分外有神了",祭祖时节,她便"坦然地去拿酒杯和筷子",可是,仍然受到了同样的禁止。她"很胆怯","有如在白天出穴游行的小鼠","直是一个木偶人"。一切挣扎都成了泡影,得到的只是身心的轰然坍塌。"倒不如那时不留她"似是警告,却终于成了现实。朗读时,要把"木然""欣然""颓然"步步清晰地展现出来。

在祥林嫂的人物形象刻画上,作者抓住了"面颊""眼神"和语言几个方面。"面颊"代表了遭遇和身体状况,"眼神"代表了心情和精神,而语言,既有叙述语言,又有人物语言。朗读时,特别要强调对语言色彩和分寸的恰当表现。如:"只有那眼珠间或一轮,还可以表示她是一个活物","她分明已经纯乎是一个乞丐了","可恶……然而……","你放着吧,祥林嫂","哎哎,我真傻","哎哎,我们的阿毛如果还在,也就有这么大了",等等。每一个人的每一句话,都是那样的准确、贴切、活脱而富于个性。

这是一般性地处置所无能为力、无法显现的。小说正在这样的宏观和微观、浅显和深邃的叙述中,达到了深远的境界。

再以孙犁的小说《荷花淀》为例。

《荷花淀》是在抗日战争的背景下,描绘了一幅农村青年妇女在斗争中成长的纯净、清新的画面,其中,饱含着善良、质朴的深情。从话别、寻夫、遇敌、观战、相逢和归途的各个场景中,突现了以水生嫂为代表的青年妇女形象,展现了坚强、忠厚、不服输、有志向的群体性格。

这篇小说,只是从某些侧面反映了战争的激烈,却造成了正义战争必胜的广阔视野,于纯净中蕴含着深沉,于清新中流露着豪壮,给人以另一种意味。语言的色彩、分量,别具一格。

朗读时,不必追求起伏跌宕,而要在舒展的叙述里,融入凝聚的、切实的心理活动,在平凡的话语中,点染环境、氛围和人物关系。

如:"月亮升起来,院子里凉爽得很,干净得很,白天破好的苇眉子潮润润的,正好编席。女人坐在小院当中,手指上缠绞着柔滑修长的苇眉子。苇眉子又薄又细,在她怀里跳跃着。"

多么宁静,多么洁净,多么柔和,多么清爽!"女人",手在动,苇眉子在"跳跃着"。这该是和平与幸福的情景吧,然而却在孕育着离别和战斗。此时,越是宁静,越显得可贵。这是环境的比对,心理的比对,更是享受它和保卫它的比对。

如:"他们奔着那不知道有几亩大小的荷花淀去,那一望无际的密密层层的大荷叶,迎着阳光舒展开,就像铜墙铁壁一样。粉色荷花箭高高地挺出来,是监视荷花淀的哨兵吧!"

这群妇女虽然被敌人追赶,却能以自己的生活经验,摆的小船飞快,还把敌兵往水浅处引,竟使敌人陷入了包围圈。这是偶然中的必然,无意中的有意,那"铜墙铁壁""哨兵",连大荷叶、荷花箭都有份,何况她们呢!这种比喻,使人觉得那"天时、地利、人和"是她们应有的权利,多么美好,多么豪放,多么刚强,多么幸福!身临其境,就能感受到那坚实广阔的后盾的真实存在。

又如:"你有什么话嘱咐嘱咐我吧!"

"没有什么话了,我走了,你要不断进步,识字,生产。"

这样的告别,显得有些生硬,却正是当时的夫妻关系的写照,也说明我国农民的朴实、憨直。当下小说的描写,大多是卿卿我我,而肯定会远离"不断进步"之类。朗读时要注意语气的亲近、热切。

再如:"你看他们那个横样子,见了我们爱搭理不搭理的!"……

"水生嫂,回去我们也成立队伍,不然以后还能出门吗!"……

这样的直爽、志向,多么可亲,多么可敬!朗读时一定要用热情、率真的语气,把妇女们的"责而不怪""争而不气"的心态表现出来。

这篇小说里,似乎没有情节的紧张、人物的夸张,但那心理变化真是荡如悬缆、细若游丝,而语言的切近可谓字字玲珑、声声绕耳。这就为朗读提供了平坦流畅的路途,可以沿着潺潺小溪悠然而下,时而快步轻盈,时而流连忘返……

尽管小说的写作千差万别,不过,我们总可以寻找到"这一个"的特点。据此,朗读的具体方法也就能够顺藤摸瓜、油然而生了。不必刻意追求,有声语言的美感已在其中。那张弛美、曲折美、形象美、心灵美、个性美、风格美,统统融于"这一个"的整体和谐之中了。

第三节 戏剧如群山

戏剧不同于诗歌、散文,但和小说相似。小说像孤山,即使是长篇巨著,也不过成就一个过程,解决一对主要矛盾。戏剧则不然,要有几对矛盾错综复杂地交织在一起,特别是那种平行性矛盾,几乎分不出主次,互相缠绕,又各自独立,当然,并非毫不相干,总有脉络连通,总有峰谷纵横,所以像群山耸立,群峰起伏,众山环绕,或隐或现,若有若无,或犬牙交错,或山外有山……

戏剧的矛盾冲突,必须白热化、尖锐化,形成峰巅,造成山势;而人物,出场的、不出场的,贯穿的、偶现的,正面的、反面的,总有他存在的必要性。几乎是人人占山为王,人人各行其道。写戏,要变换身份;演戏,要进入角色,都不能作为局外人"看戏"。只有人物的"你方唱罢我登场",没有"旁观者"在一边发表什么议论。一切是非、一切善恶,个性特征、话语特色,都由人物的言行显示出来,都由读者或观众从中感受、综合、辨别、引申。戏剧中,人物的言行,尤其是人物的话语,即台词,便成了最重要的叙述方式。哑剧虽然也是戏剧的一种,但更近似舞蹈。

由此可见,人物的语言,是戏剧——包括剧本、演出——成败攸关、高下立见的"肯綮""机枢"。朗读必须准确把握各色人等的话语结构、词语色调、语气节奏、表述样式,必须深入感受这个人同那个人的"语核"、这一对矛盾中的对立双方的语言交汇点、对话双方或几方语言的交叉点、每一个人的语言重点、所有人语言的插入点和结束点……从朗读的角度,我们选择几个方面加以剖析。

人物的语言,要服从他的最高任务、贯穿动作、心理依据、行为节奏。在"说什么"的背后,一定有"为什么说"的支撑。而"为什么说"并非它自己说了算,因为它只是整个戏剧中的一个螺丝钉,它必须把自己整合进全部人物的关系中,"分工负责"地实施自身的行为规范,才能显示出它的存在价值。

老舍的《茶馆》,以王利发为整个戏的贯穿人物,把50年中的三教九流、遗老遗少、权贵大亨、兵痞乞丐……都招进茶馆,让他们一个一个表现一番,或得意,或失意,或子承父业,或游手好闲……如在第一幕中,唐铁嘴要给王利发相面:

王利发:(夺回手去)算了吧,我送给你一碗茶喝,你就甭卖那套生意口啦!用不着相面,咱们既在江湖内,都是苦命人!(由柜台内走出,让唐铁嘴坐下)坐下!我告诉你,你要是不戒了大烟,就永远交不了好运!这是我的相法,比你的更灵验!

这几句话,既符合茶馆掌柜的身份,又体现了他对唐铁嘴的同情和劝诫的善意,更鲜明地道出了郁积于心的痛苦。先是点破了唐铁嘴给他相面的用意——白喝一碗茶;然后揭露相面的骗术,"苦命"不算而知;接着,亲切地让唐铁嘴坐下,直截了当地叫他戒烟,并隐含地告诉他,戒了烟才有希望生活得好些:"我的相法"就是人生经验、熟知社会,远比相面灵验。虽然是几句话,却一波三折、意在言外。这正是戏剧语言的局限性和凝练性、表意性和表情性、独特性和融通性、时空性和发散性、形象性和逻辑性、真实性和虚幻性的整体和谐所在。一句"算了吧",多少辛酸、多少事理、多少体验、多少世故!一句"我告诉你",多少苦涩、多少体贴、多少怜悯、多少希冀!一切都在话语中,一切都在语气里。第一层,随口唾出,似在不经意中;第二层,清醒概括,久积而发;第三层,语重心长,是恨铁不成钢;第四层,自律自信,发人深思。由此,可以确定,朗读时应该注意语流的趋势和走向,由松弛温和到深情凝重,再由明快紧凑到舒展肯定,显露出少年老成、精明强干的性格,表现出王利发同唐铁嘴之间的友善关系。

曹禺的《雷雨》,堪称现代话剧的经典,背景广阔,矛盾尖锐,结构紧凑,高潮迭起,人物鲜明,关系错杂。尽管不可避免地带有时代的局限性,但是,压迫与反抗、善良与邪恶、封建专制与个性解放、等级观念与人间亲情……终究能够折射出社会发展的阶段性、历史进步的必然性、世态炎凉的真实性、人生况味的复杂性,给人们以深刻的启示、厚重的教益。如在第二幕中,周朴园说:"我看过去的事不必再提起来吧。"之后,鲁侍萍感慨万千地说了下面的话:

鲁侍萍：我要提，我要提，我闷了三十年了！你结了婚，就搬了家，我以为这一辈子也见不着你了；谁知道我自己的孩子偏偏命定要跑到周家来，又做我从前在你们家里做过的事。

这一段话，既是鲁侍萍的自责，又是她对周朴园的指责，更是面对命运的捉弄发出的呼号。"三十年"，多么漫长！"一辈子"，多么无情！"命定"，这些巧合如此不幸，似乎是命中注定的！"做过的事"，包括多少辛苦、多少痛苦！鲁侍萍由现在想到了过去，又由过去想到了自己的孩子……她有悔恨，也有担心；虽心存怨怒，也只能认命。叹号前的话，连续两句"我要提"，冲口而出，却又戛然而止；分号前的话，只是说以为见不着了，对于"结了婚就搬了家"并无进一步的斥责；后一句话，只归咎于命运，连被赶出周家、母亲被气死、孩子被强留的愤怒都淡漠了，似乎已经把"报应"看成了根由。她是受害者，值得同情，但是她软弱，仍念旧情。朗读时，应该注意这种两面性，以区别于其他人物。第一句的上山语势，第二句的下山语势，第三句的波峰类语势，正表明人物内心的复杂状况、曲折变化。

戏剧中，人物之间的对话，是在人物个性化基础上的真正戏剧化。这时，人物之间的关系成为主要支点。通过对话，既能深入开掘人物的内心世界，显露人物的价值观，又能展现矛盾冲突的发展变化。朗读时一定要找到对话的结节点、聚焦点。哪怕是表面上的互不关联，各有所指，也不能无视它们的隐含的纠葛。这纠葛可以是思想方面的，也可以是感情方面的，还可以是社会事件方面的，当然也可能是政治、经济、文化、军事、法律等方面的。矛盾冲突的程度有大小、时间有长短、范围有广狭、人物有多寡、形式有繁简，作为戏剧的叙事，又会呈现出矛盾冲突在进行过程中的"集中、鲜明、具体、独特"的形象性和生动性。

如《奥赛罗》中，奥赛罗同埃古的一段对话：

奥赛罗：给我一个充分的理由，证明她已经失节。

埃　古：我不喜欢这件差使，可是既然愚蠢的忠心已经把我拉进了这一桩纠纷里去，我也不能再保持沉默了。最近我曾经和凯西奥同过榻，我因为牙痛不能入睡；世上有一种人，他们的灵魂是不能保守秘密的，往往会在睡梦中吐露他们的私事，凯西奥也就是这一种人；我听见他在睡梦中说"亲爱的苔丝特蒙娜，我们须要小心，不要让别人窥破了我们的爱情！"于是……喊一声"该死的命运，把你给了那摩尔人！"

奥赛罗：啊，可恶！可恶！

埃古：不，这不过是他的梦。

奥赛罗：但是过去发生过什么事就可想而知了，虽然只是一个梦，怎么能不叫人起疑呢？

埃古：本来只是很无谓的事，现在这样一看，也就大有文章了。

奥赛罗：我要把她碎尸万段。

这一段对话中，奥赛罗的多疑，埃古的阴险，已经十分清晰了。再加上后面的"绣着草莓花样的手帕"到了凯西奥手中，就直接导致了苔丝狄蒙娜的蒙冤而死。

如果由一个人来朗读，要遵循"神似高于形似"的美学追求，在不改变声音本色的基础上，根据人物的思想感情，把握住人物的行为贯穿线，用特定人物的语气的基本样态，表达"这一个"人物此时此地的具体心理进程。奥赛罗的被引入歧途，越陷越深，已经怒火满腔；埃古的以假乱真，以退为进，几乎心花怒放。两个人物，两种心态，两类语气，同一走向。这样就可以揭示出对话的内涵了。值得注意的是，由于历史的、民族的、时代的、地域的、性别的、年龄的差异，不同的人物就有不同的语言样态，朗读中应予以关注。简单浅显如"可恶"一词，在《祝福》和《奥赛罗》中，鲁四老爷的"可恶……然而"，好似道学先生，一字一板，拉腔拖调；而奥赛罗的"啊，可恶！可恶！"就要带上一点"洋味儿"，"啊"稍稍有一点"嚎"音，"可恶"应该粗犷一些、毫无顾忌。这样，听起来，同具体人物就更贴近了。

如果是两个人朗读，就要找到衔接点、转折点。一开始，奥赛罗仍然要求充分的理由；埃古便先抑后扬地、绘声绘色地把他编造的凯西奥的梦话说出来，尤其是"那摩尔人"，直刺奥赛罗的痛处；奥赛罗的两个"可恶"，说明他已信以为真；埃古再假意淡化可疑性质，奥赛罗又进一步强化疑心的"可想而知"；埃古便凶相毕露地说"大有文章"，促使奥赛罗下决心"把她碎尸万段"。一个人沿着埃古的心理行动线步步进逼，一个人沿着奥赛罗的心理行动线句句入彀。特别是要把人物话语中那关键词语朗读得恰如其分，把内在语或同向、或反向地揭示出的"最高任务"落实到语气、语势上，有目的、有节奏、承上启下地，时而缓接、时而快连地朗读出来。这样，那语流中，自当充满"这一个"人物的审美情趣，就不会失之于泛泛了。

一般来说，戏剧的朗读应该分角色，一个人朗读一个角色的话语，既好掌握话语的心理依据，又有利于从声音上区别角色。至于角色的分配，当然要依据声音条件、性格兴趣、经验积累、语言功力的情况，不能强行指定。最佳的阵容，最合适的角色，最成功的配合，必定使听者群体在感受和判断、分析和综合的过程中，融入"这一个"戏剧，并进一步达到整体和谐的境界。

在戏剧演出之前,严肃的导演和表演群体,在各自做好了案头工作以后,首先要进行的就是"对台词"。所谓对台词,绝不是走过场,也不是敷衍塞责、简单串联一番,而是进入角色的一种心理酝酿、塑造人物形象的个性探寻、强化人物之间对比的相互激发、把握剧情发展节奏的整体和谐训练。虽然没有形体的要求,但是,一定会为舞台调度、角色行为、人物关系、道具使用等做好准备。因此,我们这里所说的朗读台词,应该是一种基础性的、规律性的语言功力。

目前,在课堂上、舞台上、剧组里,包括影视剧的配音棚里,真正重视戏剧朗读的语言功力的认识,日渐式微,有的甚至取消了"对台词"这一环节,据说是为了"提高效率"云云。不知道这种做法,是艺术造诣很高的表现,还是擅长粗制滥造的借口?如果没有了美学理想,如果丧失了审美意识,戏剧还会是戏剧吗?朗读也就成了念字而已,真的可以从艺术创作中"削平"了。

总之,小说如孤峰,是要我们进入一条主线,抓住情节线、人物线、心理线,用有声语言"以小见大"地表现出某种时代的具体氛围、环境的特定空间、人物的个性心理、作家的风格特征,不可离开那"羊肠小道""花鸟虫鱼""眉目传情""服色饰物"等细微之处。也就是说,应该使用"显微镜",仔细观察,不要"这山望着那山高"。朗读者只有在描述中,细腻地表达微妙的变化,才能够取得"虚构和真实"的特殊效果。而戏剧如群山,是要我们站在远处,看"山舞银蛇,原驰蜡象""五岭逶迤,乌蒙磅礴",以开放的目光,审视人物链、矛盾链、话语链、节奏链等宏大之处。也就是说,应该用"望远镜",把握进程。每个人物,每句话语,都要镶嵌在整体链条之中,不可游离于外,不要"各自为战""独显身手"。朗读者只有在链条中确切地表达角色的话语,才能够达到"有我和无我"的完美结合。所谓孤峰和群山的比喻,并非丢掉基础性和规律性,把小说和戏剧的朗读引入褊狭、隔绝的误读之路。

当然,小说和戏剧的朗读,不同于"说评书"和"舞台剧",不宜注重夸张和渲染,不宜只靠改变音色去表演,而应着力于有声语言的明晰、贴切、适度、精到,从审美的层面上,尤其要注意。在《朗读学》中已经强调过了朗读和表演的区别,此处不再赘述。

知识梳理

第一节 犹如探一座山

小说、戏剧是作者为读者建构的一座名山。这山,奇花怒放,异草如茵,怪石嶙峋,泉水潺潺,大小岩洞,钟乳垂挂,曲径通幽,蜿蜒崎岖,峰峦叠嶂,云雾缭绕……用心的读者,或沿路攀登,或拾级而上,都能从不同的侧面饱览这五光十色、领略这无限风光。

小说、戏剧设置的情节和人物,除拾人牙慧、粗制滥造的以外,都能展现一幅幅生动具体的画面,使人可以理清头绪、设身处地、触景生情、产生共鸣。

朗读者在理解、感受某一文字作品时,或听者群体在接受小说、戏剧的朗读再创作时,就都像去探一座山,必须努力审视、切实把握、深入感受、反复咀嚼,不要放过一石一木,不要忽略一人一事。

第二节 小说如孤峰

朗读者一定要沿着叙事的脉络,感受情节的发展,体验人物的心态,在具体的语境中,贯通上下文,活化正反面人物,准确揭示人物的心理活动、行为范式、话语色彩、相互关系。

小说,当然有很多表现技巧,但无论怎样叙述、描写、议论、抒情,总是围绕着一条主线进行。朗读时,必须遵循这条主线的形成要素,按部就班地给以表达。

首先,要注意小说的情节。其次,要注意小说的人物。再次,要注意小说的结构。最后,要注意小说的语言。

第三节 戏剧如群山

戏剧则不然,要有几对矛盾错综复杂地交织在一起,特别是那种平行性矛盾,几乎分不出主次,互相缠绕,又各自独立,当然,并非毫不相干,总有脉络连通,总有峰谷纵横,所以像群山耸立,群峰起伏,众山环绕,或隐或现,若有若无,或犬牙交错,或山外有山……戏剧的矛盾冲突,必须白热化、尖锐化,形成峰巅,造成山势;而人物,出场的、不出场的、贯穿的、偶现的、正面的、反面的,总有他存在的必要性。

朗读必须准确把握各色人等的话语结构、词语色调、语气节奏、表述样式,必须深入感受这个人同那个人的"语核"、这一对矛盾中的对立双方的语言交汇点、对话双方或几方语言的交叉点、每一个人的语言重点、所有人语言的插入点和结束点……从朗读的角度,我们选择几个方面加以剖析。

人物的语言,要服从他的最高任务、贯穿动作、心理依据、行为节奏。戏剧中,人物之间的对话,是在人物个性化基础上的真正戏剧化。朗读时一定要找到对话的结节点、聚焦点。

如果由一个人来朗读,要遵循"神似高于形似"的美学追求,在不改变声音本色的基础上,根据人物的思想感情,把握住人物的行为贯穿线,用特定人物的语气的基本样态,表达"这一个"人物此时此地的具体心理进程。如果是两个人朗读,就要找到衔接点、转折点。特别是要把人物话语中那关键词语朗读得恰如其分,把内在语或同向、或反向地揭示出的"最高任务"落实到语气、语势上,有目的、有节奏、承上启下地,时而缓接、时而快连地朗读出来。一般来说,戏剧的朗读应该分角色,一个人朗读一个角色的话语,既好掌握话语的心理依据,又有利于从声音上区别角色。

第十五章

新闻、评论的朗读美感

第一节　犹如过一条河
第二节　新闻是一朵浪花
第三节　评论是一段激流
第四节　新闻、评论的审美样式

新闻、评论的审美样式虽然有诸多差异，但是，思维的理性、话语的质朴、事理的明晰、美感的蕴藉，却形成了"省人""服人"的新鲜、真实的张力，共同营造出"已有"和"应有"的人生理念。

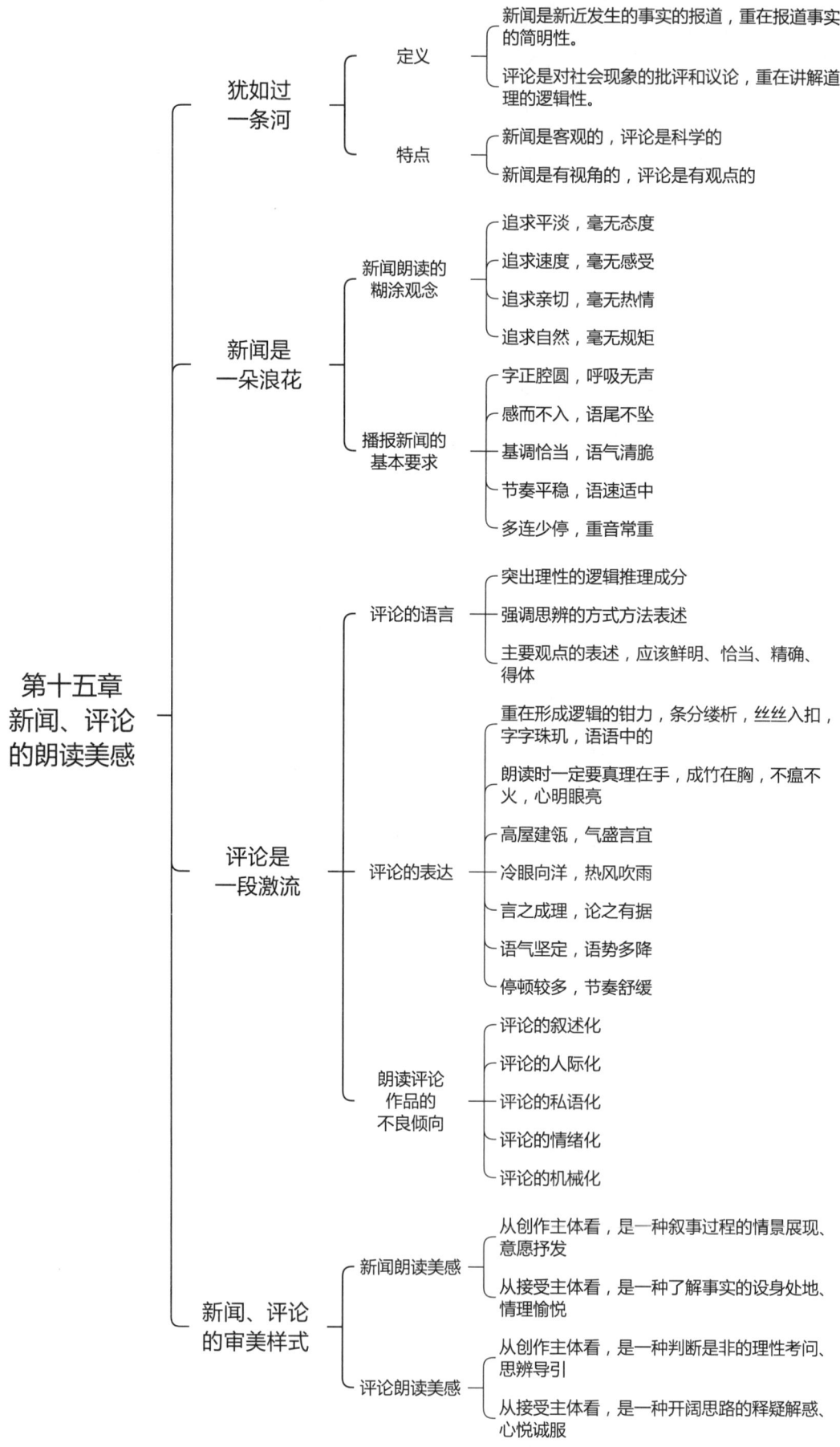

新闻、评论是大众传播、语文教学中不可缺少的体裁。二者都是文字作品,都要进行有声语言的再创作。虽然大众传播的要求同语文教学的要求不大一样,当播送新闻和评论时,采取播报和讲说的方式;当课堂教学时,采取叙述和议论的方式。但是,朗读是基础,都不能脱离朗读的规律。特别是在美学的层面上,获得美感的途径,不应该加大它们的差异。

第一节　犹如过一条河

新闻是新近发生的事实的报道,重在报道事实的简明性。评论是对社会现象的批评和议论,重在讲解道理的逻辑性。它们就像一条河流,行进在具体的时空中,也许有支流的汇聚,也许有曲折的走向,也许有闪光的浪花,也许有深层的潜涌……河流是有源头的,河道是有宽狭的,河水是有起伏的,涌浪是有大小的……文字作品中,必须真实地记录这流动,必须正确地反映这河貌:哪怕是瞬间、是截断、是亮点、是落差;必须捕捉到确切的流向,必须揭示出深刻的征候:哪怕是晴天、是岸边、是洪峰、是断流。

新闻是客观的,评论是科学的。河流是千变万化的,不以人的主观意志为转移,但是,任何人都不可能把它看尽看透,只能择其要者而观之;河流是一泻千里的,水流千遭归大海,"逝者如斯",人们应该从中获得有关生命活力的点滴启迪。河流给我们的财富,包罗万象,丰富多彩,取之不尽,用之不竭。求真、求善的征途上,河流会开阔我们的眼界,提升我们的精神境界。

新闻是有视角的,评论是有观点的。犹如过一条河时观察河流,追逐河流。"纯客观"的新闻是没有的,"无主见"的评论也是没有的。

第二节　新闻是一朵浪花

新闻的要素有三个：新近、事实、报道。

新近，就是刚刚发生的。正在发生的，也包括在内，因为正在发生的过程中，只有瞬时以前的部分才可能进入我们的视野；瞬时之中的，一旦认识它，就已经成为过去。在理论上，"正在发生"根本没有必要进入新闻概念。重要的是，新近意味着"新鲜"，排除了"陈旧"。不过，过了多长时间才算陈旧，并无一定界限，就发生过程、报道过程来看，"时效性"和"时机性"应该作为衡量的标准。

事实，就是已经发生的、真正存在的现实。新闻的真实性是新闻的生命，无论是什么样的视角，都必须真实可信。那些虚假的、粉饰的、嫁接的、砍削的所谓"新闻"，都是违背了职业道德、丧失了社会责任的"谣言制造商"的行为，应该唾弃。

报道，就是把已见的事实经过选择、加工形成文本传播出去。在这个过程中，不可避免地融入了报道者的主观认识、思想倾向、审美理想。事实本身虽然没有改变，事实的意义却产生了明显的差别，有时，对同一事实会有两种截然相反的态度。因此，我们从来都不隐瞒这一观点，而且一贯强调新闻传播的阶级性、倾向性、意识形态性，一贯强调媒介权力的喉舌功能、教化功能、监督功能。这同新闻的客观性并不矛盾，关键是用怎样的世界观和方法论来面对现实、认识现实、揭示现实、报道现实。科学的世界观和方法论把新闻报道纳入正确认识世界、改造世界的范围，用日新月异、丰富多彩的新事物、新发现启迪和警醒世人，潜移默化、日积月累地倡导人们采取积极的人生态度，提高生存质量，为人类的发展、社会的进步奉献自己的力量。新闻报道是各种媒介的权利，每一种媒介必定有每一种媒介的价值观体系，必然会有意无意地、自觉不自觉地把这种价值观体系作为新闻报道的指导思想。在新闻报道上的媒介较量，永无宁日，已经和正在成为媒介竞争的主战场。就像一条河，日夜奔流，千姿百态，任何人都可以观察它本体的各个部分，并以自己的视角、思路形成文本，赋予它或轻或重的分量，给以报道。有的只抓枝节，有的能辨主流，有的只见表层，有的看透暗涌……不一而足。

危险的是，那些貌似公允实则歪曲的报道，常常惑人于一时，并建构了自己的理论体系。我们不能人云亦云，也不能听之任之。

对于新闻报道的客观公正，我们总能有清醒的认识。但在朗读新闻作品的时候，往往被一些糊涂观念所左右。我们不能不予以澄清，不能不进一步解决。

其一,追求平淡,毫无态度。这种做法,连"言为心声"都抛弃了,还能够产生美感么？任何一条信息,任何一则新闻,必定是有所为而传播。即使是追怪猎奇,也有其赞赏的态度。"无态度"本身也是一种态度,表示"不赞成也不反对"。对所有的信息都不赞成也不反对,这种传播者就成了生活的旁观者,这种朗读者就成了文字的传声筒。创作主体的缺席,意味着语言行为的盲目和迷离,与此同时,也就造成了创作的废弃、创作者的失职。如果这样,何必还要活生生的人来报道呢？用机器不是更省时省力么？播报新闻稿件,叙述新闻事件,仍然应该有声有色,核心就在"新鲜感"中。首先是"先睹为快",而后是"一吐为快"。新闻事实的"新兴",化为稿件的"新意",融为报道者的"新鲜",变成受众的"新颖"。其中,"新"在哪里,"新"的色彩,"新"的分量,"新"的趋势,都需要报道者花心思、动脑子,把是非褒贬"隐蔽"地从事实的报道中流露出来,使传受双方达到"认知共识"。"平淡"是容易做到的,融入态度就相当难了,没有坚实的语言功力,充其量也只能停留在"心有余而力不足"的层面上。

其二,追求速度,毫无感受。我们的新闻报道的确要做到信息密集,但密集并不是我们的目的。如果,信息密集到"无效""无义"的程度,"欲速则不达",那速度还有什么意义呢？新闻应该应和时代的节奏,这是对的;但所谓时代的节奏绝不是仅指速度,它还包括明亮度、疏密度、抑扬度等。一味加快速度,只会走到"睁眼看稿不动脑,张嘴念稿不动心"的斜路上去,当一名"耍嘴皮子"的播音匠,也许够格,但要达到美学要求,他就只有"望尘莫及"了。新闻作品的写作和播报,没有具体的感受,写不出色彩,说不到点上,根本谈不上"信息共享"。加快速度的结果只能是具体感受的失落,只能是生命活力的窒息。再好的新闻稿件,也会被糟蹋掉;再重要的新闻事实,也能变得一文不值。朗读新闻稿件,必须字斟句酌、清晰明快,既不能拖泥带水,也不能囫囵吞枣。这样,才会有感而发、有的放矢。

其三,追求亲切,毫无热情。我们的传播,本应该亲切自然,使人愿意接受,使受众产生愉悦共鸣。"亲切"只是一种面对听者的态度,同粗暴、狂傲相对立,也和亲昵、乞求相区别。亲切并不是目的,朗读者或播报者只是希望通过亲切的态度更准确地表达新闻内容,以避免生硬和刻板。在这里,"一吐为快"的愿望不是削弱了,而是更加强烈了。强烈的愿望会促使创作主体满腔热情地朗读或播报,满腔热情又会使人觉得"受到尊重""至诚感人"而"盛情难却"。当然,这热情是有分寸的,应注意"过犹不及"。新闻作品的朗读或播报,必须"可信",因之要庄重。庄重并非呆板,也不是做作。既不能言过其实、故弄玄虚,也不能随心所欲、轻描淡写。当然,每一则新闻有每一则新闻的政策分寸和艺术分寸,处理起来应该色彩纷呈、精致巧妙,岂是一个"亲切"所能包容得了的！

其四,追求自然,毫无规矩。由于新闻稿件是在特定的环境、特定的氛围、特定的需求、特定的渠道中形成并传播的,所以自有其不可替代的体裁规范和传达样式。多年来已经逐渐积淀下来一整套规范模式,随着时代和语言的变化,新闻体裁和新闻语言也在不断地调整和适应,使规范的模式成为开放的体系,变得日益多样化了。值得注意的是,新闻稿件无论怎样多样化,也决不能改变它的本质特征和传播特点。新闻终究不是道听途说,新闻稿件终究不是街谈巷议,新闻稿件的概括叙述、短小精悍、迅速及时、言简意赅,都要求它产生"言之凿凿""真诚可信""紧凑畅达""耳目一新"的传播效果。可惜,自从所谓"说新闻"的始作俑者大肆炒作以后,对于新闻规范的冲击凶猛而粗俗,抛弃了新闻的本质特征,践踏了新闻的传播特点,打着贴近受众的幌子,贩卖软性新闻的假药,张扬个性传播的"创新",播撒人际交流的"自然",掀起了一股柔媚新闻、调侃新闻、暴露新闻、私语新闻的浪潮,人们不禁要问:这还是广大受众心目中的、言而有信的"新闻"么?不能因为有些播报者语言功力不足、播报状态不佳,就全盘否定新闻传播的要义,把新闻播报混同于一般内容的传播吧!目前有些"新闻播报"简直就像闲言碎语,磨磨唧唧、有气无力,令人耳不能卒听、目不能卒视。如果连"说"的精髓都丧失了,还侈谈什么"说新闻",不是太滑稽了么?

以上的问题,说到底不是某个个人的责任,只不过是一种社会思潮的反映。我们还是要大力宣传"什么是新闻""怎样传播新闻"。这样,才可能正本清源、拨乱反正。

朗读新闻、播报新闻,应该有基本要求,择其要者,简述如下:

"字正腔圆,呼吸无声"——这是精确和美感的结合,这是长期训练和熟练运用的结合。那些字不正、腔不圆的播报者,那些呼吸之间产生噪音的播报者,也许可以让人听清楚,但是决不会给人以美感。信息传播过程,不应有干扰和损耗,而应尽量明晰和美妙。

"感而不入,语尾不坠"——应该感受到,却无暇进入,这是心理上的基本状态。感受不到,就会失去依据;一旦进入,就要滞留拖延。语尾是一种容易被感情所凝聚的位置,承上启下,显示语流走向,只要下坠,就意味着结束,新闻中的一般句尾都不向下坠落。这个要求符合新闻传播的新鲜感、时效性的规律。

"基调恰当,语气清脆"——集纳性新闻条数较多,各条有各条的基调,应该是整体统一而又各有不同。新闻语言的语气,主要是转述中的叙述,鲜有描写和抒情,极少议论。而新鲜感造就了语气的清脆,干净利落,毫不犹豫,点到为是,流畅爽快。

"节奏平稳,语速适中"——虽然也可以起伏变化,有的轻快,有的沉缓,有的昂扬,有的凝重……但就每一则新闻来说,总体上是平稳的。语速要适中,不是等速、匀速,要有疏密度的变化;不能缓慢,缓慢会失去新鲜感;也不能太快,太快就会含混不清。不要高低突兀,不要大起大伏。

"多连少停,重音常重"——由于新闻的新鲜、紧凑,停顿不宜太多,停顿时间不宜太长。受众的期待不在细腻,而在迅捷;不在具体,而在整体。不过,该停的地方,仍要坚实,不可模糊。由于主要是叙述,重音的表达一定体现目的,常以加重的方法处置,或前或后的停顿、重度音节适当延长,也能突出重音。这也符合"一吐为快"的心理需要,更符合新闻体裁的特点。

"不舍昼夜"的河流,使人们只能在这一瞬看到这一段,所以才有一个人不能两次蹚过同一条河的至理名言。为了反映这一段河的这一瞬,思维的敏捷、语言的简洁、传播的直截,都使得朗读新闻作品的语言样式独具一格。一般认识上,总以为新闻的朗读是最简单的,不过是"照本宣科""念字出声"而已。其实,新闻作品的朗读是最需要语言功力的,表达的难度最大,听者的要求最严,审美的维度最高,美感的推力最弱。只有在"惊涛拍岸,卷起千堆雪"或者"金沙水拍云崖暖"的情况下,才构成大维度、强推力的审美感受。

新闻稿件,大部分由他人采写,也可能由播报者自己采写,这都无关大局,播报时都得进行再创作。朗读的新闻稿件,肯定是经典性的精品。在创作意识上,绝不能轻视它,必须从审美的高度上把握新闻作品的意境美。有的表现在导语上,概括式、结论式、提问式、描述式等各有妙处。有的表现在主体上,承接或展开导语时,或详述,或引申,深入事实,主次分明。有的表现在背景上,原因、条件、联系、知识等各有所需。有的表现在结尾上,或总结,或评述,或启发,或趋向,因势利导,水到渠成。

> 比邻星离我们有4.22光年,比邻星虽然是我们的邻居,想去做客拜访可不容易……打个电话就是四年零二个月,八年半后才能听到回话。如果乘坐宇宙飞船,以每秒16公里多的速度,直飞比邻星,需要经过八万六千年才能到达。

这一段,是新闻稿件的背景部分。奥妙的星空、遥远的星球、"比邻"的近切,人生的短暂……形成了多重对比,激发了求知热情,开拓了探索领域,美化了科学进程。其中,那广远的时空感、神往的缥缈感、主体的责任感、具象的灵动感,使每一个数字、每一个设想都给人以新鲜和明快的审美愉悦。显然同说明文、抒情文的朗读有很大差别,如果朗读时忽略了这种差别,就味同嚼蜡了。由此可见,河水的一朵浪花、一条波纹,也能作为"瞬时事实",进入新闻的视野,进入审美层面,形成文本,进行报道。至于一个旋涡、一段回流,就更可以加重分量,增加厚度,进行报道了。

第三节 评论是一段激流

评论就像一条河流中的一段激流。它要显示奋勇前行的冲力,它要排除挡在前面的阻力,它要给人们辨别方向的启示,它要给人们自强不息的路标。激流既有摧枯拉朽的力量,又有摇动心旌的美感,但它是大势所趋,势在必行,并非无病呻吟,无事生非。

评论是对社会现象的一种直接干预、直接表态,是是非非,褒褒贬贬,晓之以理,以理服人。社会生活的各个方面——政治、经济、军事、文化、文学、艺术、思想……无一不在评论的范围之内。

评论的体裁形式,应该是多样化的,论说文、议论文、社论、评论员文章、署名评论文章、编辑部文章、评介、评述,所有媒体的编者的话、编者按、编后语……凡是具有论点、论据、论证的文稿,无论是立论还是驳论,都属于评论范围。

评论的语言,一般要突出理性的逻辑推理成分,强调思辨的方式方法表述,特别是主要观点的表述,应该鲜明、恰当、精确、得体,切忌夸张、渲染,摒除虚妄、玄奥。

评论的表达,重在形成逻辑的钳力,条分缕析,丝丝入扣,字字珠玑,语语中的。朗读时一定要真理在手,成竹在胸,不瘟不火,心明眼亮。尤其要注意:

"高屋建瓴,气盛言宜"——评论一个事件、一个观点、一种现象、一种思潮,都要把它放在一定的时代氛围中、一定的社会形势下,在历时的发展里、在共时的比对中,显示它的位置、分量、意义、趋势,居高临下地认识它,积极自如地把握它。评论的对象各式各样,朗读时,不必把每一个评论对象都看得很严重,似乎不如此不足以表现出评论的必要性。

"冷眼向洋,热风吹雨"——冷静地观察之后,要热情地揭示;平心静气地分析之后,应真挚豪爽地讲解。是非的症结在哪里,褒贬的核心是什么,这是深刻理解评论思路的要义。把思路变成文路,把文路变成词语序列,把词语序列变成朗读者要说的话,然后,头头是道地、从容不迫地朗读出来。不要急于走向结论,不要企图一锤定音。可是,每一句话都包含着朗读者息息相通、脉脉含情的期待。

"言之成理,论之有据"——评论形成的逻辑链条,环环相扣,步步为营,如层层剥笋,道理在推进中强化,论据在凸现中坚实。评论的力量主要在论据上,论点在论据的基础上升华,论证在论据的支撑中转圜。评论作品的重点语句,不在结论上,甚至也不在论点的表述上,而在论据的关节上。所谓"切中肯綮",正是评论作品的题中应有之义。

"语气坚定,语势多降"——要说清楚一个道理,说话者首先应该信服这个道理,因此,在说出这个道理的时候,语气当然是坚定的,毫不犹豫的;是鲜活的,而非机械的。坚定的语气,总不会平铺直叙,常常是刀劈斧断、斩钉截铁的,所以,语势就会是从高处向下行,表现出坚决果断的态度。有人认为,评论应该用商量的语气,实际上变成了讨论,这显然是错误的。商量的语气,只能模棱两可、犹豫不定、试探询问、不置可否。评论当然是一家之言,但绝不是没有定见的"讨论稿",而是一种明确的主张。

"停顿较多,节奏舒缓"——讲道理,要慢慢道来,要给人以思考的空间。那些难于理解的地方、那些需要深思的地方、那些必须辨别的地方、那些切中肯綮的地方,都不必急于推进,根据情况做或长或短的停顿,有利于听者的接受。"有理不在声高""语重心长",就说明了评论的节奏特点。评论作品的"理趣""理性美感",是离不开这种顿挫美、舒展美的营造的。

下面以温瑞安的《敬请伪善》为例,简单阐释,以反三隅。

这篇论说文,开头就十分精练:"请伪善",作为第一段,提出论点。第二段,说"'伪善'绝对不妨去做"。第三段,就一句话"'伪善'也是一种'善'"。第四段,说真善往往吃亏,一般凡夫俗子都"不敢"(或"不管")为,所以,我们只有退求其次,"伪善"也好。第五段,说"伪君子"毕竟还诸多顾忌,比起"真小人",还够不上心狠手辣。第六段,说连善也不肯伪、君子也不想当的人,那才可怕!第七段,也是一句话"敬请伪善",再次强调论点。

我们以第四段中的一段话细说一下:"请千万不要弄错,某人捐了一大笔钱,只要留名,就是好出风头,不是真心求善。这种说法叫作'逼人于绝',尤其有些清高之士,不屑'行善',动辄骂人'伪善',无他,只为自己不肯慷慨解囊找借口,谋退路。如果人人都'伪善',天下太平矣。"这一段也是一个论据,但朗读时要有高屋建瓴的辨析力量,"只要留名,就是好出风头,不是真心求善",这是清高之士的辱骂之词,用反义性重音把"风头"扬起,使全句带上否定性语气色彩。"如果人人都'伪善'",强调"人人","都"字后面稍顿,"伪善"一词中重格式,表达出肯定的态度,"天下太平矣"一语拓开。这段话,既讽刺了那些清高之士,又给被骂为"伪善"的人正了名,言简意赅,有言外之意、弦外之音,成为支撑论点的重要论据。

朗读评论作品,也受后现代、后殖民思潮的影响,出现了不少不良倾向,应该引起我们的注意。

一是评论的叙述化。朗读时,极力弱化评论的色彩,几乎全用叙述的语气,追求那种平淡和轻柔，力图把观点淹没在平铺直叙之中，既没有议论的积极性，又没有说服的主动性，全部话语都似乎可有可无，毫无分量。这实在是一种对评论的消解，以尊重听者为名，却取消了主体的责任。

二是评论的人际化。朗读时，极力打碎评论的逻辑关系，把本来严谨的词语序列，掺入了许多零七碎八的虚词，追求那种随意和即兴，力图把成熟的思想变为现想现说的日常语言，把大众传播变为人际传播，评论的逻辑钳力被解构，评论的词语序列被摧毁。

三是评论的私语化。朗读时，极力改变评论的公共话语形态，几乎全部使用个体性的私人话语，突出自我，造成强烈的自我意识、自我认识、自我价值、自我理念的张扬，把评论的公理性、社会契约性都抛在脑后，是朗读者自己闪亮登场，一切都是他的意见、他的看法、他的观念、他的指点，就担心别人说他是"代言人""传声筒"。这实际上是后殖民文化心态的折射，是对被殖民、被奴役的焦虑，是对"众语喧哗"的强烈趋同。

四是评论的情绪化。人类的感情可以区分为"情感"和"情绪"。情感是感情的高级层面，如道德感、使命感、责任感、自豪感等，这应该是评论作品和朗读评论的心理支柱。情绪是感情的低级层面，表现为临时的、偶发的、短暂的、飘忽的心理动态，是日常生活中常见的、人际关系中弥漫的"人性"流露。情绪的不稳定性，因时、因地、因人、因事而迥异，同评论的鲜明、坚定毫无共通之处。评论的情绪化，会导致朗读者忽高忽低、忽冷忽热的心理漂移，造成听者的注意分散、期待失落。这种缺乏再创作责任的朗读，应该舍弃。

五是评论的机械化。朗读者一味追求评论的规整性、严肃性、说理性、针对性，忽略了评论的灵动性、亲切性、思辨性、引导性，给人以冷冰冰、硬邦邦的感觉，就会拉开同听者的距离，失去了交流感，增加了陌生感，减弱了说服力，僵化了威慑力，必然"事倍功半"，甚至"功败垂成"。这时，语言功力的作用就应该显露出来了，它会使朗读者游刃有余地处置，把引导性同贴近性结合起来。

评论作品是河水中的激流，不是温暾水，不宜泡沫多，而应平和中包含着冲击力，尖锐中包含着渗透力，冷峻中显示出亲和力，真挚中显示出坚韧力。"以理服人"落实在具体的事理中，"心悦诚服"融会在美感的愉悦中。在评论作品中，没有剑拔弩张、"以势压人"，没有虚张声势、"故作深沉"。评论作品的逻辑钳力，是一种潜移默化的、出神入化的"说—服"过程，不要企图通过一篇评论，就能完全改变思想认识上的问题，就能融化社会现象中的异端。这正是评论必须击中要害、有时需要系列评论的必要性。

激流不可陷入缓流，不可泛滥成灾，那声势、气派应能入于耳目，应能达于心田。

第四节　新闻、评论的审美样式

新闻、评论的审美样式虽然有诸多差异,但是,思维的理性、话语的质朴、事理的明晰、美感的蕴藉,却形成了"省人""服人"的新鲜、真实的张力,共同营造出"已有"和"应有"的人生理念。

新闻的叙事性强,特别是消息类的"狭义"新闻,更强调叙事性。有的新闻理论还把叙事的真实性纳入"客观性"的范畴,完全排除了叙事主体的思想倾向性、认识局限性。任何一件新闻作品,只要是"报道",从选材到提炼,从写作到加工,从成文到传播,没有哪一步是主体缺席的,字字句句都体现着主体的取舍、增删,具体到报道主体的主次处置、基调把握、色彩调配、语气变化,都无一不在传播中表现出来。这正是新闻价值观的所在,这正是新闻传播观的要义。因此,叙事性的"事实性"与"叙说性"是两个方面的统一体,不应因为事实性的真实可信,就忽略了叙说性的价值判断;也不应因为叙说性的主观意向,就忽略了事实性的客观存在。而事实性和叙事性的整体和谐正是新闻写作和朗读的审美特征。事实性的扭曲、叙事性的虚妄,必将极大地破坏新闻传播的权威性,并公然地侮弄人们认识世界的审美取向。在人类的叙事过程中,从来没有远离主体对事实的认知与评价,无论叙事的简单和复杂,无论叙事的热情和冷漠,总是或隐或显地表现出主体的视界和语域、态度和感情。

至今仍然有人认为,叙事本身不需要态度和感情,朗读也好,播报也好,只要平静地、流畅地把文字语言变为有声语言,就符合了叙事的要求。这是违背有声语言创作规律的,也是脱离受众的期待的。可以毫不夸张地说,叙事本身就强烈地呼唤着叙事主体的主观表态,叙事过程就深刻地聚集着主体的审视成果。任何人都没有权利对此熟视无睹、置若罔闻。如果只满足于叙事的平静和流畅,而把主体态度和审视体验进行无度消解,那就无异于机器的简单复制,与创作无关了。

至今还有人认为,叙事过程中,一定要有主体的议论,才算是表态的契机和当口。这同样是把叙事过程看作简单的复制,似乎主体对于事实本身只是被动地无所作为、无能为力。这种认识、这种理论,缺乏基本的新闻常识,本不值一驳,但是现在竟然十分流行,那原因不外乎两个:一是把文字语言视为他者的目光,朗读时照本宣科即可;一是无视文字语言中蕴含的公共话语传受相通的实质,朗读时主体只能失语。对于这种错误的认识、错误的理论,一定要认真辨析,特别要从审美角度,进行"美的创造"的启蒙,以便在朗读再创作中,充分发挥主体的积极性、引导性,不至于"以其昏昏,使人昭昭";同时也可使听者不但从文字里,而且从朗读中,体味那新闻的是非褒贬,不至于"丈二和尚摸不着头脑"。

我们所说的新闻朗读美感,从创作主体看,是一种叙事过程的情景展现、意愿抒发;从接受主体看,是一种了解事实的设身处地、情理愉悦。事实本身是实境,报道本身是虚境。即使是电视,我们只能通过荧屏去审视被摄像师所左右的"真实世界",终究隔着一层。这样说,不但没有减轻朗读主体的责任,反而更加重了有声语言的精深内涵。这正如河流里的一朵浪花,首先要观察究竟是清浪、浊浪,还是前浪、后浪,然后要思量怎样才能准确地给以叙述,怎样才能够充分表现出"这一朵"的时空特点,以及它的社会历史意义。我们不是弄潮儿,我们不是梦中人,事实的真实、报道的准确、朗读的明晰、共鸣的愉悦,是时代赋予我们的重任,是社会给予我们的职责,怎能失之交臂,怎能敷衍了事?

我们所说的评论朗读美感,从创作主体看,是一种判断是非的理性考问、思辨导引;从接受主体看,是一种开阔思路的释疑解惑、心悦诚服。现象本身是实境,评述本身是虚境。即使是专栏,我们只能通过它去认识被知情者过滤所存留的"当下真理",终究事出有因。这样说,不但不会降低朗读主体的威信,反而会提升推理论证的逻辑层次。这正如河水里的一股激流,首先要追问究竟是主流、支流,还是明流、暗流,然后要确定怎样才能鲜明地给以判别,才能够有力地突现出"这一股"的来龙去脉,以及它的社会认同价值。我们反对唯意志,我们反对超现实,现象的捕捉、评论的得当、朗读的贴切、共识的神会,是理性赋予我们的动力,是道德给予我们的使命,怎能置若罔闻,怎能无动于衷?

所有朗读都要给人以美感,但又各有不同,这就要靠朗读者独特的人生体验、独特的生命感悟、独特的表达方式去精细把握了。

值得注意的是,课堂教学中的朗读,实际上是广播电视中报告新闻、播送评论的基础。如果连课堂上的朗读都不行,就更没有办法从事广播电视语言传播了。不过,课堂朗读,千万不要机械地模仿广播电视的新闻评论的播音,更不要单纯地模仿什么"说新闻""讲述评论"之类的自然主义形式。现在,广播电视中的新闻和评论的语言,几乎已经脱离了"报章体",就是报纸杂志上的文字作品,也早不是原来那种脱离口语的半文半白的文字了。在朗读中,我们一定要坚决拒绝那些词不达意、语无伦次、磕磕巴巴、吭吭哧哧的所谓"生活化"的语言样态。这种样态,不但不能锤炼语言功力,反而会毁坏美学理想,让"自然"替代规范,让"生活"替代意境。因此,我们应该极其重视课堂教学中朗读的庄重、规范,这是生发各种语言样式的根基。

"子在川上曰：'逝者如斯夫，不舍昼夜！'"新闻评论具有很强的时空局限性，竟有"机不可失，时不再来"的慨叹。在课堂朗读材料中，肯定会有经典性的课文，那事件、那思想，已经时过境迁。这时，我们要体会当时现实的意义和价值，并尽可能地观照此时现实的联系和情境，给以引申和置换，融入今天的、可感的现象中，给予时代新意的融通，而决不牵强附会。当然，经典性作品总有其久远的魅力，就是毫无此时现实的当下感，也可以达到美感的境界，给人以美感享受。

知识梳理

第一节　犹如过一条河

新闻是新近发生的事实的报道，重在报道事实的简明性。评论是对社会现象的批评和议论，重在讲解道理的逻辑性。新闻是客观的，评论是科学的。新闻是有视角的，评论是有观点的。

第二节　新闻是一朵浪花

朗读新闻作品的时候，往往被一些糊涂观念所左右。其一，追求平淡，毫无态度。其二，追求速度，毫无感受。其三，追求亲切，毫无热情。其四，追求自然，毫无规矩。

朗读新闻、播报新闻的基本要求："字正腔圆，呼吸无声""感而不入，语尾不坠""基调恰当，语气清脆""节奏平稳，语速适中""多连少停，重音常重"。

第三节　评论是一段激流

评论的语言，一般要突出理性的逻辑推理成分，强调思辨的方式方法表述，特别是主要观点的表述，应该鲜明、恰当、精确、得体，切忌夸张、渲染，摒除虚妄、玄奥。

评论的表达，重在形成逻辑的钳力，条分缕析，丝丝入扣，字字珠玑，语语中的。朗读时一定要真理在手，成竹在胸，不瘟不火，心明眼亮。尤其要注意："高屋建瓴，气盛言宜""冷眼向洋，热风吹雨""言之成理，论之有据""语气坚定，语势多降""停顿较多，节奏舒缓"。

朗读评论作品，也受后现代、后殖民思潮的影响，出现了不少不良倾向，应该引起我们的注意。一是评论的叙述化。二是评论的人际化。三是评论的私语化。四是评论的情绪化。五是评论的机械化。

第四节　新闻、评论的审美样式

新闻、评论的审美样式虽然有诸多差异，但是，思维的理性、话语的质朴、事理的明晰、美感的蕴藉，却形成了"省人""服人"的新鲜、真实的张力，共同营造出"已有"和

"应有"的人生理念。新闻的叙事性强,特别是消息类的"狭义"新闻,更强调叙事性。

新闻朗读美感,从创作主体看,是一种叙事过程的情景展现、意愿抒发;从接受主体看,是一种了解事实的设身处地、情理愉悦。

评论朗读美感,从创作主体看,是一种判断是非的理性考问、思辨导引;从接受主体看,是一种开阔思路的释疑解惑、心悦诚服。

第十六章

文言文的朗读美感

第一节　犹如进一座塔
第二节　总揽大局
第三节　精细处置
第四节　文言文朗读的审美价值

文言文朗读的审美价值：第一，根据特点，读出风格。第二，注重词语，读出蕴藉。第三，阐释隐喻，读出志趣。第四，抒发感情，读出生机。

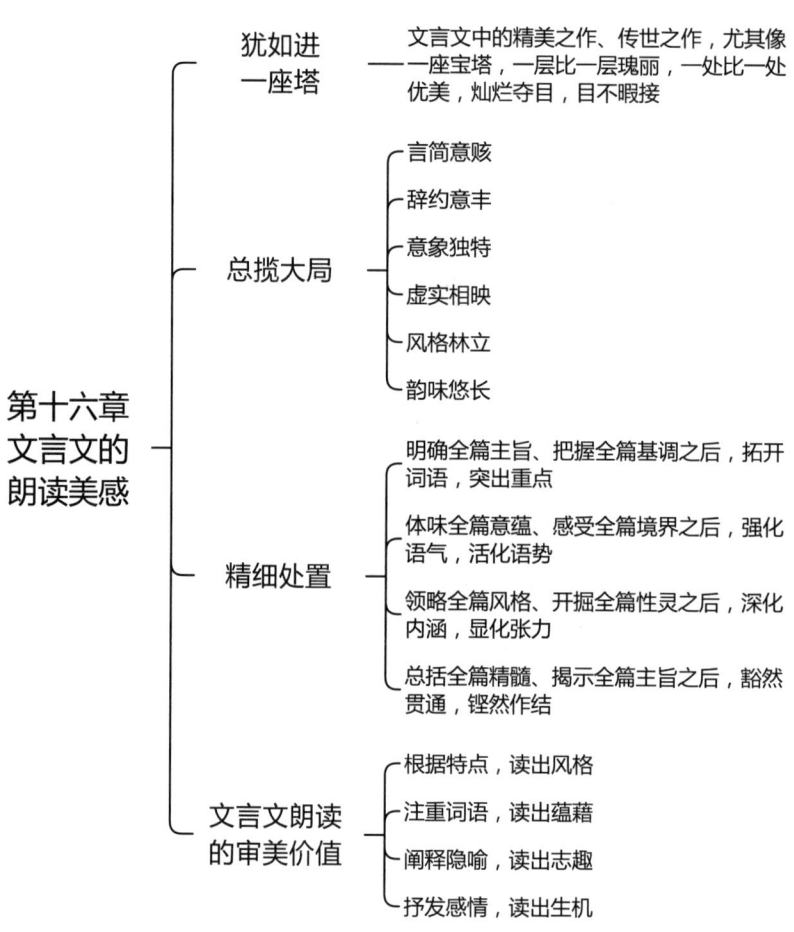

文言文，是相对于今天的白话文而说的，是使用古代汉语写成的文章。至于文章的内容，真是包罗万象：天文、地理、政治、经济、文化、艺术、军事、法律、历史、理论……自先秦以降，大量的经史子集，浩如烟海，汗牛充栋，难以计数。"五四"之后，开始了白话文的大发展，文言文几乎仅局限于阅读、研究的范围，很少有人再用以写作了。这是时代的进步，语言文字的重要转折——可以"吾手写吾口"，能够"通俗又易懂"，打破了少数人独霸的话语权力，使文字语言和有声语言走到一起，携手并肩地完成交际和交流的使命。

但是，对于文言文的阅读和研究，却存在着两种截然相反的态度。一是重视这种阅读，继续从中汲取营养；一是忽视这种阅读，认为"故纸堆"已失效。这两种态度，从不交锋，只是各行其道。由于对变迁的翘首期盼，对往事的不堪回首，对历史的日渐陌生，对文言的解读艰难，就是重视文言文阅读的人们，也受到了一定的影响。

文言文，是一座座宝塔，是一间间殿堂，真是"入之愈深，其进愈难，而其见愈奇"（王安石《游褒禅山记》）。

第一节　犹如进一座塔

文言文中的精美之作、传世之作，大都脍炙人口，给人以悦耳动听的美感。无论是全篇还是片段，就像饮乌龙，食橄榄，越咀嚼，越觉甘美。尤其像一座宝塔，一层比一层瑰丽，一处比一处优美，灿烂夺目，目不暇接。

那入口，常有惊世骇俗之语，同其他宝塔各显奇异。置身其中，环顾四周，色彩纷呈，美不胜收。有的，一句一个画面；有的，一段一个亮点；有的，一泻千里，神龙见首不见尾；有的，戛然而止，余音绕梁三日不绝。

那词语序列，千回百转，起伏跌宕，好比奇珍异宝陈于前，一如大珠小珠落玉盘。看似笔走龙蛇，听来山呼海啸，视觉和听觉的融合，恰到好处；玩味字字珠玑，品评掷地有声，语句同篇章的结合，鬼斧神工。

那出口,会有流连忘返之叹,与名山大川观感不同。本来爱不释手,幸能掩卷深思,回望通体无痕,形神兼备,警言佳句几乎可以背诵如流,摹景抒情沁人心脾。

这宝塔,是我们中华民族优秀文化传统的经典建构,是前贤吸收人类精神文明成果的心血结晶。虽然研究之作硕果累累,但是,开掘的空间还相当广阔。我们面对这一座座宝塔,怎能熟视无睹?怎能望而却步?

第二节 总揽大局

认识文言文的整体,是不可或缺的重要一步。文言文,除了诗词歌赋之外,不论是有韵还是无韵的散文,一般都在它的范围内。三坟五典、八索九丘(已佚),四书五经,史志文论……几乎无所不包。《文心雕龙》把无韵文——叙笔——归为十篇,排序并不完全科学,分类也仅供参照。

一、史传　无韵文以史传为最早,故居首。

二、诸子　诸子散文后于史,故居二。

三、论说　博明万事为子,适辨一理为论,故居三。

四、诏策　帝王号令,为应用文之首,故居四。

五、檄移　檄主军事,移主教民,国之大事,次于王命,故居五。

六、封禅　帝王登泰山祭天为大典礼,故居六。

七、章表　臣下之辞,次于帝王之事,故居七。

八、奏启　奏以按劾,次于陈情之表,故居八。

九、议对　议以执异,次于按劾,故居九。

十、书记　杂记众事,故居于末。

实际上,在有韵文的那十篇中,"诔碑""哀吊""杂文"和"谐讔"里也有无韵文,只是数量少,就不列其间了。

这些无韵文,深浅高下不同。进入精品行列的,它们在审美层面的表现,大约有以下几个方面:

一是,言简意赅。文言文的语言运用,十分讲究,没有套话、废话,很少夸张、渲染,立意鲜明,主题集中,脉络清晰,比喻贴切。字数不多,字斟句酌,思想深刻。

二是,辞约意丰。文言文的词语,注重"言外之意",鲜有平面化的表述,力避浅表化的叙写。一句一段,妙语连珠,总会给人以想象的空间,使人能够获得丰富的意蕴。

三是，意象独特。文言文的比喻，往往给人带来一种新颖独特的意象，毫无穿凿附会之感，也无生拉硬扯之嫌。那意象，似曾相识，又相见恨晚。

四是，虚实相映。不但虚词和实词相间，更有虚境和实境互补，构建了一种"情理之中，意料之外"的氛围。拾级而上，如醍醐灌顶，登堂入室，如鼓乐齐鸣。

五是，风格林立。文言文的风格，每一位作家、每一件作品，都明显不同。虽有豪放和婉约、阳刚和阴柔等差异，仔细品评起来，"百花齐放"是远远不够的；认真解释起来，现有的词语也很难精确。

六是，韵味悠长。文言文中，作者的性灵、词语的韵律，常常赋予作品以真切、跳脱的蕴藉，视觉上让人觉得或整齐、或对称、或长短相伴、或远近呼应；听觉上让人觉得或凝重、或明快、或铿锵有力、或缠绵柔和。

以上，白话文也可这样概括，但那角度是大不相同的。白话文中，为了接近当代日常说话，会加入很多的虚词衬语，会掺杂个人的习惯句式，那精简程度、丰满程度，肯定会受到一些冲淡、稀释。研究文言文在审美方面的表现，就为文言文的朗读再创作，提供了较为具体的依据。这很像导游，提供一些考察视角，当你进入宝塔之后，就不会眼花缭乱了。

从每一篇来看，也存在总揽大局的问题。抓脉络，定基调，固然重要；看文路，顺文势，辨文风，合文气，是更重要的体验过程。

第三节 精细处置

文言文的审美层次，是在朗读基础理论的逻辑起点上，进行深化，给以升华，才能够达到的一种境界。在《朗读学》中，我们已经就文言文的朗读，较为详细地解说了，只是没有从审美的层面切入。文言文的朗读美感，有其具体的表达要求，有其特殊的表达方法。

我们以王安石的《读孟尝君传》为例，先说大概，原文如下：

> 世皆称孟尝君能得士，士以故归之，而卒赖其力以脱于虎豹之秦。嗟乎！孟尝君特鸡鸣狗盗之雄耳，岂足以言得士！不然，擅齐之强，得一士焉，宜可以南面而制秦，尚何取鸡鸣狗盗之力哉！夫鸡鸣狗盗之出其门，此士之所以不至也。

全文八十八个字,却论述了一个大题目,文笔从容,入木三分,真是精练之极、老辣之极。朗读这样的文字,同样应该按照上述六条,一一考察,步步审视。至于具体的朗读过程,不妨依次而行。

首先,明确全篇主旨、把握全篇基调之后,拓开词语,突出重点。以第一句为例:

世——皆称——孟尝君——能**得士**——士—以故—归之——而—卒赖其力——以**脱**于——虎豹之秦。

拓开词语,使有些词连接,有些词分离,造成吟咏回环的疏密感;重点词(字体加粗)给以不同分量,使语意鲜明。这是架构基本格局的必要手段,从视觉转换到听觉的关键步骤。尽管拓开词语的具体衔接点,不同的朗读者会有差异,但在总方向上不会有太大区别。而在重点词语上,由于各有习惯的思维方式、表达方式,可能产生比较大的语势走向变化,有的平和,有的激烈,有的舒缓,有的凝重等。

其次,体味全篇意蕴、感受全篇境界之后,强化语气,活化语势。以第二句为例:

嗟乎——孟尝君——特—**鸡鸣狗盗**——之雄—耳——岂—足以言——得士!

这一句,旗帜鲜明,力排众议。"嗟乎",既承上急转,又领起下文,一字千钧,豪气如虹。但是,鄙夷之色,溢于言表。"鸡鸣狗盗之雄耳",讽刺的语气,语势下降,"算什么英雄";"岂足以言得士",轻蔑的口吻,语势上扬,"士乃建国兴邦之才,你有什么资格谈论'得士'"。在高屋建瓴与沧海一粟之间,在邦国大事与偷鸡摸狗之间,虚实对比,境界全出。

再次,领略全篇风格、开掘全篇性灵之后,深化内涵,显化张力。以第三句为例:

不 然——擅—齐—之 强——得——一 士—焉——宜 可 以——南 面——而—**制秦**——尚——何取——**鸡鸣狗盗**——之力哉!

作者假设,孟尝君只要得到一个真正的"士",以齐国之强,就能够制服秦国而成就帝位,哪里用得着鸡鸣狗盗之徒呢。"不然",是极有分量的转折,不可轻易带过,"一士",是指举足轻重的人,要用十分坚定的、赞颂的语气色彩,加以突出。"南面"和"制秦"是一种推断,表示一种结果,不必拘泥词语,顺势而下即可。"尚何取",要给以足够分量,摧枯拉朽,内核外露,胜负立现。

最后,总括全篇精髓、揭示全篇主旨之后,豁然贯通,铿然作结。以第四句为例:

夫——鸡鸣狗盗—之——**出其门**　此——士之所以——**不**——**至**也。

结尾,作者又进一步指出,鸡鸣狗盗之流也被当作士,这是真正的士不来的根本原因。一个"夫"字,发语感叹,阳平上行;一个"出"字,高视阔步,阴平横走;一个"此"字,教人警醒,上声沉重;一个"不"字,冷峻决绝,稍升转抑,下粘"至也",余味无穷。

以上四步,基本上能够概括各类文言文的朗读进入审美层面的途径,各步虽举一句话为例,实际上,各句均应按照四步来做。由于文言文的格式、样式千差万别,语句的态势、走向千姿百态,以一篇之分析,难于囊括,所以,我们只论其大概,可作"以一当十""举一反三"的参照而已。

第四节 文言文朗读的审美价值

文言文自身的审美价值,经过历代的反复审视、选择、研究、开掘,有的被淘汰,有的被确认,有的只有当下价值,有的具有长久价值……这是容易了解的,但是,究竟如何具体地辨析某一篇文言文的审美价值,究竟如何具体地阐释朗读某一篇文言文的审美价值,就不那么容易了解了。因为,这里有比较复杂的情况。

第一,根据特点,读出风格。

欧阳修的《醉翁亭记》,特点十分突出,主要是21个"也"字,通达全篇,一气呵成。每一个"也"字抒发一种胸臆,每一个"也"字点染一种境界。我们分别道来:

(1)"环滁皆山也"——山峦叠翠之间,美景如画。鸟瞰而得,顺山而起,沿"山"缓下,渐弱而收。

(2)"望之蔚然而深秀者,琅琊也"——西南尤美,秀色可餐,琅琊之峰,林壑蔚然。先望后至,由远而近,出口较缓,收音较快。

(3)"酿泉也"——行六七里,水泻峰间,泉水潺潺,绕山而流。如经足下,如闻其香,轻灵而出,低柔而收。

(4)"有亭翼然临于泉上者,醉翁亭也"——辗转而至,翼然而立,由远及近,赫然在目。主体已见,坚实舒展,兴之所至,短而稍扬。

(5)"作亭者谁?山之僧智仙也"——自问自答,油然而生,衷心感佩,怀念至深。引向题旨,缓而稍抑,紧接下句,抑而不坠。

(6)"名之者谁?太守自谓也"——再问再答,兴奋不已,被贬至此,得以自慰。命名有意,扬而不浮,心宅有属,停而欲发。

(7)"故自号曰醉翁也"——与客来饮,饮少辄醉,年又最高,自当此名。人生几何,似叹而平,甘苦自知,欲止而降。

(8)"醉翁之意不在酒,在乎山水之间也"——虽号醉翁,意不在酒,山水之美,令人陶醉。以酒为桥,点到为是,止于山水,语重心长。

（9）"山水之乐，得之心而寓之酒也"——意不在酒，寄情山水，乐而忘忧，乐此不疲。虽醉犹明，又轻又快，虽乐而忧，欲说还休。

（10）"晦明变化者，山间之朝暮也"——日出雾散，云归岩暗，心驰神往，处之欣然。朝气蓬勃，声清气朗，暮色苍然，收音畅快。

（11）"山间之四时也"——野芳佳木，风高水落，春夏秋冬，赏心悦目。春夏趋暖，稍扬稍长，秋冬渐寒，既抑又短。

（12）"朝而往，暮而归，四时之景不同，而乐亦无穷也"——景色多变，触景生情，心潮起伏，其乐融融。舒展自如，既扬又缓，来日方长，气顺音强。

（13）"往来而不绝者，滁人游也"——歌于途者，休于树者，前呼后应，融洽欢快。观之有兴，飘然而起，思之有趣，悠然不断。

（14）"杂然而前陈者，太守宴也"——鱼肥酒洌，菜鲜味殊，人情冷暖，感慨万千。淳朴率真，无抑无扬，远离功利，心平气和。

（15）"觥筹交错，坐起而喧哗者，众宾欢也"——虽无音乐，有弈有射，扬箸举杯，起来坐下。无拘无束，声随情转，醒醉皆欢，笑意粲然。

（16）"太守醉也"——垂垂老矣，力不从心，颓然其间，顺其自然。名为太守，并不看重，与民同乐，不必张扬。

（17）"太守归而宾客从也"——夕阳西下，游兴未已，主人欲归，从之而去。留恋之情，声色迟缓，期待明朝，并不压抑。

（18）"游人去而禽鸟乐也"——喧哗渐小，禽鸟归巢，无人打扰，自然欣喜。禽鸟之乐，婉转低回，枝枝覆盖，亦显柔弱。

（19）"……而不知太守之乐其乐也"——禽鸟知乐，不知人乐，人知游乐，太守更乐。不知其乐，味在其中，自得其乐，心绪澄明。

（20）"醉能同其乐，醒能述以文者，太守也"——醉能同乐，醒能著文，有感而发，言不尽意。"文"能传情，扬而不浊，"太守"洒脱，抑而不拖。

（21）"太守谓谁？庐陵欧阳修也"——为亭命名，自号醉翁，宴众宾客，叙写心胸。九称"太守"，此问有味，自报家门，画龙点睛。

这篇作品，以 21 个"也"字，贯穿全篇，不蔓不枝，有滋有味，行云流水，恰切自然，实为千古绝唱。朗读时，有抑有扬，有收有放，有急有缓，有柔有刚，那鲜明的特色，那动听的韵律，沁人心脾，经久不忘。

第二，注重词语，读出蕴藉。

文言文的词语运用，大多是推敲而成，力求语语中的、独一无二。明末清初的张岱，不愧为晚明文坛的巨擘，小品尤佳。他的《湖心亭看雪》，词语精当，点染老到。

崇祯五年十二月,余住西湖,大雪三日,湖中人鸟声俱绝。是日更定矣,余拏(撑也)一小舟,拥毳衣炉火,独往湖心亭看雪。雾凇沆砀,天与云与山与水,上下一白。湖上影子,惟长堤一痕,湖心亭一点,与余舟一芥,舟中人两三粒而已。

到亭上,有两人铺毡对坐,一童子烧酒炉正沸。见余,大喜,曰:"湖中焉得更有此人!"拉余同饮,余强饮三大白而别。问其姓氏,是金陵人客此。及下船,舟子喃喃曰:"莫说相公痴,更有痴似相公者!"

全文共两段。一写雪白,二写人痴。上段的"一痕""一点""一芥""两三粒"竟使大地之间,通体晶莹,浩瀚无际,声绝物渺。"痕"字轻出而长,"点"字下起而短,"芥"字稍高而降,"粒"字稍平而促。下段的"大喜"之后,"更有此人"是赏雪知音的感叹,开朗豪放;"强饮三大白"之后,"更有痴似相公者",感超尘脱俗的痴情,浓重沉缓。上下呼应,相映成趣,冷暖并比,情景交融,静动互补,言简意深,主客通达,性灵飘逸。朗读者与听者共享洁白与热烈,深味蕴藉与澄明。

第三,阐释隐喻,读出志趣。

文言文的写作,常常囿于环境,以各种隐喻的手法,曲折地表达自己的志向和情趣。朗读时就不能直言其事、浅言其志。否则,那深刻的洞察力、那凝重的含蓄美,就会流于常态,就会失诸表面。向秀的《思旧赋》,刚开头就煞了尾,只是一种样式;龚自珍的《病梅馆记》则是托物寄意的另一种样式。

江宁之龙蟠,苏州之邓尉,杭州之西溪,皆产梅。

或曰:梅以曲为美,直则无姿;以欹为美,正则无景;梅以疏为美,密则无态。固也。此文人画士心知其意,未可明诏大号,以绳天下之梅也,又不可以使天下之民,斫直、删密、锄正,以夭梅、病梅为业以求钱也。梅之欹、之疏、之曲,又非蠢蠢求钱之民,能以其智力为也。有以文人画士孤癖之隐,明告鬻梅者,斫其正,养其旁条,删其密,夭其稚枝,锄其直,遏其生气,以求重价,而江浙之梅皆病。文人画士之祸之烈至此哉!

予购三百盆,皆病者,无一完者。既泣之三日,乃誓疗之,纵之,顺之。毁其盆,悉埋于地,解其棕缚,以五年为期,必复之全之。予本非文人画士,甘受诟厉。辟病梅之馆以贮之。呜呼!安得使予多暇日,又多闲田,以广贮江宁、杭州、苏州之病梅,穷予生之光阴以疗梅也哉!

身在封建统治腐朽没落时期,目击黑暗,"万马齐喑"。人才被摧残,可哀可惜;力主改良,大声疾呼,立志去挽救,无路无门。思绪万千,吟罢低眉,托物写志,隐喻行文。全篇句句说梅,却字字指人。文人画士为祸之烈,江浙病梅受害之惨,见状痛心疾首之切,有志疗救病梅之坚,憎爱分明,语言犀利,比喻贴切,主旨深刻。朗读时,既可指桑骂槐,又能旁敲侧击,纵情抒发,沉缓表达,抑扬顿挫,蓄势点射,极尽"嬉笑怒骂,皆成文章"之能事。如此,含蓄之美,比喻之妙,均在其中。

第四,抒发感情,读出生机。

文言文的辞约义丰,容易在朗读时专心关注流畅,而有意无意地削弱感情色彩和分量的抒发、点染。文言文不同于白话文,因为有文字词语的障碍,就得先有解意、释疑、连通、贯穿的基础层次的把握,才会向思想感情的伸展、抒发深化,所以,如果只停留在表面的传达意义上,而失去感情色彩和分量,其审美价值就无从揭示了。李密的《陈情表》,历来以感情真挚,悱恻动人而流传于世。蜀亡以后,晋武帝召他为官,累下诏书,逼迫甚紧,李密遂上此表。

　　臣密言:臣以险衅,夙遭闵凶。生孩六月,慈父见背。行年四岁,舅夺母志。祖母刘,悯臣孤弱,躬亲抚养。臣少多疾病,九岁不行,零丁孤苦,至于成立。既无叔伯,终鲜兄弟;门衰祚薄,晚有儿息,外无期功强近之亲,内无应门五尺之僮,茕茕孑立,形影相吊。而刘夙婴疾病,常在床蓐;臣侍汤药,未尝废离。逮奉圣朝,沐浴清化。前太守臣逵,察臣孝廉;后刺史臣荣,举臣秀才;臣以供养无主,辞不赴命。诏书特下,拜臣郎中;寻蒙国恩,除臣洗马。猥以微贱,当侍东宫,非臣陨首所能上报。臣具以表闻,辞不就职。诏书切峻,责臣逋慢;郡县逼迫,催臣上道,州司临门,急于星火。臣欲奉诏奔驰,则以刘病日笃;欲苟顺私情,则告诉不许。臣之进退,实为狼狈。伏惟圣朝以孝治天下,凡在故老,犹蒙矜育,况臣孤苦,特为尤甚。且臣少事伪朝,历职郎署;本图宦达,不矜名节。今臣亡国贱俘,至微至陋,过蒙拔擢,宠命优渥,岂敢盘桓,有所希冀?但以刘日薄西山,气息奄奄,人命危浅,朝不虑夕。臣无祖母,无以至今日;祖母无臣,无以终余年。祖孙二人,更相为命,是以区区不能废远。臣密今年四十有四,祖母刘今年九十有六。是臣尽节于陛下之日长,报刘之日短也。乌鸟私情,愿乞终养!臣之辛苦,非独蜀之人士,及二州牧伯,所见明知;皇天后土,实所共鉴。愿陛下矜悯愚诚,听臣微志;庶刘侥幸,保卒余年。臣生当陨首,死当结草。臣不胜犬马怖惧之情,谨拜表以闻。

晋武帝见表,赐奴婢二人,并令郡县奉其祖母饮食。尽管李密辞官不做,不完全是因为奉养祖母,但此文的感情深沉,表达恳切,堪称千古名篇。在理解了具体内容之后,必须深入体味作者的感情,并且落实到语句中。虽然是上表陈情,实际是借题发挥。对武帝的陈述,只能是毕恭毕敬,但对祖母的感激,确是铭刻肺腑。因此,全文的重点,都在关爱、牵挂祖母的语句中。

(1)"祖母刘,悯臣孤弱,躬亲抚养"——语气崇敬而亲近,"躬亲"二字,尤要悠长、深切。

(2)"茕茕孑立,形影相吊"——祖孙二人,相依为命,无亲无故,无依无靠。"孑立"二字,中重格式,单薄、沉缓,上行而稍长,造成孤苦的氛围;"形影"二字,高起飘落,声音下行,给人以空旷、寂寞的感觉。"立"字与"吊"字,高低错落,参差美同全篇的婉转回环相融合,更突现了性灵的率真。

(3)"但以刘日薄西山,气息奄奄,人命危浅,朝不虑夕"——紧接上文,急转直下,一个"但"字,分量陡升,长而渐弱,表现效忠无奈、尽孝有据的心态。"日薄西山",要放开去,"气息奄奄",要收拢来。"人命危浅",强调"人命","朝不虑夕","朝"轻"夕"重。人命关天,重于泰山,变在须臾,能离左右?内心忐忑,忧心忡忡。

(4)"臣无祖母,无以至今日;祖母无臣,无以终天年"——前句为辅,后句为主。"祖母无臣"为预设,"无以终天年"为结果,预设要加重"臣"的分量,结果要把"无"字高起、拉开,下转接"以"字。

(5)"是臣尽节于陛下之日长,报刘之日短也"——满怀凄楚,一刻千金,"短"字感慨,上行渐弱,"也"字下行较长。

(6)"乌鸟私情,愿乞终养"——乌鸟尚有反哺之心,虽是私情,却为人本。"乌鸟私情"字字着力,"愿"字提起,既求允准,又祈上苍;"乞"字下降,心意已定,赤诚动天;"终"字再起,日夜侍奉,鞠躬尽瘁;"养"字再降,辛苦劳累,在所不辞。

凡此种种,都应饱含深情,起伏跌宕之间,抒发"祖孙二人,更相为命"的胸怀。不要把这种抒发简单地看作"不事魏晋"的托词,不要把这种感情狭隘地理解为"胸无大志"的流露。祖孙二人的关系,既有当下的孝敬意义,又有历史的伦理价值。其中,不乏人际关系中的"真"与"善"的统一,亲戚朋友中的"情"与"理"的交融。《陈情表》的审美价值,将随着时间的流逝,愈显其久远的魅力。

由此可见,文言文的朗读,不论是对朗读者还是对听者,都像是进入了一座宝塔。每一座宝塔,都会使人得到无尽的美感享受。有的,充满了理性的探幽发微,似待价而沽;有的,洋溢着性灵的勃勃生机,似微风扑面;有的,创造了本土的物华天宝,令人心随物转;有的,显露了真切的人生况味,令人荡气回肠……乍一接近,好像水中望月、雾里看花;等到仔细琢磨,就能层层剥笋、清洗璞玉,步步进入澄明之境。这时,那美感就不期而至了。

文言文的审美价值,通过朗读来体现,不是一件容易的事。从创作主体来说,案头工作比较复杂,是否能准确、丰富、深刻、优美地表达出来?从接受主体来说,是否能完整、切实、清晰、愉悦地感受得到?除了要具有相当的知识储备以外,还要有一定的视听审美能力。尤其是我们这里所说的文言文,不像白话文那样通俗和直白,也不像韵文那样富于排比和韵律,真正在朗读者和听者之间达到沟通,产生愉悦共鸣,会是一个比较长久的过程。我们相信,热爱的驱动、钻研的积累,必定使我们逐渐成熟,这一天离我们已经不远了。

➡ 知识梳理

第一节 犹如进一座塔

文言文中的精美之作、传世之作,尤其像一座宝塔,一层比一层瑰丽,一处比一处优美,灿烂夺目,目不暇接。

第二节 总揽大局

文言文在审美层面的表现,大约有以下几个方面:一是,言简意赅。二是,辞约意丰。三是,意象独特。四是,虚实相映。五是,风格林立。六是,韵味悠长。

从每一篇来看,也存在总揽大局的问题。抓脉络,定基调,固然重要;看文路,顺文势,辨文风,合文气,是更重要的体验过程。

第三节 精细处置

首先,明确全篇主旨、把握全篇基调之后,拓开词语,突出重点。其次,体味全篇意蕴、感受全篇境界之后,强化语气,活化语势。再次,领略全篇风格、开掘全篇性灵之后,深化内涵,显化张力。最后,总括全篇精髓、揭示全篇主旨之后,豁然贯通,铿然作结。

第四节 文言文朗读的审美价值

第一,根据特点,读出风格。第二,注重词语,读出蕴藉。第三,阐释隐喻,读出志趣。第四,抒发感情,读出生机。

第十七章

朗读美学的规律性拓展

第一节 整体感受的拓展
第二节 整体和谐的拓展
第三节 时空转换的拓展
第四节 时代节奏的拓展

整体感受的开拓,一定要向思想感情的"音声化"方向行进,不可仅在内容的深度上"单刀赴会"。

整体和谐的拓展,不但要正面开掘和谐的本体,还要反面拓展和谐的扭曲,同时更要深入探讨和谐的根基。

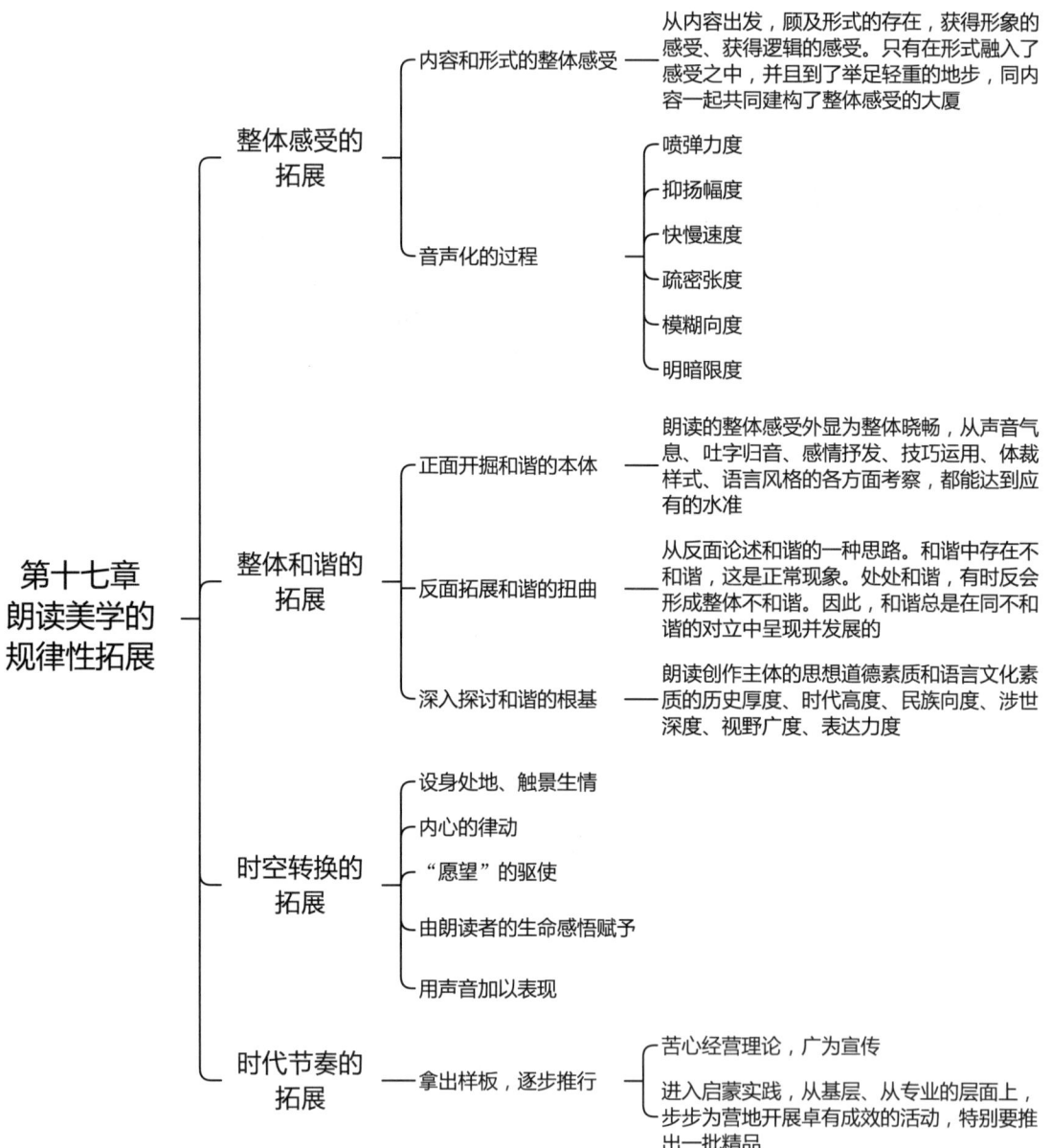

朗读美学的理论阐述,就个人的学术视野、学术功底而言,已经让我觉得吃力了。正像康德所说的那样,学术上并不怕反驳,最担心误解。其实,那误解也说明阐述中的词语很可能有不清不楚之处。我想,误解也不可怕,只要明确指出来,难道不算收获吗?知道了误解之处,再加以纠正,正可以称为澄清或觉醒,那智慧的成果完全是共享的。

朗读美学作为朗读学和美学的结缘,是一种开拓。但强扭的瓜不甜,牵强附会地把二者拉在一起,很可能形成对二者的不同伤害。美学不应降低自己的品格,去俯就任何一门应用学科;每一门应用学科也不应任意地希冀美学观照自身,把自身提升。那共同的契合点,是受时空发展制约的,是一种发现,是一个耦合。这种重构,在语言哲学的深层里渐渐生成,在语言行为的律动中反复呼唤,在某个学科到达一定的层级之后,不邀请美学参与便不能突破樊篱的时候,才会水到渠成、瓜熟蒂落。而一旦开始了合乎规律的运行,更艰巨的任务就不断地提出一个又一个目标,新的开拓才走上万里长征的第一步。

第一节　整体感受的拓展

在《朗读学》中,我们着重强调了具体感受的重要性,特别分列了形象感受、逻辑感受。那是因为"内容"关系到朗读成败,起步必须从这里开始。我们坚持"内容决定形式,形式反作用于内容"的原则,决不能走形式主义的道路。这种坚持,从基础理论上说,无可厚非,不过,这并不是最高层面的表述,或者说,不是美学层面的表述。

朗读美学强调的是整体感受,是内容和形式的整体感受。

整体感受必须在具体感受的基础上生发,而不可能脱离具体感受另起炉灶。这就是说,整体感受之前,先要从内容出发,顾及形式的存在,获得形象的感受,获得逻辑的感受。这里虽然有了整体感受的萌芽,却还不是整体感受本身。形式,在这里还只不过是一种参照,并未发挥它应有的作用。只有在形式融入了感受之中,并且到了举足轻重的地步,同内容一起共同建构了整体感受的大厦,金碧辉煌,成于外而化乎内的朗读创作便可耸立在美学的殿堂里了。这时,它就会成为朗读美学的一根巨大支柱。

事实上,朗读创作的起始阶段,总是从形式发轫的。是诗,是文,是什么样的朗读材料,形式必定是第一印象。即使进入内容,那也是在观其大概之后,马上认识、立刻感受其形式的。只不过我们会很快进入内容,忘掉映入眼帘的形式。长期以来的习惯,使我们下意识地逃避形式,唯恐沾上形式主义的灰尘,被人说三道四。而形式确实也是相当可怕的东西,稍不注意就会把我们引入歧途,甚至沿着形式主义的道路滑向远离具体思想感情的泥淖,而不能自拔。在朗读创作中,只要一注意声音和技巧,马上就会丢失内容的导引力量,走到玩弄高低快慢的表层上去。朗读一定要坚持以声传情、声情并茂的规律,在此基础上,才谈得到形式的探索。

仅声音一项,就有很多问题值得研究。我们曾经论述过"器写人声,声非学器者也"。为什么"器"与"人声"不同呢?其根本区别唯有"情"字。器也可传情,但那是人借器传人之情,虽有其美感,与人声之传人情所得到的美感还是两回事。人声之传人之情,直接而且丰富。据《如来不思议秘密大乘经》说,如来的音声有六十四种殊妙之相:1.流泽声,2.柔软声,3.悦意声,4.可乐声,5.清净声,6.离垢声,7.明亮声,8.甘美声,9.乐闻声,10.无劣声,11.圆具声,12.调顺声,13.无涩声,14.无恶声,15.善柔声,16.悦耳声,17.适身声,18.心生勇锐声,19.心喜声,20.悦乐声,21.无热恼声,22.如教令声,23.善了知声,24.分明声,25.善爱声,26.令生欢喜声,27.使他如教令声,28.令他善了知声,29.如理声,30.利益声,31.离重复过失声,32.如狮子音声,33.如龙音声,34.如云雷吼声,35.如龙王声,36.如紧那罗妙歌声,37.如迦陵频伽声,38.如梵王声,39.如共命鸟声,40.如帝释美妙声,41.如振鼓声,42.不高声,43.不下声,44.随人一切音声,45.无缺减声,46.无破坏声,47.无染污声,48、无希取声,49.具足声,50.庄严声,51.显示声,52.圆满一切声,53.诸根适悦声,54.无讥毁声,55.无轻转声,56.无动摇声,57.随入一切众会声,58.诸相具足声,59.令众生心意唯喜声,60.说众生心行声,61.入众生心喜声,62.随众生信解声,63.闻者无分量声,64.众生不能思唯称量声。上列这 64 种"梵音"的描述,有些很难理解,有些可以猜测,不过那对音声的多样罗列,不是非常明确地证实了人的声音是如何丰富的吗?也许其中有很多不准确的地方,但是,我们对现有的音声状况(如朗读的音声状况)又有多少精确的描述呢?由表及里、去粗取精,是一个过程,不可能一蹴而就。

在朗读中,那音声化的过程,必须涉及声音的运用。究竟朗读和其他的表达样式在使用声音上有哪些最明显的不同呢?特别是同说话、朗诵,区别在哪里呢?一般表现在:喷弹力度、抑扬幅度、快慢速度、疏密张度、模糊向度、明暗限度等方面。这六个方面,共同组合成一种多维度的动态体系,朗读作品中的每一句话,都在不同侧面、不同层级上给以体现。表现为一定的音色、一定的语气、一定的基调、一定的神韵。这样,不同的朗读者,即使朗读同一篇作品,也会有十分明显的差别,既可分出高下,又可辨出风格。那种把声音只看作"形式"——外壳的观点,那种认为声音无足轻重的观点,不过是门外谈禅,连"和尚念经"的基本知识都没有,还说什么朗读创作呢!

当然,我们正面临着"美学观念的当代转型",面临着"本体视界的转换"和"价值定位的逆转"。对于声音的要求,可能也会产生种种分歧。比如对"字正腔圆"的传统认识的误解、曲解,就是企图颠覆汉民族语言传统审美的立论,常常用所谓"刻板""僵硬"来否定它。如果认真地考察,有哪些成名的语言艺术家,是由于使用了"刻板""僵硬"的"字正腔圆"而获得大众认可、喜爱的呢?他们正是把"字正腔圆"运用到了悦耳动听的境界,才能给人以美感享受的;相反,只有当那些初出茅庐、半生不熟的运用者,才使得"字正腔圆"显得"刻板""僵硬",这怎么能说是"字正腔圆"的缺失呢?而且,声音形式的负载对于声音本身的引导力、推动力,远不是其他形式所能比拟的,因为声音同感情的融合确实是"深入骨髓""铭刻肺腑"的。所谓"骨子里的节奏"就是这个意思。而真的失去感情支撑的"声音",是可以"复制"的,是可以"模仿"的,连机器都可以做到"惟妙惟肖",已经远离了"人的本质的力量"。在"音声化"的问题上,审美与非审美的界限,应该是比较清晰的。除非根本就没有"审美的耳朵"。

由此可见,整体感受的开拓,一定要向思想感情的"音声化"方向行进,不可仅在内容的深度上"单刀赴会"。

第二节 整体和谐的拓展

使朗读者与听者产生多方面、多层次的共鸣,我们已经论述过整体和谐的问题,虽然仍不尽如人意,但提出这一命题,已能基本表达朗读美学的主旨,确立了朗读美学的定位。

实际上,这一命题还需要进一步拓展。不但要正面开掘和谐的本体,还要反面拓展和谐的扭曲,同时更要深入探讨和谐的根基。

和谐的本体,是指朗读的整体感受外显为整体晓畅,从声音气息、吐字归音、感情抒发、技巧运用、体裁样式、语言风格的各方面考察,都能达到应有的水准。也许有一些问题,并不影响整体的标高。如果达不到整体和谐的一定的水平,那当然就进不了美学的范围。

和谐的扭曲,是从反面论述和谐的一种思路。和谐中存在不和谐,这是正常现象。处处和谐,有时反会形成整体不和谐。因此,和谐总是在同不和谐的对立中呈现并发展的。文学、戏曲等样式,也是如此。"美"和"丑"的对比,更增添了和谐的丰富性。某种形式、某种形态的一定意义上的"丑",恰恰成为美的附属物,愈加反衬出美的更高级的意象。没有高俅的狠毒,怎能反衬出林冲的坚忍高洁?马连良的舌音松软,更凸现了他的潇洒。如果和谐的扭曲造成了对和谐的破坏,当然就达不到整体和谐的效果了。

和谐的根基,在于朗读主体和朗读文本在形之于声的过程中,如何融合,如何律动,如何"兵来将挡,水来土掩",如何"逢山开路,遇水架桥",从而进入朗读者同听者的共同心路历程,产生内心的"通感""通悟",达到几乎一致的"共振""共鸣"。这里需要解决的问题,主要是朗读创作主体的思想道德素质和语言文化素质的历史厚度、时代高度、民族向度、涉世深度、视野广度、表达力度。这里面,存在着生理的、心理的、物理的、文化的、人本的、社会的、当下的、思想的、感情的、先天的、习得的各种制约因素。有时,这种因素起决定作用,有时那种因素起决定作用;有的因素明显地起作用,有的因素潜在地起作用。孤立地认识某种因素,甚至把它绝对化,就会失去审美的取向,走到"攻其一点,不及其余"的地步,放弃朗读的话语权、评判权。

和谐并不是没有矛盾,而是不断化解矛盾、不断达到新的平衡的律动。不能把和谐看作凝固的、完全的、封闭的、自足的东西,而要把它认定为动态的、欠缺的、开放的、求新的东西。只有如此,和谐才会走向整体和兼容的广阔视阈,作为一个过程,涵盖全部审美活动。朗读的审美活动也不例外。只要是在朗读创作中注意各种联系,把握各个侧面,融会贯通、游刃有余,不但激活创造自觉,而且调动全部积累,准确开辟"语感通悟"的敏感大道,那么,朗读创作的审美价值就有可能基本实现。当代审美走向,往往把非审美因素引进审美范畴,貌似创新,实则是一种笑话。例如,对"平实"的理解和把握,总以为那是平平淡淡、无忧无虑、轻轻柔柔、无主无次,结果是仅仅获得了随心所欲、主体缺席、对象消失、技不如人的评价,于朗读者和听者都毫无裨益。审美固然已经无影无踪,时间也就白白浪费了。这能说是创新么?新在何处呢?内容和形式的不和谐,导致整体的表达失当,连最基本的要求都做不到,还侈谈审美,还侈谈创新,那不是人人都不学而能的么?还要朗读者做什么?还要朗读做什么?面对矛盾,束手无策、举措失当,又怎么能披荆斩棘、革故鼎新呢?只有敢于面对新情况、新实践、新问题、新矛盾,纵横捭阖,继往开来,才可能站在巨人的肩膀上,"看得更远些",否则,便只有"望洋兴叹"了。

和谐,肯定要随着时代、地域、观念、功力的变化而变化。但那奠基的丰碑,开拓的业绩,必会作为经典,传之后世,并成为楷模,供人们学习和超越。现存的东西,可以说是合理的,合理的不一定是正确的,正确的更不一定是经典的。经不起时间和实践考验的"和谐",也许有一时的轰动,也许会获得同声赞誉,但那不过昙花一现而已,怎能长存史册?当前,被夸赞为"合理"的东西、"创新"的东西,比比皆是,可那智慧的东西,却鲜有闪光。有的是利益的驱动,有的是逆反的心理,有的是自恋的情结,有的是时尚的追逐,并不完全是正确的。那些被公认为正确的,又有多少是经典的呢?我们不能作茧自缚,我们不应随波逐流,审美主体的价值观绝非儿戏,更不是任人揉捏的面团。审美实践也是一个过程,主体的创作实践,客体的追问实践,主客体的对话实践,一定把实践推举得很崇高、很实在。那些虚无缥缈的东西,就在这样的实践中,化为泡沫,对后代没有留下丝毫印记。如果有些痕迹,那也是一种难以理喻的"怪圈"、茶余饭后的"谈资"。

和谐,是那万事万物对立统一中的一种。对立的张力、统一的合力,在恰当的维度上进行确实的、又排斥又吸引的运动,使得各个取向都融为一体,形成整体效应,给人以美感。朗读过程中,理解感受、起伏跌宕、用气发声、抑扬顿挫、内外贯通、由己达人,各种矛盾方面一张一弛,分离汇聚,造成了某种积极进取的态势。这样的态势,似乎有什么东西在诱发人们的某种兴趣,必欲满足而后快。也许会有一些功利主义的东西在起作用,但不会进入主流,边缘上的杂七杂八,不应占据我们的兴奋中心。至于迎合媚俗、哗众取宠、招欢买笑、卖身投靠,就不在我们的论述中了。

和谐,体现着一种观念,体现着一种导向。在朗读者心目中,通过朗读要达到什么目的,那相关的观念、赋予的导向,必然在潜意识中发生重要的作用。离经叛道者,会有意地远离传统;抱残守缺者,会专一地靠近传统;愚钝麻木者,会糊里糊涂地随风倒去;聪明智慧者,会去伪存真地面向未来。为什么会刮风呢?主要是在新生事物面前,观念的差异、导向的分野,众说纷纭、莫衷一是,有些人又想力拔头筹、跟上形势,便产生了"有我一个"的跟风现象。跟风的人们,照猫画虎,即使不成反类犬,也算是顺流而下,省去不少"费力不讨好"的改造制作工夫,何乐而不为呢!于是,陆续产生了"天地良心"派的高声呐喊风,"温柔体贴"派的低声细语风,"随心所欲"派的忽快忽慢风,"家长里短"派的胡聊乱侃风,"啰里啰唆"派的添油加醋风,"故作深情"派的装腔作势风,"目中无人"派的高视阔步风,"乞求倾听"派的嗲声嗲气风……我们主张高举"字正腔圆"派的整体和谐的大纛,昭示朗读美学的深厚底蕴,发挥朗读美感的巨大感染力,让汉语普通话的艺术魅力,随着黄钟大吕的金声玉振,激荡五湖四海,"飞入寻常百姓家"。

第三节　时空转换的拓展

朗读美学为朗读者提供了广远的时空控纵领域,把宏大叙事和真实细节浑然天成地结合在一起,给了朗读者以自由驰骋的可能性空间。

朗读材料——文字作品,可以是远古的创作,也可以是近期的作品;可以是地球那边的传世之作,也可以是近在眼前的名篇;可能是皇亲国戚的维权力作,也可能是揭竿而起的讨逆檄文;可能是采菊东篱的田园经典,也可能是梦里挑灯的无畏心声。当这些材料进入我们的视野,我们便融入作者精心刻画的意境中,带着当代的心态,自己的感情,由表及里,由近及远,心驰神往,乐此不疲。

在这里,需要注意的是如何把眼前物转变为心中物、把眼前景转变为心中景。王弼在《周易略例·明象》中说:"夫象者,出意者也。言者,明象者也。尽意莫若象,尽象莫若言。言生于象,故可寻言以观象;象生于意,故可寻象以观意。意以象尽,象以言著。故言者所以明象,得象而忘言;象者所以存意,得意而忘象。"初步明确了"言""意""象"三者的关系,特别是把三者的递进关系说得比较清楚。我们看到的文字作品,是叙述着"象"的,而"象"里又隐藏着"意"的。正如人们看一幅画。"春山烟云连绵,人欣欣。夏山嘉木繁阴,人坦坦。秋山明净摇落,人肃肃。冬山昏霾翳塞,人寂寂。看此画令人生此意,如真在此山中,此画之景外意也。见青山白道而思行,见平川落照而思望,见幽人山客而思居,见岩扃泉石而思游。看此画令人生此心,如将即其处,此画之意外妙也。"(北宋·郭熙《林泉高致·山水训》)朗读者只有"超以象外"才能获得深切的感悟,把文字作品中的"象外之象""言外之意"融入心田,为"形之于声"做好充分的准备。

当然,这"超以象外""象外之象""言外之意"的捕捉和储存是相当不容易的。其中的时空转换,应该源于"设身处地"和"触景生情",甚至人生体验的积淀、生命感悟的能力。前文已经论述过了,不再赘言。

在"形之于声"的过程中,时空转换绝不是"自然而然""一蹴而就"的。这时,朗读者在内心的"感觉转换"显得特别重要。

在《乐论》《乐记》的基础上,嵇康的《声无哀乐论》等在创作和欣赏的主体意识觉醒之后出现的相关论著,又进一步把音乐理论引向深化。嵇康、阮籍等人,倡导自然,崇尚平和。虽然否定音乐的感情内涵,但他们提出了声音的物质形式与情感的联系问题,实在是了不起的。我们今天看这个问题,当然会从旋律、节奏等方面去解决,可是,那"言外之意"又是怎样表达出来的呢?

当文字作品"谙于心""熟于耳"的时候,朗读者内心的律动已经使发声器官开始了积极的活动。那活动的形态,基本上是按照文字作品的"文思"进行的一种"内在语"。它包容着文字作品所有被朗读者感受到的蕴藉,并在"由己达人"的引发下,外化为有声语言。感受深刻、丰富的地方,语言就会强化,或高扬,或低缓,或加重,或停顿……以此来表示文字作品深层的意思、蕴含的感情。这时,朗读者汇聚于心的、贯通于体的积累,便由"愿望"的驱使,发出满载情意的声音。当下的情状,会把朗读者的时空感融入其中,或者是"如在当前",或者是"指向远古",或者是"遥相呼应",或者是"促膝而谈"……时空转换的"象"中,自有远近、广狭之差异,由言而出;自有喜怒、爱恶之区别,溢于言表。时空转换的主动权、驾驭权、伸缩权、控纵权,都在朗读者的语言功力之内。因此,我们说时空转换的话语权是由朗读者的生命感悟赋予的,在这方面,他人是无能为力的。

在朗读过程中,时空感是每一篇作品都可能产生的,但时空转换却不一定处处都有。这是因为有的作品是在时空确定的条件下写作并朗读出来的,而且,那一定的时空又没有变化。这虽然比较特殊,也应引起我们的注意。

时空转换要用声音加以表现,所以对声音的要求就相当高。我们还要认识语气语调的特殊作用。有人把语气语调看作"副语言",说那是语言之外的东西。从文字来说,确实无法表现;但有声语言就不同了,语气语调不但能够表现思想感情,而且几乎不可或缺。同一句话,由于语气语调的不同,可能表现完全相反的思想感情。所以我们认为,声音的高低快慢、强弱长短,都在表情达意、言志传神的社会功能中。把它们排除在有声语言之外,是不妥当的。它们是语言的重要组成部分,起着举足轻重、成败攸关的作用。尤其是在时空转换的当口,一个音节稍长一些、稍短一些、稍高一些、稍低一些、稍快一些、稍慢一些、稍强一些、稍弱一些,都能表现出时空转换的远近、广狭。有声语言的时间性,使得朗读过程中"因势利导""辞约义丰""抑扬顿挫""起伏跌宕"都会产生悠远绵长的"言外之意""弦外之音""余音绕梁""余味无穷",更能够获得最理想的听觉反应。最简单的例子是:"孤帆远影碧空尽,唯见长江天际流"与"李白乘舟将欲行,忽闻岸上踏歌声",其高低快慢、强弱长短大不相同,怎能把声音的变化,哪怕是极限的变化,看作语言之外的东西呢?怎能不充分运用声音的"转瞬即逝""幽眇难知"给以规律性的拓展呢?美国的P.B.邓斯和E.N.平森在他们合著的《言语链——说和听的科学》中就明确指出:"重音和语调也是语言结构的一部分。它们是用来表达诸如说话人的感情态度之类的东西,它们区分提问、陈述或疑问等不同的语气,以及表明一个句子里不同单词的相对重要性。"他们是从解剖学、生理学、物理学、心理学和语言学的综合分析中得出这个结论的,应该是符合语言实际的,我们理应采纳。

第四节 时代节奏的拓展

语言的稳定性,是指语音、词汇和语法的相对稳定性,而不是稳固性。语言的变异,主要是说词汇的变化比较快、比较大。从有声语言来看,不能不说时代节奏变化最明显。

我们已经论述过节奏问题,也涉及过当代的节奏问题。我们这里要论述的是如何正确对待时代节奏给朗读带来的影响。

我们知道,节奏不仅是快慢,它应该是为表现文字作品中的思想感情的变化而在有声语言上呈现出来的轻重缓急、抑扬顿挫的回环往复。

时代节奏是随着时代的步伐一起前行、随着时代的脉搏一起跳动的。一个时代有一个时代的精神和氛围,一个时代有一个时代的文化心态和风气时尚。语言的状况必然受到影响。战争年代,如抗日战争、解放战争,语言的激昂慷慨、高亢激越,几乎是响彻大江南北;新中国的成立,翻身解放的喜悦,又使语言的开朗豪爽、畅快淋漓得到了体现;"文革"中,大声叫喊、争斗狂热的语言无孔不入;改革开放之后,人们在"解放思想、实事求是"的思想路线指引下,普遍张扬了一种清新淡雅、自由自在的语言情态;不久,西方的文化理论进入我们的视野,港台文化大批渗透,极大地干扰了主流文化的正常发展,浮躁的心态、猎奇的期待,使语言的健康状况每每遭到腐蚀,厌弃规范、无视艺术的价值取向,甚嚣尘上。以"速度"为标尺的时代节奏,变得耳不暇听。每分钟300字以上,成为时尚,哪怕是由于内容的需要稍慢一些,就会被定性为"传统""保守"。语速的越来越快,丢失的不仅是语意,还丢掉了民族文化、时代精神、社会责任、人文关怀。以"时代节奏"为借口,大力推行"语言闪电"行为,是目光短浅、心态浮躁、追名逐利、随波逐流的结果。长此以往,时代节奏就只剩下了"字词堆砌""浮光掠影",什么基调、语气、重音、停顿、轻重缓急、抑扬顿挫、起伏跌宕、回环往复,都成了"过眼云烟""落花流水",再也不会有立足之地、存身之所。

为了真正体现时代精神、时代节奏,我们不能就事论事,即使大声疾呼,也会有人听而不闻、视而不见。我们只有拿出样板,逐步推行。一方面苦心经营理论,广为宣传;另一方面,进入启蒙实践,从基层、从专业的层面上,步步为营地开展卓有成效的活动,特别要推出一批精品。让朗读创作同其他文化活动一样,成为体现时代精神、时代节奏的传承项目,并力求发挥榜样的作用,推动全民族向着先进文化的发展方向永不止息地大步前进。

胡塞尔说过:"我们切勿为了时代而放弃永恒。"时代的发展,当然会大浪淘沙,但那不腐的流水,必将不舍昼夜地奔腾汹涌,后浪催前浪,滚滚向前。

朗读美学的规律性拓展,还有很多问题需要论述,如"情理之中、意料之外","同声相应、气盛言宜","大音希声、以小见大","相反相成、得其环中",等等。不过这些问题都应该从历史和逻辑的角度,进一步地梳理和整合,只有等另外的叙述机会了。

➡ 知识梳理

第一节 整体感受的拓展

朗读美学强调的是整体感受,是内容和形式的整体感受。整体感受必须在具体感受的基础上生发。整体感受之前,先要从内容出发,顾及形式的存在,获得形象的感受,获得逻辑的感受。只有在形式融入了感受之中,并且到了举足轻重的地步,同内容一起共同建构了整体感受的大厦。

在朗读中,那音声化的过程,必须涉及声音的运用,一般表现在:喷弹力度、抑扬幅度、快慢速度、疏密张度、模糊向度、明暗限度等方面。这六个方面,共同组合成一种多维度的动态体系,朗读作品中的每一句话,都在不同侧面、不同层级上给以体现。整体感受的开拓,一定要向思想感情的"音声化"方向行进,不可仅在内容的深度上"单刀赴会"。

第二节 整体和谐的拓展

整体和谐的拓展,不但要正面开掘和谐的本体,还要反面拓展和谐的扭曲,同时更要深入探讨和谐的根基。

和谐的本体,是指朗读的整体感受外显为整体晓畅,从声音气息、吐字归音、感情抒发、技巧运用、体裁样式、语言风格的各方面考察,都能达到应有的水准。

和谐的扭曲,是从反面论述和谐的一种思路。和谐中存在不和谐,这是正常现象。处处和谐,有时反会形成整体不和谐。因此,和谐总是在同不和谐的对立中呈现并发展的。

和谐的根基,在于朗读主体和朗读文本在形之于声的过程中,如何融合、如何律动、如何"兵来将挡,水来土掩",如何"逢山开路,遇水架桥",从而进入朗读者同听者的共同心路历程,产生内心的"通感""通悟",达到几乎一致的"共振""共鸣"。这里需要解决的问题,主要是朗读创作主体的思想道德素质和语言文化素质的历史厚度、时代高度、民族向度、涉世深度、视野广度、表达力度。

第三节 时空转换的拓展

朗读美学为朗读者提供了广远的时空控纵领域,把宏大叙事和真实细节浑然天成地结合在一起,给了朗读者以自由驰骋的可能性空间。

时空转换,应该源于"设身处地"和"触景生情",甚至人生体验的积淀、生命感悟的能力。当文字作品"谙于心""熟于耳"的时候,朗读者内心的律动,已经使发声器官开始了积极的活动。朗读者汇聚于心的、贯通于体的积累,便由"愿望"的驱使,发出满载情意的声音。时空转换的话语权是由朗读者的生命感悟赋予的。时空转换要用声音加以表现,所以对声音的要求就相当高。

第四节 时代节奏的拓展

时代节奏是随着时代的步伐一起前行、随着时代的脉搏一起跳动的。一个时代有一个时代的精神和氛围,一个时代有一个时代的文化心态和风气时尚。语言的状况必然受到影响。

为了真正体现时代精神、时代节奏,我们只有拿出样板,逐步推行。一方面苦心经营理论,广为宣传;另一方面,进入启蒙实践,从基层、从专业的层面上,步步为营地开展卓有成效的活动,特别要推出一批精品。让朗读创作同其他文化活动一样,成为体现时代精神、时代节奏的传承项目,并力求发挥榜样的作用,推动全民族向着先进文化的发展方向永不止息地大步前进。

第十八章

朗读美学的创造性发展

第一节 朗读美学的人类性
第二节 朗读美学的实践性
第三节 朗读美学的理论性
第四节 朗读美学的感悟性

朗读美学的历史责任，就是开拓当代美学的有声语言神韵，排除那些"神化""丑化""动物化""本能化"的倾向，揭示出朗读美学的真谛，凸显艺术，走向崇高。有声语言的神韵是不会屈服于拜金主义、利己主义的利诱威逼的，也是不会被后殖民文化、殖民地文化潮流所淹没的。

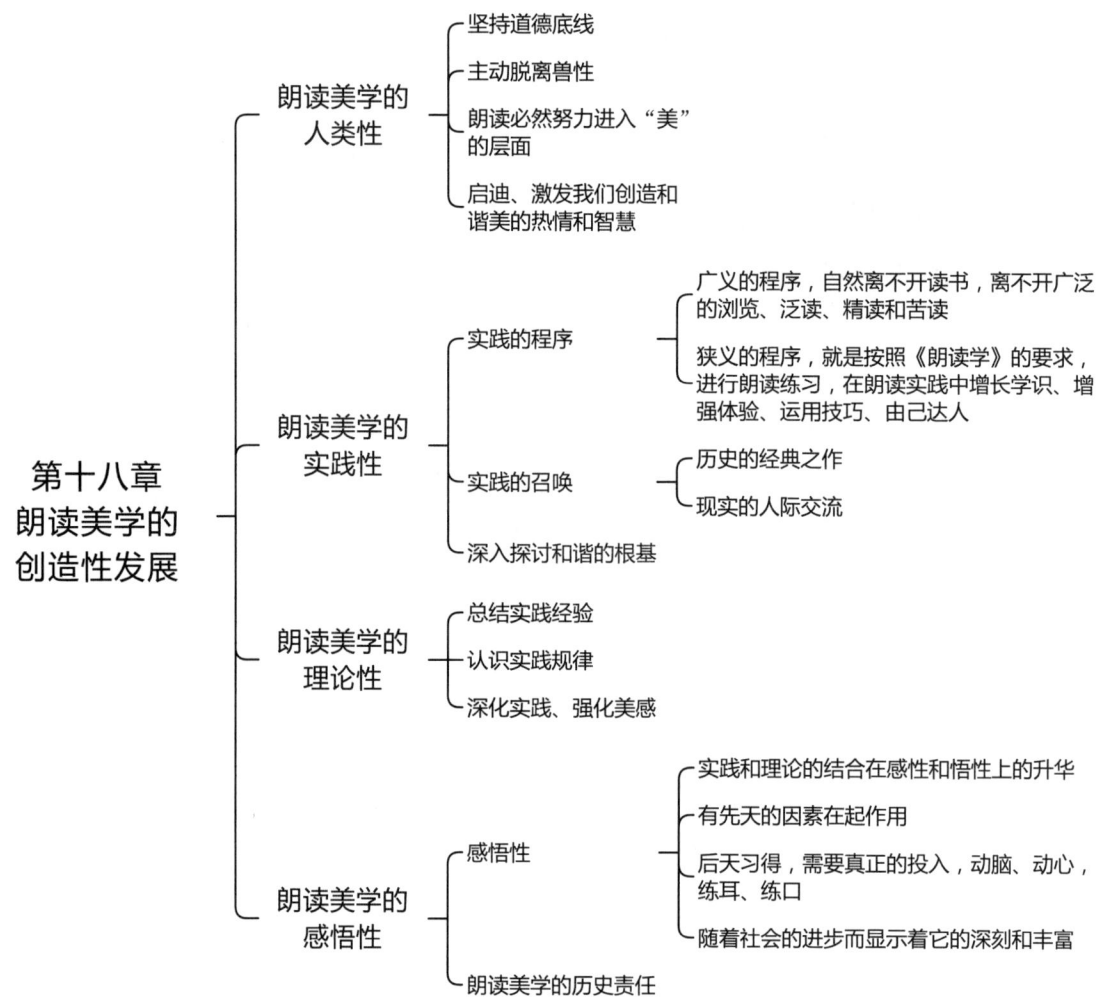

第十八章 朗读美学的创造性发展

朗读美学的诸多问题,我们已经进行了初步论述。但是,朗读美学并不就完成了使命,更艰巨的任务还在后面。虽然美学的流派不少,我们紧紧抓住朗读的有声语言美感不放,就能够开启一扇通往语言美学的大门。

美学的流派确实不少。我们国内的美学观点就有十数种之多,再加上国外的各种"主义",使人眼花缭乱、莫衷一是。现在看来,究竟什么是美,什么是美感,如何审美,问题很复杂。我们的观点是:整体和谐就是美。虽然这是"美是和谐"的延伸,但那内涵已经发生了质的变化。仅此一点,不过是一家之言,也需要花费很多的篇幅加以论述。从朗读美学的角度看,说明它。只用文字,仍然困难重重。下面给以简单阐述,未能详尽之处,有机会再展开吧!

第一节 朗读美学的人类性

达尔文的进化论,说明了生物演变的特征和一般规律。其实,生物,包括植物和动物。而动物,又包括一般动物和特殊动物。特殊动物就是指人类。动物性,应该与人类有共同性,如适者生存、繁衍后代、吴牛喘月、蜀犬吠日、杜鹃啼血、弱肉强食、反哺之乌、狼狈为奸……但是,人类更有着与一般动物迥然不同的特性。

过去,我们总认为人类"会说话"是特性,后来又认为人类"会制造和使用工具"是特性。实际上,人们早就知道"人有人言,兽有兽语"了;后来发现,很多动物也会制造和使用工具。那么。人类的特性究竟是什么呢?说法很多。

我们认为,人类性,可以简称为"人性";动物性,可以简称为"兽性"。这样,在概念上就把二者的界限划分开了。人之所以为人,主要在于"善于创造",尤其能够"创造美"。这才是人性的历史根基和核心要素。当表现出人性的时候,社会就能够向前发展,人与人之间就会和睦相处,生活就变得非常美好。因为,人是有精神的!人性的基点,正是有创造精神!那些生存中、生活中的问题,因为有创造精神,所以能够一一克服,逐步解决。我们的民族,历来提倡"精神振奋""精神焕发""精神抖擞""精神矍铄",而防止

"精神萎靡""精神涣散""精神缺失""精神失常""神不守舍""失魂落魄"。

因为"精、气、神",意味着人性的存在,昭示着人性的苏醒,证明着人性的价值,彰显着人性的意义。

人性的价值,来源于人性中创造性的发挥。人是社会的结节点,一个一个的人,组成了社会,形成了族群。为了建设社会,繁衍族群,传承文明,每个人都能意识到自身的作用。每个人的智慧,都会用来维系族群的集体智慧,每个人的才能,都会用来推动社会的进步。

人性的意义,来源于人性中创造美的趋向和态势。人是美的使者,一个一个的人,携手并肩,同心同德,众志成城,集思广益,去创造和谐美。自然美,要维护;社会美,要创造,并在创造中,同自然美相辅相成、相得益彰。创造和谐美,肯定会跟创造丑陋美的观念和破坏和谐美的行为不断进行较量。于是历史上就会存留创造与破坏那较量结果的遗迹或印记,于是历史上也会沿袭创造与破坏的精神脉络。创造丑陋美、破坏和谐美,那是在人性回归兽性的过程中出现的正常现象,任何编年史、断代史里,都有例证。

人性的变异,只有回归兽性一途。人性的基因里,保留着动物性的共性,人类性中包容着人性与兽性的因子,即自觉性与野蛮性的两面性。季羡林先生关于"好人"和"坏人"的划分,很有哲理。他说:利人多、利己少,就是好人,毫不利己、专门利人的人,就是大好人;利己多、利人少,就是坏人,毫不利人、专门利己的人,就是大坏人。这种划分,既有质的标准,又有量的标准,相当科学。人类的自觉性促使人性提升,强化创造和谐美的观念与行为,于是出现了"大爱无疆""无私奉献""杀身成仁""舍生取义"等可歌可泣的英雄人物和英雄壮举,这就是大好人。人类的野蛮性促使人性堕落,返回兽性,引发破坏和谐美的观念和行为,制造了"横征暴敛""杀人灭口""指鹿为马""口蜜腹剑"等极端自私的可憎人物和无耻事件,这就是大坏人。在"人"的心灵中,"人性"和"兽性"经常处于"此消彼长""彼消此长"的变化态势,"不是东风压倒西风,就是西风压倒东风"。当人性堕落为兽性的时候,由于兽性大发,那些残暴、淫乱、贪婪、卑鄙等的恶劣言行便无所顾忌,层出不穷,制造出一系列祸端。也有"表面上道貌岸然,一肚子男盗女娼""披着人皮的豺狼""禽兽不如的东西"等情况,而且随着人们识别、觉察能力的增强,这种情况虽会改变策略,翻新花样,却禀性难移、无意回头。

人性和兽性的较量,延续了多少年、多少代,影响着国家的兴衰、人民的苦乐、文明的进退、自然的枯荣。关键在于是否有追求真理的执着热情,是否有"诸恶莫做,众善奉行"的英明决策,是否有"己所不欲,勿施于人"的道德修养,是否有"天人和合"的宇宙胸怀。人性的道德底线就是"明荣辱,知羞耻",比起任何一般动物来,都显得崇高,完全脱离了一般动物性的污秽、混杂、淫秽、贪欲，完全抛弃了一般动物性中的裸露、嗜杀、凶残、霸占。坚持道德底线，严防兽性的滋长，是人性的真正操守，应该明白"学如逆水行舟，不进则退"的道理，从而严密注意"蚁穴溃堤""虫蚀毁厦"的苗头。人们得时刻警惕自身滑入一般动物性，甚至引起兽性发作的各种诱因。但是，民族精神的血脉凝聚、人性善良的基因强大，坚守人性道德底线的"集体无意识"相当严谨，道德滑坡的个体只是极少数，社会总是依托大多数人的创造潜能而发展。

只有坚持道德底线，才有资格进入人类社会，成为人类大家庭中的合格成员。在这个共同性上，才可能去创造和谐美。那些人类的渣滓，是人类家园的破坏者，他们夸大了人类性中的动物性基因，以为人们对此会乐而忘返，便竭力推销色情和暴力，只要自己能从中牟利，竟不惜戕害人类的灵魂。这从反面教育我们，千万不要"唯利是图"，因为那是"道德沦丧"的动因。而大力张扬和强化"人性"、创造和谐美的一切言行，都会为国家、为社会、为时代、为民众增添生命的活力。

朗读美学的人类性，就是要在人类主动脱离了兽性以后，直接揭示人性那创造和谐美的本质。"人之初，性本善"，是不错的。尽管幼儿时期还带有一般动物性的某些特质，但那基因染色体的成熟过程中，加上亲人、环境等的巨大影响，人性会得到飞快的提升。不能因为个别人的"兽性扩张"就断定"人性恶"，就失去创造和谐美的信心，这反而会助长作恶者的气焰。要注意，"善恶到头终有报，只争来早与来迟"，古往今来，无数事实证明，这个道理具有普遍意义。

当亲朋好友、环境氛围的影响，诱发了人性的成熟，幼儿的心灵萌生出追求和谐、期待创造的企望，并开始表现为言行情状。虽然身教重于言教，但是，有声语言的美感，也会潜移默化地进入他们的内心深处。他们坚持不懈地消化吸收，日积月累，朗读美就会成为他们不可轻视的精神食粮。一直到长大成人，这些积累总是要不断延展、加深的。应该说，朗读美将伴随我们一生，我们也将从中受益无穷。

世界各个民族绝大多数都有自己的语言文字，也都有"朗读"活动。朗读必然努力进入"美"的层面，这是有声语言的社会功能的共同趋向，这是人类追求美感的一致愿望。从幼儿开始，听觉上就在寻找美的声音，视觉上就在发现美的色彩。人们对那些稀奇古怪的声音总会感到恐怖，并掩耳塞听；对那些光怪陆离的色彩总会竭力逃避，并闭目不看。这实在是人类天性的选择。只是在后天的熏陶中，人们才有反常的情形，譬如见奸淫掳掠而大笑，听摇头狂歌而兴奋，看色情镜头而冲动，闻低俗话语而雀跃……缺少这种刺激时，甚至会百无聊赖、失去寄托。这些人丢弃美感而堕落了。难道我们仍然要把浅薄和丑陋继续展览、无限呈现吗？除此之外，就不能转变些许传播观念么？制造此类声像的人，就不能有点滴人性的审美良知吗？金钱的诱惑，往往使人忘记人类性的底线,而误入兽性的范畴。用这种方式获得的钱财,可以盖起一座座高楼大厦,可以金碧辉煌、纸醉金迷,但是,那会割断人类文明的记忆、摧毁人类心灵的丰碑!罪莫大焉!

有声语言是人类性的文化标识,是人文精神的音声化。口传历史可以追溯到远古,可以延续到久远。从有声语言的起始,人们运用她,就没有欺骗的动机。只是随着社会生活的复杂化,才产生了"口是心非"的现象。如在"以物易物"后期,有人放在路边一只羊,打算换回一包盐,殊不知羊被领走了,却根本没有盐,真的被欺骗了。于是引起人们的普遍警觉,才逐渐改变交易方式。"诚信""承诺""一诺千金""言行一致",日益成为社会共同遵守和人际各自承担的道义责任。人文精神中,以对人、对社会的态度为分水岭:尊重他人、关爱社会的,就是先进的;尊己卑人、自我中心的,就是落后的,甚至是腐朽的、反动的。这一切都显现在言谈话语之中。因此,创造和谐美的有声语言,具有当下先进人文精神的话语,必定饱含积极向上的精神状态,必定孕育丰厚纯净的文化修养。今天,尤其要注重有声语言的人文关怀和审美品格。那些突破底线的胡聊乱侃、插科打诨,以至打情骂俏、野调无腔,竟是在有意无意地传播落后的人生观和价值观,是对广大受众的轻蔑和侮辱。特别是广播电视传播,不能允许这些污言秽语的进入,不应该让这些不干不净的东西污染大众的耳朵和眼睛,以免使仁人志士提升审美能力和审美价值的努力付诸东流。

人类在用心塑造下一代的睿智心灵和美好形象。现在的任务越来越艰巨,因为必须在提升的进程中,还要时时防范怪异声音的引诱,还要处处警惕猎奇情境的蛊惑。一不小心,懵懂的幼小童真便可能误入歧途。如何强化美的追求,如何浸润美的感悟,的确是当前极为紧迫的事情了!有声语言的审美价值教育、审美意识培养、审美能力加强、审美理想引导都需要坚持不懈地、与时俱进地实施。这个过程中的责无旁贷,完全是自觉自愿的、毫无勉强的。

朗读,就是在有声语言美感的熏陶中,启迪、激发我们创造和谐美的热情和智慧。有声语言的美感,是心灵层面、精神领域的和谐美。人们,尤其是少年儿童,将会用以发现美、感受美,并进一步追求美、创造美。这个过程,必然导致人性的坚贞、高尚、厚重、澄明。

我们衷心地希望,从幼儿开始,把朗读的美感接续下去,传承下去,深深融入民族精神之中,真正从心灵上、精神上以至在"一瞬间",同"兽性"划清界限,坚守"人类性"的崇高使命,建构人类的美学理想,专心致志地去创造和谐美的世界!

正因为如此,我们还要呼吁,进一步加强实践性、拓展理论性、深化感悟性,把朗读美学的研究继续进行下去。

第二节 朗读美学的实践性

朗读美学只能是实践的,从实践出发,再回到实践。不论采取怎样的论证方法,采纳哪一种观点,都必须尊重实践的程序与召唤,回答实践的要求与追问。

实践的程序,有广义和狭义两方面。广义的程序,自然离不开读书,离不开广泛的浏览、泛读、精读和苦读。不会读书的人怎能朗读?不善于读书的人也不能进入朗读创作圈。要会读书,还要善于读书。在拜金主义、利己主义迷雾的笼罩下,人之初,似乎性本恶,呱呱坠地伊始,就要天下人为他服务,吃喝拉撒睡样样需要别人伺候他。稍不满意,不是声嘶力竭地喊叫,就是虚情假意地哀求,不达目的决不罢休。由于遗传基因和环境教育的作用,"私心"或被压抑,或日益膨胀。如果希望他读书,也得好话说尽,晓之以利害,甚至威逼利诱,并最大可能地满足他的各种要求。长大以后,或真正成才,或继续变坏。成才的,大力回报社会,讲究社会公德、职业道德、家庭美德、个人品德;变坏的,继续索取,欲壑难填,甚至损人利己。这才表现出"子不教,父之过,教不严,师之惰"。当然,并不是所有成才的人都会读书,都善于读书。有的行当可能不需要书籍的指引,有的行当可能只需要少量书籍的参考。"书籍是人类进步的阶梯"(高尔基语),只有那些阅读大量书籍的人,才有可能学习、掌握相关的知识,其中,那些有条件、有志趣的人,就会主动去掌握朗读的本领。朗读实践的狭义的程序,就是按照《朗读学》的要求,进行朗读练习,在朗读实践中增长学识、增强体验、运用技巧、由己达人。这是勤学苦练的过程,即实践的过程。

实践的召唤,有历史和现实两方面。历史的经典之作,不应只停留在案头,而应走入人们的日常生活,发挥其文化积淀的作用,使之代代相传。现实的人际交流,不会只是文字往来,肯定会有朗读的需要,由自己或他人形之于声,或自得其乐,或公之于众。人们希望掌握朗读的本领,不但学会朗读,而且能够朗读得好,顺畅而且使人愿意接受。这种召唤,是随着实践的发展逐步明晰起来的。一开始,仅仅是一字一读,慢慢觉得这样不清楚、不好听,于是摸索出一句一句地读、一段一段地读,这样就好一些。有的人读起来只能让人听明白,有的人读起来,不但让人听得明白,而且给人一种美感享受。于是那要求就越来越高了。"实践出真知",人们不断总结,努力想从实践中探索出一些规律性的东西,特别是使人们获得美感的朗读理念、朗读方法。朗读理论的诞生,不是有人闲来无事、突发奇想、生造硬做出来的。朗读美学的建立,也不是有人主观臆断、异想天开、生拼硬凑起来的。没有实践的召唤，任何人都不可能思虑到研究朗读，研究朗读美学。

实践已经提出了要求，并且还在不停地追问。因为我们的研究距离它的期待还有相当长的路程。实践的丰富性，同我们研究的浅表性，的确太悬殊了。因此，我们只有不断地到具体实践中去，至爱至真地切近它，倾心倾情地领略它，深刻体味、精确把握、毫发不失、锲而不舍。仁人志士中的锦心绣口者才有希望达到那预期的目的。

第三节　朗读美学的理论性

朗读实践向人们提出了什么要求呢？在日益提高的要求中，又发出了哪些追问呢？这就是理论应该回答的，而且要不断回答、反复回答、永无止境地回答。否则，理论便失去了它对实践的承诺，不再具有总结和提升的价值，不再具有指导和应用的意义。"理论是灰色的，而生活之树长青"，就是指理论对实践的依赖及其对实践的应答往往是"事后诸葛亮"。朗读的理论也显得滞后，甚至停留在感性的模糊阶段，就是因为我们对实践的要求和追问表现得不屑一顾、不以为然、无能为力、无可奈何。任何一个学科，都会走这样的路，关键是不应长期处于这种状态，不应以此为正常现象。

可以不研究朗读，可以专攻其他学科，但不能否认朗读有理论，更不应否认朗读美学的存在。人们认识事物，都有一个"感性—知性—理性—悟性"的过程。如果说"朗读学"解决的是基础理论问题，包含了感性、知性和理性，那么，"朗读美学"就要解决"悟性"的问题。这正是朗读美学的理论性所在。

悟性，虽然有渐悟和顿悟两大类，实际是哲学上"渐变"和"突变"的延伸，指称着人脑对自然环境、人类社会（包括人自身）认识的"逐步开窍""豁然开朗"。由于实践的发展变化，人们的认识也在发展变化，而实践提出的要求和追问更是强烈和紧迫，有人交臂失之，有人默默耕耘。交臂失之者，与此无缘；默默耕耘者，开始领悟，并走向理论。

朗读美学的理论性，首先表现在总结实践经验上。当实践要求解释"朗读什么""为什么朗读""怎样朗读"的时候，我们就要给以回答。其次表现在认识实践规律上。当实践提出"朗读的规律是什么""朗读不同文体的规律是什么"的时候，仍然要给以回答。最后表现在深化实践、强化美感上。当实践追问"为什么会有听觉愉悦""怎样使朗读产生美感""朗读美涉及哪些方面"的时候，我们怎能置若罔闻、充耳不闻呢？

朗读美学的理论性,必须以朗读实践为依托,离开了朗读实践,不能进入朗读美学的理论圈,非要进入,也只能"隔靴搔痒",甚至"雾里看花"。朗读创作主体的悟性,是别人所不可替代的,全凭自己的渐悟、顿悟。光凭听觉,似乎也能说出个子午卯酉,但那终究不是"开口"的感觉,捕捉不到开口过程中那心灵的萌动、性情的勃发、声音的驾驭、内涵的律动。有些人以为,自己学问渊博,无须亲自朗读,就能对朗读者的内心了如指掌,就能发现朗读规律,就能判别朗读优劣,甚至教导朗读者何去何从,这如果不是自视甚高,便是旁若无人,总之确实是天方夜谭。朗读者各有体验,朗读材料各有千秋,朗读过程千变万化,还有宏观语境、微观语境等的不同,不亲自朗读怎么可能深入其中呢?顶多不过是"隔岸观火"而已。有人说,不会游泳的教练,能培养出游泳冠军,这难道说明没有实践也能掌握理论么?游泳主要是一种体能性运动,弹跳入水、控制呼吸、调整姿势、减少阻力、增加动力、回身冲刺……全靠比较和重复,是一种恒定规则和技能训练,迥异于有声语言的表达规律和悟性开发。这两者的区别,就在于"观察引导"和"感悟引发"。况且,游泳健将做教练的人不是更多吗?用少数例外来做论据,大概不懂得世界的"无奇不有"吧!在同类比较中,有没有音乐指挥不会乐器、合唱指挥不会唱歌、美术老师不会绘画、舞蹈教练不会跳舞的呢?

朗读美学的理论性,是朗读实践过程中"口""耳"双方共同提出的呼唤。听者通过实践,产生了"较好"与"不好"的差别感,朗读者通过实践,感觉到了"较成功"与"不成功"的区分,往后,这差别、区分愈益明显,甚至进入了"美"与"不美"的层面。这样,朗读创作主体自然应该承担主要责任,而听者是无法凭空提高悟性的。朗读创作主体的责任就在于探究理论的概括及应用,把朗读水平提高到美学层面。因此,朗读创作主体的悟性如何,便成了全部问题的依归、矛盾的主要方面。这就是"存在论"中的"本体论","本体论"中的"主体论"。

朗读美学的理论性,当然要借助哲学、美学的理论成果,但是,又不能完全局限在已经得出的结论中。时代的发展,学科的类别,实践的差异,美感的维度,都在诉说着朗读美学的理论性之独特性。它没有主观和客观的分离,也没有主客二元论的混合,更没有"玄学"的神秘,尤其没有"生命力""新生论"等的无从把握。我们只是强调"整体和谐"的方方面面,意在解决朗读过程中怎样达到"美"和"美感"。

上文所谈的整体和谐,是从正面说的,这里,还要从另一面说。整体和谐并非全部和谐、一切和谐、各个局部全部和谐。因此,并不排除局部不和谐、个别不和谐;但在总体上,却能达成和谐,局部不影响全局,个别不影响一般。于是,自然界和社会中,那些所谓"丑"的东西,即不和谐的东西,在美的范围里,也就有了一席之地。这是极其正常的事情,并不是人为的掺杂物。当然,那"丑"也很复杂,有的内丑外美,有的外丑内美,有的多美少丑,有的多丑少美,不一而足。关键是"丑"得其所,成了"美"的陪衬或反衬,使得"美"更真实、更自然。水无至清,金无足赤,不完美正是完美的征兆,完美正是不完美的延伸。完美就缺少了"留白"空间,不完美才能让人充分想象,在心理距离中审视美的真谛。如:或声音稍微沙哑、或口齿略显含混、或个别地方理解比较笼统、或某些词语感受不太深切、或一两处停顿欠妥、或一两个重音失当,或某处未能拓开、或某句未能扬起、或两句句腹波形近似、或前后句尾落点相像……这在具体朗读中,几乎很难避免。由于不影响大局,整体上还是和谐的,给人的总体印象还是美的,所以,就不应该求全责备了。如果达不到整体的要求,如果"不完美"的地方超量了,造成了整体不和谐,那自然会远离美感,真的变成"丑"了。可见,"丑"是对生活的扭曲,是对悟性的背叛,是自身的否定,是美感的解构。主体美、主流美、对"丑"有一定的宽容度,而不是把它变为自己的对立物,容忍它的肆虐和张狂。"真理跨过一步就是谬误",在朗读过程中必须审慎把握。

朗读美学的理论性,在这个新的世纪特别突显,是因为21世纪是美学的世纪。一切都要规范,一切都要提升,一切都要进步,一切都要发展。《朗读学》问世已经20多年了,尽管现状还不尽如人意,但学校终究有了朗读课,朗读活动的开展也方兴未艾,特别是朗诵艺术的传播热浪滚滚,都说明这是一个好的兆头:人民群众对有声语言的审美要求更高了,朗读创作主体对美学理论的渴望更强了。这意味着朗读实践的社会性、普及性、规范性、审美性都朝着有利于朗读美学研究的方向发展。

第四节 朗读美学的感悟性

朗读美学的实践与理论,虽然有其历时和共时的千丝万缕的联系,但毕竟是个体的劳动过程和成果。这里,个体的感悟性就显得十分重要了。

马克思在《1844年经济学哲学手稿》中说过:"只是由于人的本质客观地展开的丰富性,主体的、人的感性的丰富性,如有音乐感的耳朵、能感受形式美的眼睛,总之,那些能成为人的享受的感觉,即确证自己是人的本质力量的感觉,才一部分发展起来,一部分产生出来。"由此看来,人的感觉的产生和发展,离不开人的本质力量的感性对象化,离不开人的感受的丰富性。没有音乐,没有形式美,那耳朵和眼睛怎样产生美感呢?同时说明,简单的音乐和形式美,能够给人以丰富的感觉么?创作主体必须能够感受人的快乐,并确证自己的感觉是属于人的本质力量的,才会获得"与人的本质和自然本质的全部丰富性相适应的人的感觉"。

朗读也是如此。优秀的文字作品,会给人以美感愉悦,但是,如何把它变为有声语言,让更多的人产生美感愉悦,就要下另一番功夫了。朗读创作主体如果没有能力使文字作品进入自己的感性世界,没有能力开掘感性的对象化活动,没有能力用有声语言把文字作品感性化,那么朗读就不会转化成音乐那样具有形式美的东西。因此,朗读者要具备感悟性。

感悟性,是实践和理论的结合在感性和悟性上的升华。没有朗读实践,缺乏朗读理论,感性就会是飘忽的,不定位、无方向,如何升华?依托于文字作品的朗读,创作主体不能内心空虚,而必须依赖于自身的悟性。人人都有感性,看其从哪个方向显露;人人都有悟性,看其朝哪个领域发展。有声语言的感性和悟性,必须向"语感""语气"方面显露和发展。一个语句、一篇作品,怎样"形之于声"?全凭朗读者的感悟性。有人声音很好,口齿也清楚,就是朗读起来显得生涩、苍白,让人觉得好像"睁眼看文不动脑,张嘴读书不动心",主要不是理解力、思辨力的问题,而是由感性不丰富、悟性较差造成的。这样的人,进行一般的朗读还可以,要想深造就困难了。

感悟性,绝对有先天的因素在起作用,如语言神经中枢、语言历时积淀、社会语言影响、家族语言状况等。先天有亏,只靠后天的习得、主观的努力、语言的教育、朗读的训练,都不会有多大成效。这在心理学中已经观察到、推及到相关的实证了,大可不必勉为其难,非要达到朗读美学的高度不可。因为,那遗传基因里、那内心世界里,可以生发出另一种感悟,也许正有更加闪光的事业在"虚位以待"。当然,虽然有先天因素作保证,也可能由于自己缺乏坚持不懈的努力,或者一直没有机遇,仍然不能在朗读方面有所发展,那也不要灰心丧气、怨天尤人。因为人在某一个领域缺乏感悟性,在其他某个领域可能会有感悟性。只要发挥自己的主观能动性,就有可能获得成就。

感悟性的后天习得,需要真正的投入,动脑、动心、练耳、练口。因为,"一字之失,一句为之蹉跎。一句之误,通篇为之梗塞"。在这里,三心二意、心猿意马者,都只能在朗读的大门外徘徊,走不进朗读美学的殿堂。专心致志、乐此不疲者,便会产生心灵的交会,性情的融合,甚至能够发前人所未发,得他人所未得。这时,朗读创作主体便具有了真实的存在价值。这真实的存在价值主要体现在"感"和"悟"上,感之于外,受之于心,就是把文字作品化入自己的心灵深处,使自己的性灵融入文字作品之中;融入性灵,悟出精神,就是把文字作品汇入自己的思想感情,然后,大处着眼,小处着手,层层剥笋,深入本质,开掘意蕴,提升境界。朗读者要有感而发,要悟出真谛。朗读创作既有文本的规定性,又有主体的情感性,不可能自由发挥,不应该随意感悟,此其所以难也。这种特定的指向性,文字作品创作和有声语言创作的二重性,必然使得朗读美学的感悟性生发到"世界历史"（马克思曾经说过：五官感觉的形成是以往全部世界史的产物）的高度。这时，才谈得上"人以一种全面的方式，也就是，作为一个完整的人，占有自己的全面的本质。"朗读美学层面的后天习得，是一条曲折的路，没有窍门，没有捷径。感情的先天条件，可能给人打开一扇智慧之门，可是，如果不能迈开大步，一往无前地走进去，认识不到感悟性的艰巨性、复杂性，同样会徒劳往返，半途而废。何况人们的感悟性会随着实践的不同而发生方向上、层级上的差别，甚至会大相径庭、南辕北辙呢？君不见，有人官居高位而指鹿为马，有人地位卑微而洁身自好，有人"冗繁削尽留清瘦，画到生时是熟时"（郑燮诗），有人"生来不读半行书，只把黄金买身贵"（李贺诗）。

朗读美学的感悟性，随着社会的进步而显示着它的深刻和丰富。一个时代有一个时代的美学积淀、美学空间、美学层级、美学活力；一个时代的人有一个时代的美感建构、美感倾向、美感意象、美感显现。美学国粹主义、美学民族虚无主义是哪个时代都有的，但总不会成为主流。美感的唯功利性、美感的泛动物性，是多少年来屡见不鲜的，但从未被奉为圭臬。当代的美学空间，广阔而庞杂，多元共存，流派纷呈，容易混淆本土文化和外来文化的边界，把"拿来主义"当作时尚。当代的美感倾向，千态万状，眼花缭乱，容易在对唯功利主义俯首帖耳的同时，崇尚泛动物性。文学上的"私语化"、音乐上的"自我发泄"、"大众文化"中的庸俗化、语言中的"张扬个性"……都是利用人们的"感官刺激"强化动物本能欲望，销蚀人的全面的本质，引诱人们贪图虚拟的乐趣，远离世界的真实和人类的理想。拿"用过一次就扔"的暂时满足，换取人们的辛勤劳作所得，在聚敛钱财的同时，丧尽天良地摧毁人性、膜拜动物性。这已经完全背叛了道德责任赋予的历史使命，滑入了丑恶，"视白成黑，颠倒妍媸"，这种人应钉在历史的耻辱柱上？朗读美学的历史责任，就是开拓当代美学的有声语言神韵，排除那些"神化""丑化""动物化""本能化"的倾向，揭示出朗读美学的真谛，凸显艺术，走向崇高。有声语言的神韵是不会屈服于拜金主义、利己主义的利诱威逼的，也是不会被后殖民文化、殖民地文化潮流所淹没的。

朗读美学的感悟性，召唤朗读者和听者投入天赋和实践的契合过程，心领神会地、形神兼备地实现朗读美感的培养，共享朗读美学的"幽眇难知，奥妙无穷"，提升审美能力，提高审美品位，丰富审美收获，满足生命追求。朗读美神正在我们的头上盘旋，我们怎能坐失良机？

知识梳理

第一节 朗读美学的人类性

只有坚持道德底线,才有资格进入人类社会,成为人类大家庭中的合格成员。在这个共同性上,才可能去创造和谐美。

朗读美学的人类性,就是要在主动脱离了兽性以后,直接揭示人性那创造和谐美的本质。

世界各个民族绝大多数都有自己的语言文字,也都有"朗读"活动。朗读必然努力进入"美"的层面,这是有声语言的社会功能的共同趋向,这是人类追求美感的一致愿望。

朗读,就是在有声语言美感的熏陶中,启迪、激发我们创造和谐美的热情和智慧。有声语言的美感,是心灵层面、精神领域的和谐美。

第二节 朗读美学的实践性

朗读美学只能是实践的,从实践出发,再回到实践。实践的程序,有广义和狭义两方面。广义的程序,自然离不开读书,离不开广泛的浏览、泛读、精读和苦读。朗读实践的狭义的程序,就是按照《朗读学》的要求,进行朗读练习,在朗读实践中增长学识、增强体验、运用技巧、由己达人。这是勤学苦练的过程,即实践的过程。

实践的召唤,有历史和现实两方面。历史的经典之作,不应只停留在案头,而应走入人们的日常生活,发挥其文化积淀的作用,使之代代相传。现实的人际交流,不会只是文字往来,肯定会有朗读的需要,由自己或他人形之于声,或自得其乐,或公之于众。

第三节 朗读美学的理论性

朗读美学的理论性,首先表现在总结实践经验上。其次表现在认识实践规律上。最后表现在深化实践、强化美感上。

朗读美学的理论性,必须以朗读实践为依托,离开了朗读实践,不能进入朗读美学的理论圈。朗读美学的理论性,是朗读实践过程中"口""耳"双方共同提出的呼唤。朗读美学的理论性,当然要借助哲学、美学的理论成果,但是,又不能完全局限在已经得出的结论中。

第四节 朗读美学的感悟性

感悟性,是实践和理论的结合在感性和悟性上的升华。感悟性,绝对有先天的因素在起作用。感悟性的后天习得,需要真正的投入,动脑、动心、练耳、练口。朗读美学的感悟性,随着社会的进步而显示着它的深刻和丰富。

　　朗读美学的历史责任,就是开拓当代美学的有声语言神韵,排除那些"神化""丑化""动物化""本能化"的倾向,揭示出朗读美学的真谛,凸显艺术,走向崇高。有声语言的神韵是不会屈服于拜金主义、利己主义的利诱威逼的,也是不会被后殖民文化、殖民地文化潮流所淹没的。

主要参考书目

李耳,庄周.老子·庄子[M].沈阳:辽宁民族出版社,1998.
戴德,戴圣.礼记[M].北京:北京燕山出版社,1995.
李秋零.世界圣哲全传[M].北京:中国人事出版社,1998.
叶朗.中国美学史大纲[M].上海:上海人民出版社,1985.
邢煦寰.艺术掌握论[M].上海:中国青年出版社,1996.
刘勰.文心雕龙注释[M].周振甫,注.北京:人民文学出版社,1981.
朱光潜.西方美学史[M].北京:人民文学出版社,1964.
朱立元.现代西方美学史[M].上海:上海文艺出版社,1996.
朱狄.当代西方艺术哲学[M].北京:人民出版社,1994.
牛宝宏.二十世纪西方美学主潮[M].武汉:湖北人民出版社,1996.
巴尔特.符号学原理[M].王东亮,等译.北京:生活·读书·新知三联书店,1999.
阿恩海姆.艺术心理学新论[M].郭小平,翟灿,译.北京:商务印书馆,1994.
罗素.西方的智慧[M].崔权醴,译.北京:文化艺术出版社,1997.
马克思,恩格斯.1844年经济学哲学手稿[M]//马克思,恩格斯.马克思恩格斯全集:第42卷.北京:人民出版社,1985.
恩格斯.自然辩证法[M].北京:人民出版社,1971.
毛泽东.实践论[M]//毛泽东.毛泽东选集:第1卷.北京:人民出版社,1951.
毛泽东.矛盾论[M]//毛泽东.毛泽东选集:第2卷.北京:人民出版社,1952.
毛泽东.在延安文艺座谈会上的讲话[M]//毛泽东.毛泽东选集:第3卷.北京:人民出版社,1953.
朱光潜.诗论[M].北京:生活·读书·新知三联书店,1984.
宗白华.美学散步[M].上海:上海人民出版社,1981.
蒲振元.中国艺术意境论[M].北京:北京大学出版社,1999.

成复旺.中国古代的人学与美学[M].北京:中国人民大学出版社,1992.

夏之放.转型期的当代审美文化[M].北京:作家出版社,1996.

黑格尔.美学:第三卷[M].商务印书馆,1979.

丹纳.艺术哲学[M].傅雷,译.北京:人民文学出版社,1963.

科恩.自我论:个人与个人自我意识[M].佟景韩,范国恩,许宏治,译.北京:生活·读书·新知三联书店,1986.

海德格尔.形而上学导论[M].熊伟,王庆节,译.北京:商务印书馆,1996.

古尔德.弗兰克尔:意义与人生[M].常晓玲,瞿凤臣,肖晓月,译.北京:中国轻工业出版社,2000.

潘知常.美学的边缘:在阐释中理解当代审美观念[M].上海:上海人民出版社,1998.

张国庆.中国古代美学要题新论[M].北京:中国社会科学出版社,1994.

孙联奎,杨廷芝.司空图《诗品》解说二种[M].孙昌熙,刘淦,校.济南:齐鲁出版社,1980.

龚兆吉.历代词论新编[M].北京:北京师范大学出版社,1984.

罗常培.汉语音韵学导论[M].北京:中华书局,1956.

斯大林.马克思主义与语言学问题[M].北京:人民出版社,1962.

后　记

　　从《朗读学》出版以来，我就开始了《朗读美学》的思考和建构。十几年中，各项工作纷至沓来，很难专心致志地埋头写作。当初，我的老师徐世荣先生在为《朗读学》作序的时候，就说："张颂同志勇敢地打出'朗读学'的旗帜，我是非常赞成的。"我很受鼓舞。可是现在，先生已经作古，但先生的话言犹在耳，先生的教诲将激励我继续努力，为语言学与应用语言学竭尽绵薄，以慰先生的在天之灵。

　　朗读学作为基础理论，存在着广阔的可容性空间，向美学的生发只是一个维度。美学的发展，一浪高过一浪，流派纷呈。我只是从朗读的角度汲取美学的一鳞半爪，在美学的可能性空间里，紧扣"实践"这个环节，理论的开拓性远未达到理想的要求。姑且把它看作"新生事物"吧！那不足和未尽之处，正等待着有识之士的订正和开掘。

　　给朗读以美学的观照，是非常必要的。尽管当下很多人还没有充分认识朗读的重要意义，提出朗读美学的口号，至少可以引起关注。但是对于那些鄙薄朗读的人来说，他们会很吃惊，并判之曰：玄。好在我们没有希冀他们给予肯定，好在我们会"走自己的路，随便别人说什么"！

　　一个新学科，交叉学科也好，边缘学科也罢，在初期，总是困难重重的，挂一漏万、管窥蠡测、冒昧谫陋、谬误百出，都是可能的。我们希望专家和读者批评指正。

朗读活动正方兴未艾,前途未可限量。多少年之后,人们能够记起这本书,知道有这样一种提法,那就足以让我心慰了。如果得到批判,从而也能推动朗读活动的开展和深化,不也是一种贡献吗?

感激为这本书的写作和出版提供成果和辛勤劳作的专家们、同志们,是他们的帮助,才会有今天成书和立即付梓的可能。我要由衷地说一声:谢谢!

作者谨识

2002 年 1 月于北京

修订版后记

当我修改增订这本小书之后,还打算表达一下自己的感想。我总觉得自己真是垂垂老矣,那些往事几乎都淡漠了,有些依稀的记忆,也不过存留了点滴印象。这本《朗读美学》的遭遇,本来很有点儿记录的价值,却不那么清楚了。

只记得那一次参加评奖,有一位权威评委指出:"这本书跟广播电视没有什么关系!"这位评委很能论证,于是本书便得了二等奖。会后,另一位评委认为这个说法缺乏根据,表示不解。我对于评奖,从来主张推举年轻人,自己真的没什么奢望。但是,"跟广播电视没有什么关系"这句话,使我确实不解。不管从内容上,还是从章节上,自认为这本书跟广播电视语言传播关系相当紧密。权威之所以那样说,也许出于他本人的著作只得了二等奖,以为别人的都不如他的质量高而已,但他极力推举的那本书,就连作者自己都坦言"是一年之内写成的",那只能是急就章了,哪里还有时间仔细推敲?

我知道,这样认为的人并不多。本书在播音主持方面,受到了相当广泛的肯定。不过,学术研究,不同于实践指南,更不能代替现行体制下具体管理者的传播方略。某台花大气力撰写出版的《中国电视论纲》中,关于播音主持和语言传播,连一章一节都没有涉及,岂不怪哉?!

正因为专心致志地严把"政治""导向"关,内容的低俗,语言的粗糙,便成了无关大局的事情,可以毫无顾忌地肆意泛滥。于是,在广播电视传播中,反对高雅庄重、拒绝规范质朴的理论和实践,成为流行和时尚;鼓吹殖民地文化心态、推行拜金主义邀欢卖笑的恶俗之风,倒成了"亲民""贴近"的潮流。这是怎样的"现代化传播"呀?这是怎样的"以人为本"哪?难道"主管""总监"们都视而不见吗?那只"无形的手",竟然具有如此强大的魔力吗?

于是,信息传播,充斥着无效信息、信息损耗和信息扭曲。传播的是什么都不知道,那么传播还能送达受众吗?更不要说传受双方的情感共鸣了!人们似乎只关注"说了些什么"和"采取哪样说法",却根本不理睬"说得好不好""说得耐听不耐听"这样的观念里,还有美感、审美的位置吗?在这种情况下,侈谈美感,简直是"不识时务"了。

在此,还是应该大声呼喊:首先要强调"信息共享",这是传播的第一要义!没有信息沟通与畅达,其他都是空话。那些冷落受众的"加速度"播音主持,那些口齿不清的含混播音主持,那些妄自尊大的狂妄播音主持,那些萎靡不振的敷衍播音主持……都应该遭到斥责,都应该遭到淘汰!因为,正如鲁迅所说:"我们不应给大众当'戏子',也不应把大众当'喽啰'。"播音主持工作者是"党、政府和人民的喉舌",是广大受众的"良师益友",理应作为"引导者",准确地传达信息,鲜明地表示态度,生动地创造美感。新闻播报中的"正襟危坐""字正腔圆",正是中华民族的庄重大方的体现,是可信性、权威性的显现,也是全世界新闻传播的普遍格调。这就是在创造和谐美,这就是在弘扬民族精神,这就是在传承中华文明!

《朗读美学》的再次修订,只是想为我们的语言传播增添一砖一瓦,我也只想稍尽绵薄。敬请大家不吝赐教。

张颂　于中国传媒大学

2009年7月14日

写于"三书屋"

图书在版编目(CIP)数据

朗读美学／张颂著. -- 3版. -- 北京：中国传媒大学出版社，2022.4（2023.9重印）
（张颂文集）
ISBN 978-7-5657-3123-5

Ⅰ.①朗… Ⅱ.①张… Ⅲ.①朗诵学 Ⅳ.①H019

中国版本图书馆CIP数据核字（2021）第274292号

朗读美学（第三版）
LANGDU MEIXUE(DI-SAN BAN)

著　　者	张　颂	
策划编辑	赵　欣	
责任编辑	赵　欣	
封面设计	拓美设计	
责任印制	阳金洲	
出版发行	中国传媒大学出版社	
社　　址	北京市朝阳区定福庄东街1号	**邮　编** 100024
电　　话	86-10-65450528　65450532	**传　真** 65779405
网　　址	http://cucp.cuc.edu.cn	
经　　销	全国新华书店	
印　　刷	北京中科印刷有限公司	
开　　本	787mm×1092mm　1/16	
印　　张	16.5	
字　　数	341千字	
版　　次	2022年4月第3版	
印　　次	2023年9月第2次印刷	
书　　号	ISBN 978-7-5657-3123-5/H·3123	**定　价** 58.00元

本社法律顾问：北京嘉润律师事务所　郭建平